主管单位

南京大学新闻传播学院

主办单位

南京大学新闻传播学院
深圳大学传播学院

学术支持

中国新闻史学会计算传播学研究委员会
中国传媒大学出版社

学术顾问（按姓氏首字母顺序排序）

陈昌凤（清华大学）
陈韬文（香港中文大学）
陈卫星（中国传媒大学）
杜骏飞（南京大学）
董天策（重庆大学）
段京肃（南京大学）
段　鹏（中国传媒大学）
郝晓明（新加坡南洋理工大学）
何道宽（深圳大学）
胡百精（中国人民大学）
胡　泳（北京大学）
黄　煜（香港浸会大学）
纪　莉（武汉大学）
姜　红（安徽大学）
金兼斌（清华大学）
李秀珠（台湾交通大学）
李永刚（南京大学）
刘海龙（中国人民大学）
彭　兰（中国人民大学）
邱林川（新加坡国立大学）
沈　阳（清华大学）
孙　玮（复旦大学）
韦　路（浙江大学）
吴　玫（澳门大学）
吴世文（武汉大学）
吴晓玫（台湾政治大学）
杨国斌（宾夕法尼亚大学）
喻国明（北京师范大学）
翟本瑞（台湾南华大学）
张志安（复旦大学）
张明新（华中科技大学）
周葆华（复旦大学）
周裕琼（深圳大学）
祝建华（香港城市大学）

编辑委员会（按姓氏首字母顺序排序）

巢乃鹏（深圳大学）
胡翼青（南京大学）
刘　鹏（《新闻记者》杂志）
夏倩芳（南京大学）
张红军（南京大学）

编辑部

主　　编：夏倩芳（南京大学）
轮值副主编：王成军（南京大学）
编辑部主任：王成军（南京大学）
编　　辑（按姓氏首字母顺序排序）：
卞冬磊（华东师范大学）
温乃楠（南京大学）
杨　洸（深圳大学）
袁光锋（南京大学）
朱江丽（南京大学）

中国网络传播研究 第23辑

CHINESE JOURNAL OF
COMPUTER-MEDIATED COMMUNICATION

夏倩芳 ◎ 主编

中国网络传播研究
地缘政治背景下的网络空间治理

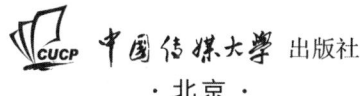

中国传媒大学 出版社
·北京·

图书在版编目(CIP)数据

中国网络传播研究:地缘政治背景下的网络空间治理／夏倩芳主编. -- 北京：中国传媒大学出版社，2023.11
ISBN 978-7-5657-3510-3

Ⅰ.①中… Ⅱ.①夏… Ⅲ.①网络传播—中国—文集 Ⅳ.①G206.2-53

中国国家版本馆 CIP 数据核字(2023)第 219893 号

中国网络传播研究:地缘政治背景下的网络空间治理
ZHONGGUO WANGLUO CHUANBO YANJIU:DIYUAN ZHENGZHI BEIJING XIA DE WANGLUO KONGJIAN ZHILI

主　　编	夏倩芳
责任编辑	杨小薇
封面设计	拓美设计
责任印制	阳金洲

出版发行	中国传媒大學出版社			
社　　址	北京市朝阳区定福庄东街1号	邮　编	100024	
电　　话	86-10-65450528　65450532	传　真	65779405	
网　　址	http://cucp.cuc.edu.cn			
经　　销	全国新华书店			
印　　刷	唐山玺诚印务有限公司			
开　　本	710mm×1000mm　1/16			
印　　张	17			
字　　数	277千字			
版　　次	2023年11月第1版			
印　　次	2023年11月第1次印刷			
书　　号	ISBN 978-7-5657-3510-3/G·3510	定　价	79.00元	

本社法律顾问：北京嘉润律师事务所　郭建平

目　录

专题探讨：地缘政治背景下的网络空间治理

003　地缘竞争中的跨境数据规制：动力、模式与前景
　　　蔡翠红　郭　威

028　协同、博弈与技术赋能：地缘政治视角下的网络空间治理
　　　与传播效能转向
　　　梁　爽　谢永江

046　从碎片到协同：跨境数据流动全球规则的实现路径
　　　钱忆亲

070　基于地缘政治的新兴技术领域大国博弈动因、表征与趋势
　　　王丹娜　孙艺林

087　网络空间稳定全球委员会《推进网络空间稳定》八条规则分析
　　　徐培喜

099　论数据跨境规制的一般行动框架
　　　刘　冲　赵精武

研究论文

127 国家形象的色彩维度：对谷歌图书大数据的量化分析
官　璐　李倩倩　高晨婧

153 新冠疫情中社交媒体使用对心理健康状况的影响：
基于"压力—应变—结果"视角的分析
胡　杨　吴碧影

183 应急科普中的多元行动者：使用微博数据分析应急科普主体间的议程设置
李媛媛　闫丽涵　姜新雅　任　磊　王成军

215 质量还是位置？微信公众平台文章传播效果的双因素比较研究
王国燕　黄培锋　罗　茜　金心怡

236 机器写作中的性别刻板印象：基于实验研究的实然探讨
牟　怡　蓝剑锋

258 英文摘要

专题探讨

地缘政治背景下的网络空间治理

地缘政治背景下的网络空间治理

随着主要大国在新兴技术领域和网络空间的选择性脱钩和激烈竞争,基于传统军事力量的地缘战略竞争已不再是大国竞争的唯一形式,依靠科技、产业、国际机制的技术竞争、经济竞争与国际领导权竞争已经成为大国博弈的"新赛道"。在地缘政治成为大国进行网络空间治理和制定网络传播策略、政策的重要动因和主要考量因素的当下,地缘政治学成为研究国家对外政治战略决策与地理环境之间关系的重要学科之一。地缘政治学作为一门把国家作为地理的有机体或一个空间现场来认识的科学,对今天网络空间治理与信息传播提供了独特的认知视角和启示。

本期专题聚焦于地缘政治竞争背景下的网络空间治理问题,邀请国际关系、网络安全与网络治理和传播领域的研究者,从国际关系、网络安全、传播、法学等不同视角,从网络关键基础设施安全、跨境数据规制的博弈和全球规则的实现路径,以及地缘冲突和竞争背景下社交舆论场的传播议程设置和传播效能转向等方面,对地缘政治背景下的网络空间治理进行跨学科、多视角的研究,希望这组专题文章能为推动相关领域的发展有所助益。

钱忆亲

北京师范大学新闻与传播学院副教授

地缘竞争中的跨境数据规制:动力、模式与前景*

◇ 蔡翠红 郭　威**

摘要:技术向心原则是跨境数据流动的底层决定因素,与国家的认知偏好和国际权力竞争一同塑造了跨境数据规制模式。以人权保护为第一原则的欧式规则体系,以跨境数据自由流动为核心的美式规则体系和以安全和主权为核心的中式规制模式,在全球数据治理舞台上相互竞争。无论这些跨境数据规制体系有何初衷,其核心规制因素无外乎跨境数据的流向、流速和流径三者。现如今,全球跨境数据规制体系呈现碎片化、政治化和安全化的趋势,各规制主体之间进一步分化组合,围绕数据资源和数字规则的大国战略竞争有愈演愈烈之势。对此,我国应增加科技投入,细化法律规则,及时构建以我为主为我所用的中式规则体系。

关键词:跨境数据;技术向心原则;认知偏好;碎片化

2008年金融危机之后,"逆全球化"逐渐形成一股浪潮开始登上国际舞台,受保护主义和新冠疫情的双重影响,传统贸易萎靡不振。在传统国际贸易"逆全球化"发展的同时,以数字经济为代表的新型数字全球化正在加速推进(王栋 等,2022)。2021年,全球主要的47个经济体数字经济增加值高达38.1万亿美元,同比名义增长15.6%(中国工信产业网,2022),而据国际

---

* 本文系国家社科基金重大项目"大数据主权安全保障体系建设研究"(21&ZD168)的阶段性研究成果。

** 蔡翠红,复旦大学美国研究中心教授、博士生导师。郭威,复旦大学国际关系与公共事务学院硕士研究生。

货币基金组织(International Monetary Fund,简称IMF)预计,2021年全球经济增速仅为5.5%。2010年—2020年,全球数字服务贸易复合增长幅度为4.4%,同期,传统服务贸易和货物贸易的增长速度只有1.19%和-0.4%(中国信通院,2022)。数据就是数字经济的货币,是创造经济价值的重要战略资产,数字经济已经成为驱动全球经济发展的关键力量。与此同时,随着数字技术的发展和应用,全球数据资源总量将更上一个台阶,据联合国(2021)估计,2022年全球互联网流量将超过2016年之前的互联网流量之和。数据的生命在于流动,然而,关于数据跨境治理规则的严重赤字阻碍了数字贸易和数字经济的进一步发展,各行为体在地缘竞争的战略考量下难以就全球层面的跨境数据规制方案达成一致意见,碎片化的数据治理格局反而有进一步加剧的可能。鉴于此,本文试图建立一个影响各国跨境数据治理模式的因果机制模型,并进一步探究不同跨境数据治理模式的原因和地缘后果,希望对发展中国数字经济有所裨益。

一、跨境数据规制与地缘博弈

近年来,跨境数据规制成为国际政治舞台上一个重要议题。各国跨境数据规制模式不仅仅是对价值观和理念的捍卫,更与数字时代的国际权力格局息息相关。

首先,数据是数字技术演进的重要基础。第四次工业革命对经济的影响主要是通过科学技术实现对劳工的替代,提升生产力,以及通过深度挖掘数据对生产结构进行升级和创新。其中人工智能无疑是最重要的创造之一。无论是机器学习、脑机结合还是人工智能都需要大量的优质数据进行训练,核心算法的突破升级也需要大量数据。因此,对于国际政治的主要玩家来讲,数据不仅仅是一种资源,更是一国技术创新和产业升级的重要支撑。

其次,数据是数字经济的核心驱动力。早在2014年,麦肯锡研究院就将数据与劳动力、商品、服务和金融并列为全球经济发展的五大流动要素(Manyika et al.,2014)。2020年4月中共中央、国务院印发《关于构建更加完善的要素市场化配置体制机制的意见》,正式将数据定义为自土地、劳动力、资本、技术之后的第五大生产要素。数据以其承载的信息,能够显著提高劳动、资本、技术等生产要素之间的协同性,在微观上提升经济运行效率,在宏观上提高全要素生产力和增长潜力(蔡跃洲等,2021),进而提升一国产业结构和数字经济实力。对公司而言,未来商业世界将基于更深刻的消费者行为定义更具面向性的策略,而大数据的分析能力将为公司战略决策提供关键洞察力,从而有效改进管理流程,实现业务质量和效率的提升(Figueiredo et al.,2021)。对国家而言,数据资源、数字技术与实体经济深度融合,加速传统产业数字化进程;基于数据分析而产生的数字经济新产业、新业态和新模式成为数字产业化重要内容,两者共同成为国民经济发展和产业结构转型的重要支撑。

再次,跨境数据规制关系一国在国际上的制度权和话语权。数字贸易和数字经济的兴起给以往跨境数据传输的监管方式、执法流程和规章制度带来严峻考验,规则赤字成为跨境数据治理的主要问题。跨境数据规制鲜少涉及第三方主体,在国际体系无政府状态下,并不存在一个最高的执法机构制定普遍适用的规则机制,因此存在着规则谁制定、谁遵守的问题。这意味着必然出现一国法律规则在另一国的适用问题,不可避免地引起管辖权冲突。因此,各主要行为体为了取得跨境数据规制规则的话语权和领导权,纷纷以自身利益为基准制定本国规范。同时,在大国战略竞争回潮的背景下,国际规则制定权和制度领导权成为相关国家争夺的主要目标。在美国主导制定《跨太平洋伙伴关系协定》(Trans-Pacific Partnership Agreement)时,奥巴马就明确声称,"不能让中国给世界制定规则",世界应由"美国来定义和书写游戏规则"(The White House,2015)。美国和欧洲联盟(以下简称欧盟)先后制定了《跨境隐私规则》(Cross-Border Privacy Rules,简称 CBPR)和《通用数据保护条例》(General Data Protection Regulation,简称 GDPR)两大规则体系,中国也审时度势地推出了自身的涉外法治体系建设。

最后,在国际上扩大符合自身利益的跨境数据规制模式的适用范围能够极大增强一国战略的自主性。一国战略自主性是指"国家在国际社会中的战略选择空间大小,其在一定程度上决定了国家实现战略目标的可能性"

（凌胜利，2018）。跨境数据流动不仅受到本国技术水平的限制，还面临着国际主导国家规则的外部压力。对于中小国家来讲，跟随政策（主要是对接美欧的规则模式）则意味着丧失发展本国数字技术和规则的自主性，限制政策则可能让本国沦为"数据孤岛"，外部压力严重制约了本国政策的战略空间，使其进一步远离核心创新区域和数字价值链的高价值部分，战略自主性受限（Sturgeon，2021）。因此，具有一定水平的数字技术的国家（某种程度上是所谓的新兴工业化国家）期望在数据经济时代，乘第四次工业革命的东风，积极扩大自身在国际政治经济竞争中的自主能力，至少在此轮工业革命中，与国际主导国家处在同一起跑线上。

二、跨境数据规制的动力机制与规制因子

跨境数据流动是指以电子或其他方式记录的信息跨越司法管辖域或条约规制域的读取、存储和处理活动（蔡翠红 等，2022）。数据规制议题的产生源于时代的发展，特别是数字技术的进步。早期讨论的重点在于贸易和投资领域，尤其是确保在数据跨境传输的过程中保护个人隐私，但随着科技的发展，数据的价值属性慢慢被发掘出来，跨境数据规制开始成为国际政治博弈的一部分。本部分意在探讨各国跨境数据规制模式的影响机制以及跨境数据的核心规制因素。

（一）跨境数据规制的动力机制

数据本身和个体、企业以及国家有着密切的联系，同时又对国家数字经济发展和国际规则演变起到巨大作用，因此各国普遍倾向于采取不同程度的规制措施，以使跨境数据活动遵守某种"秩序"。而影响各国规制模式的动力因素主要包括技术水平、认知偏好和国际权力竞争三个方面。

首先是技术水平。技术水平是影响跨境数据规制模式最底层的因素。一方面，数据本身就是信息通信技术高度发展的产物；另一方面，一国能否对数据跨境进行有效的监管，也取决于该国监管部门的技术能力。然而，除却对跨境数据的社会规制外，数据流动仍有规律可循，即技术向心原则。如

同水往低处流一样,数据总是倾向于朝着能释放自己价值的方向流动,即从技术低位向技术高位聚合的趋势。从国内维度上看,数据大多汇集到大型数字平台中,在全球化时代,尤其表现为跨国性的数字企业掌控了全球大量数据资源。从国际维度上看,技术水平将重塑国家身份,工业化时期形成的发达国家和发展中国家的概念,可能被数字化时代的"高数字化国家"和"低联网国家"所取代(阎学通 等,2021)。在其他条件不变的情况下,数据总是自然地倾向从"低联网国家"流出,流入"高数字化国家"。技术水平相差越大,数据流出的压力越强。因此,"高数字化国家"更容易吸引境外数据流向本国,而"低联网国家"则面临着数据资源持续性流出的"天然"客观压力。而在新自由主义主导世界话语权的条件下,跨境数据流动的技术特征往往被"自由流动"所遮蔽。

其次是认知偏好。技术水平影响数据跨境流动的方向和规模,然而跨境数据规制仍要受政策制定者认知偏好的显著影响。不同的历史文化传统,使得各国对效益、安全和数据的人格权益属性存在不同偏好。对于不同偏好的平衡使得所有国家都无法同时兼顾"良好的数据保护""跨境数据自由流动"和"数据保护自主权"三个规制目标(黄宁 等,2017)。因此不同国家对跨境数据的规制模式存在显著的差异化特征。美国以效益为先的考量倾向于在立法中使用"隐私"概念,将个人信息视作隐私来保护;欧盟则倾向于赋予个人对数据的控制权,"强调个人对自身信息的控制"(梅夏英,2019),以及跨境数据保护水平不受减损原则。在控制变量的情况下,一般来讲,国内数据从保护水平较高(看重数据的权利属性)的国家向保护水平较低的国家流动面临更多的限制性措施,反之则限制性措施更少;重视经济效应的国家的限制性措施相对较少,而着重安全考量的国家数据跨境限制性措施较多。

最后是国际权力竞争。尽管研究表明,限制性的跨境数据规制措施对一国制造业产业升级存在明显负向作用(齐俊研 等,2022),但是相关国家仍然在政策实践中采取类似措施。究其根本,数据与数字时代的国际政治格局存在紧密联系,这也促使相关国家更多地考虑政策后果的相对收益,而非绝对收益。大多数研究文献默认数据跨境自由流动是数据规制的核心保护价值,但却忽略了谁的数据为谁创造价值这个根本问题,进而忽视了数据跨境流动对于数字时代国家实力和国际权力的影响。事实上,通过获取和分析数据,企业以及国家能够优化自身决策,进而在未来的产业竞争与国家竞争中取得先机。因此,数据不仅仅是一项战略资源,更是数字时代重要的权力来源(Slaughter & McCormick,2021)。

(二)跨境数据的限制措施与核心规制因子

跨境数据流动是信息通信技术和数字经济发展的客观结果,为保护个人隐私和数据安全乃至主权,避免跨境数据无序传输,各国都试图对跨境数据进行规制。因限制程度不同,跨境数据流动规制类型可分为"自由流动""有序流动""限制流动"和"禁止流动"四种。数据跨境流动完全自由和绝对禁止的情况并不存在于现实政策中,各类型的界限也并非泾渭分明、非此即彼。事实上,各国政策往往有所交叉,"自由""限制"和"禁止"措施都是为了达到各自认定的"有序"状态(见图1)。

图1 跨境数据流动光谱

完整的跨境数据规制体系包括两个部分,其一是关于数据保护的国内立法,其二是数据跨境流动制度(洪延青,2021a)。关于数据保护的国内立法包含针对数据收集、存储、传输、处理活动的各项法律法规和行政措施,主要聚焦于个人数据的法律保护措施。数据跨境流动制度一般是指对跨境数据实施的规制措施,从内容上看包括直接限制措施和间接限制措施。直接限制措施包括数据出境安全评估机制、定期复审机制等直接以数据为规制对象的措施。间接限制措施是指以数据安全、隐私保护乃至民主人权为由对外国数字企业准入的限制措施,包括数字企业安全投资审查、关键行业禁入等政策措施。

对于数据跨境的限制措施,主要涉及数据通过何种渠道、以何种方式跨越边境,流向哪些国家等一系列问题。因此跨境数据规制包含流向、流速、流径三个核心规制因子。流向,是指数据跨境流动的方向。一般来说,同一国家对于数据流入和流出的规制手段、程度和影响是不同的,对本国数据的传输对象也是有选择的。流速,是指数据跨越国境所需要的时间长短。物理上数据跨越国境所需技术时间,在全球数字基础设施日益提升的状态下,可忽略不计。因此此处的时间尤指完成数据跨境所需的程序时间,主要体现为政府的规制措施(如数据安全评估、企业合规措施、事前/事后审查报备机制)的繁复程度。规制措施越复杂,流速越慢;反之,则越快。流径,是指跨境数据流动的方式和渠道。常见的流动方式有认证体系、标准合同条款、双边司法互助条约、双边协议以及贸易协定等。一般来说,流径越多,流径中的市场渠道占比越高,则意味着对跨境数据的限制越少,越偏向自由流动。

表1 跨境数据的核心规制因子及其限制措施

核心规制因子	含义	相关规制措施
流向	数据跨境流动的方向	流出限制、传输对象限制、行业准入
流速	数据跨境的程序复杂程度	评估机制、审查机制、合规机制
流径	数据跨境的方式	协议出境、评估出境、合同出境

跨境数据规制成为国际政治舞台上的重要议题,不仅仅是因为各自历史文化传统的差异,更是因为跨境数据流动规则直接关系到数字时代的国家竞争力。各国跨境数据规制体系的核心在于基于自身数字技术水平,选择性地突出跨境数据流动的技术向心特征或社会规制属性。具体而言是在数据流入方面,突出数据流动的技术特征,同时尽可能地减少政府设置的流动障碍,保障他国数据不断地向本国流动。在数据流出方面,依靠隐私保护、国家安全等政策措施,保障各国政府对流出境外数据的控制性和安全性,同时最大限度地拓展自身规则的影响力和适用范围。各国对不同特征的强调塑造了不同的跨境数据规制模式。而在这一过程中,"低联网国家"的数据将不断流向"高数字化国家",并有可能沦为数字时代的数据原材料国,而"高数字化国家"的优势地位将不断上升。综上,本文的理论框架如图2所示。

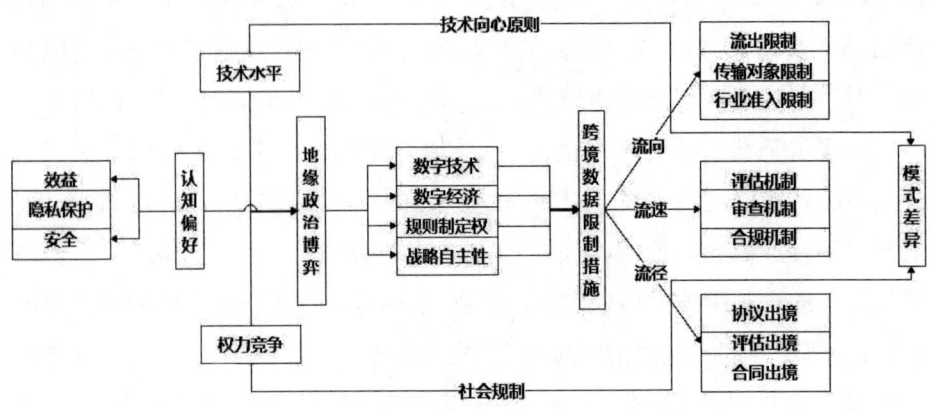

图 2　理论分析框架

三、跨境数据规制模式

第四次工业革命开始了新一轮的国家竞争,各主要国家为了巩固和增强自身在数字领域的竞争力,纷纷出台了相应的政策措施。而数据作为数字时代最重要的战略性资源,成为各国争夺的主要目标。从全球范围看,只有欧盟和美国形成了相对成熟的跨境数据规制体系,以安全为导向的中式规则体系也逐步建立起来。因此本部分将分别对美国、欧盟和中国的跨境数据规制模式进行分析。

(一) 美国:"自由"流动模式

美国构建跨境数据自由流动模式体系,主要依靠亚太经济合作组织(Asia-Pacific Economic Cooperation,简称 APEC)和自由贸易协定(Free Trade Agreements,简称 FTAs)两根支柱。2015 年,APEC 重新修订了 2004 年通过的《APEC 隐私框架》(APEC Privacy Framework),该框架延续了 1980 年经济合作与发展组织(Organization for Economic Cooperation and Development,简称 OECD)制定的《OECD 指南》的核心理念,即隐私保护主要依靠行业自律,强调避免各国法律对跨境数据流动进行限制,致力于建立以消费者信任为导向的隐私保护和技术信任体系。在此之前,2012年正式启动的跨境隐私规则(Cross-Border Privacy Rules,简称CBPR)就已经引入了面向实践的问责代理机制。近年来,美国构建跨境数据规制体系的重点转向FTAs。从《美韩自由贸易协定》到《跨太平洋伙伴关系协定》,再到新版的《美墨加协定》,都引入了"禁止数据本地化措施"的相关条款。同时相较于APEC隐私框架和CBPR体系,FTAs的法律约束力和执行力更强。

美国的数字技术水平最高,基于自身全球性数字企业对关键数据资源及价值链的掌握,美国更加偏好效益原则,主张以较低的数据保护水平保障跨境数据"自由"流动。凭借数据流动的技术向心原则,美国科技巨头能够顺周期"自然"地掌握全球数据资源,因此在美国主导的CBPR以及FTAs中,更加强调禁止各国设置相关的政策或法律障碍来阻碍数据的"自由"流动。

美国在技术水平上的优势体现在数字技术和数字企业两个方面。在数字技术上,美国至今在人工智能、大数据、云计算、物联网以及区块链等领域保持领先地位。在全球排名前10位的科技公司中,美国占7席,在上榜的164家科技企业中,有72家的总部在美国,远远高于中国大陆(21家)和日本(12家)(Forbes,2022)。不仅如此,美国企业服务于全球市场,所掌控的数据遍布全球,各国对个人数据的隐私保护政策将造成数据流动的法律壁垒,在数据企业眼中,隐私保护等同于反对创新[Jeeyun(Sophia)Baik,2020]。长期以来,美国公司的商业模式基本上是通过提供免费服务来交换个人数据,然后将其打包卖给广告商进行货币化。相较于欧盟的高标准保护模式,美国宽松而分散的隐私保护赋予美国科技平台不公平的竞争优势(Houser & Voss,2018)。而欧盟高标准的隐私保护模式可能会使此种模式难以为继(Schwartz,2012)。因此美国更加强调数据跨境流动的自由,倾向于消除数据跨境的政府设限,最大程度上方便美国公司采集、存储、处理全球数据,以获取相关收益。2019年,美国在世界贸易组织(World Trade Organization,简称WTO)数字贸易谈判会议上提交了《电子商务倡议联合声明》(Joint Statement On Electronic Commerce Initiative)草案,旗帜鲜明地提出数据跨境传输"不应设限"(Council G,2018)。

从历史的角度看,全球化时代劳动力、资本、技术的流动表面上是"自由"的,实际上都是有方向的,即总是服务于发达国家资本的盈利需求,在全球化时代则是以美国的利益为先。以贸易为例,当美国是全球最大的贸易国和最重要的出口商时,美国强调的是"自由"贸易;当美国制造业优势不再而中国逐渐取代美国成为世界上第一大贸易国时,美国强调"公平"贸易,其核心都是维护美国作为单极霸权在世界上的利益(张玉环,2018)。现阶段美国所推行的跨境数据流动战略也必然依照国际实力对比而具有一定程度的两面性。

一方面,基于领先全球的数字技术和跨国数字平台,美国在数据保护上更加重视商业利益,强调数据自由流动。严格的个人数据隐私保护模式会阻碍跨境数据的传输,因此在美国国内并未形成统一的法律保护体系,反而强调个人数据保护的行业自律模式并反对他国以隐私保护为由对数据跨境传输设障(张生,2019)。在美国所推行的FTAs中,极力推行数据自由流动原则,减少数据跨境流动的法律壁垒,尤其反对数据本地化措施。例如,《美墨加协定》要求各方减少阻碍数据自由流动的国内法律和制度条件;而在《美日数字贸易协定》中,直接禁止了限制服务器地理位置和数据处理活动的数据本地化措施。

另一方面,对于技术上较为先进或被美国明确列为战略竞争对手的国家,则严格地遵循"安全"乃至"主权"原则,限制其对美国数据的获取。其一,通过直接限制性措施禁止美国数据向中俄两国流动。2019年美国共和党参议员乔希·霍利(Josh Hawley)向国会提交了《美国国家安全与个人数据保护法案》(National Security and Personal Data Protection Act of 2019),该法案针对与中俄两国有密切关联的企业,定义了所谓的"关注国家"(Country of Concern)和"特别关注科技公司"(Covered Technology Company),明确禁止科技公司将其所收集的数据传输到"关注国家"境内服务器或存储设备上。其二,通过行业准入和投资审查等间接性限制措施,更为彻底地切断中国企业接触美国数据的途径。2018年,美国政府强化了《外国投资风险评估现代化法案》(Foreign Investment Risk Review Modernization Act,简称FIR-RMA),将美国外国投资委员会(The Committee on Foreign Investment in the

United States,简称 CFIUS)对外国投资行为的管辖权拓展到非控制性投资领域。据此,美国政府得以以"国家安全"的例外情形对涉及(1)关键、新兴和基础技术;(2)关键基础设施的管理、运营和供应;(3)维护和收集美国公民敏感数据的投资行为进行安全审查。在实践中,CFIUS 频频对中资企业出手。2019 年 3 月,CFIUS 以"国家安全"为由要求中国企业昆仑万维将美国同性社交软件 Grindr 出售给 San Vicente Acquisition LLC(美国公司),尽管中企收购行为已经持续了三年。同年 4 月,美国政府要求中资企业碳云智能(iCarbonX)出售美国互联网健康网络平台 PatientsLikeMe 的多数股权。受到相同待遇的中资企业还有东方弘泰、蚂蚁金服、中长石基、字节跳动等。美国政府正在以国家安全为由限制非美国企业尤其是中资企业对美国数据的访问与处理。

从国际政治博弈的视角看,美式跨境数据规制模式是为了在数字时代巩固和加强美国的国家竞争力从而延续美国的单极霸权。在数字经济方面,美国试图重建自身在数字时代的经济领导地位,确保美国不当"世界老二"。数字市场具有鲜明的网络效应,其内生的集中性质会强化科技公司的垄断地位(Calvano & Polo,2021)。美国依靠其跨国数字平台,在数据权属尚未清晰的条件下,无偿占有他国数字资源,几近垄断全球数字产品和服务的生产,却始终反对相关国家对美国数字巨头征收数字税(陈睿,2019)。在国际规则方面,美国意在深化自身在国际制度中的软性权力,主导数字时代的规则建设。美国前白宫经济顾问委员马修·斯劳特(Matthew J. Slaughter)公开指出,塑造数字规则是地缘政治竞争的关键,美国要做的就是为数字时代制定新的规则。总而言之,美国跨境数据政策的核心目标是确保在数字时代继续领导世界。

表 2　美式规制模式的核心规制因子和措施

流向	流动方向	数据自由流入原则 禁止数据本地化措施	双重标准原则
	传输对象	特定国家禁止传输 数据行业外商(中国)禁入	

续表

流速	1. 一经认证流动不受阻碍 2. 政府不得以隐私保护为由对数据跨境加以限制	尽速流动原则
流径	跨境隐私执法安排(Cross-Border Privacy Enforcement Arrangement,简称CPEA)认证(CBPR体系)	行业自律原则
	标准合同条款(Standard Contractual Clause,简称SCC)	
	约束性的公司条款(Binding Corporate Rules,简称BCR)	
	数据主体同意/履行合同需要	
	国际条约、协定(司法执法场景)	
	《安全港协议》(失效)	
	《隐私盾协议》(失效)	

在流向上,美国遵循双重标准原则,对于不能威胁美国地位的国家以自由流动原则将其纳入自身规制体系中,而对竞争对手则竖起安全和主权的大旗,限制本国数据流出。在流速上,美国政策体系遵循尽速流动原则,不仅明文禁止数据本地化措施,甚至使韩国等国家面临着降低本国国内隐私保护水平来满足数据自由流动的尴尬局面(洪延青,2021a)。在流径上,美国依旧延续行业自律原则,企业一旦获得认证,便可以自由跨境传输数据,政府不能随便施加限制。

美式规则的实质是强调美国企业对全球数据资源及其价值的控制。跨境数据规制政策的核心就是强化数据流动的技术特征,弱化跨境数据的社会规制。其中心逻辑是,跨境数据低水平限制措施→数据要素流动性越强→经济效益越大→数据自由流动观念强化→更低水平的限制措施,以此维护美国跨国企业的利益,保持美国在世界市场上的经济权力。

(二)欧盟:人权保护模式

事实上,对个人信息的立法保护就起源于欧洲,早在1970年德国黑森州就制定了数据保护法,规范对个人数据的处理,截至1984年就有8个欧洲国家制定了数据保护法(Pipe G R,1984)。1981年,欧理会发布了《关于个人数据自动化处理的个人保护公约》(Convention for the Protection of Individuals with regard to Automatic Processing of Personal Data,简称"108号公约")旨在统一欧共体内部个人信息和隐私的保护规则与标准。1995年欧盟颁布《关于涉及个人数据处理的个人保护以及此类数据自由流动的指令》(95/46/EC)第25条规定,只有当第三方国家对个人数据提供充分保护,欧盟境内的个人信息才可以流入。2018年欧盟通过的标志性文件《通用数据保护条例》(General Data Protection Regulation,简称GDPR)将个人数据保护视作一项基本人权,基于此,所有涉及处理欧盟境内个人数据的企业都得遵守GDPR的规定,否则将面临最高达企业全球年营业收入的4%的罚款。纵观欧洲的政策文件,其跨境数据规制体系的核心就是对个人数据的严格保护,由此形成了具有欧盟特色的跨境数据"人权保护模式"。

在全球科技创新格局上,欧盟优势逐渐下降。在以人工智能、量子计算和5G为代表的数字技术及其相关的人才、投资和专利水平上,欧盟处于相对(中美)落后的状态。另外,全球数据资源及其价值获取主要集中在大型跨国数字企业中,而中美两国占全球数字平台市值将近90%,相对而言,欧洲只占3%(UNCTAD,2021)。其结果是欧盟市场上大量数据业务被美国跨国公司主导,在数据跨境传输场景中,欧盟大多扮演数据出口方的角色。2018年欧盟通过《通用数据保护条例》,欧盟委员会(2018)表示,GDPR的域外管辖权将消除大型跨国数字平台的不公平优势,从而为欧洲数字企业在数字竞争中开辟道路。技术水平的相对落后使得欧盟更加倾向于限制数据流出。合理的措施就是对数据流动的技术特征加以限制,然而其方式却受到欧盟认知偏好的影响。

欧盟在传统上就倾向于保护人权,并以之占领国际道德高地,欧盟自身也标榜个人信息高标准的人权保护。可以说从跨境数据议题伊始,隐私权利保护便是欧盟规制模式的底色,在政策上表现为以人权保护原则强调个人对数据的自治权、制定严苛的数据出境约束条件。而在数字时代,欧盟所面临的问题是,二战后制定的隐私保护原则能否更好地与日新月异的数字技术和全球化相协调(Sedgewick,2017)。事实上,欧洲从来没有忽视跨境数据流动带来的经济效应。1981年欧洲理事会首次出台了跨境数据的区域性立法"108号公约",目的之一就是限制欧共体内部成员国以隐私保护为由实行对跨境数据的管制措施。近年来,随着信息技术的发展,数据资源的价值越发重要,欧盟开始打造自身数字市场,建设数据驱动型社会。2020年,欧盟出台《欧洲数据战略》(A European Strategy for Data),着力解决互联互通、数据处理等问题,同时构建欧盟单一市场,增加数据和数字化产品的需求和应用,以提升欧盟在全球数字经济中的地位。另一方面,斯诺登事件之后,数据安全问题成为欧洲的关键考量。美国对全球互联网架构的控制与日益频繁的长臂管辖和单边主义措施使欧盟的数字安全受到极大威胁。2018年特朗普签署《澄清境外数据的合法使用法案》(Clarifying Lawful Overseas Use of Data Act,简称"CLOUD法案"),赋予美国政府直接调取境内企业(包括本国公司和外国公司)所控制的数据的权力,将"自己的企业变成领土的延伸"(洪延青,2021b)。此举严重威胁了欧盟的数据安全和主权,某种程度上这导致了美欧之间《隐私盾协议》的失效。

国家主义与大国战略竞争强势回潮之后(蔡拓,2020),欧盟利用跨境数据规制谋求更大的国际权力。首先是主权逻辑的回归。欧盟本质上是一个国家间组织,并不拥有完整的国家主权,在全球化时代的国家竞争中处于劣势地位。2020年,欧盟先后出台《塑造欧洲数字未来》《人工智能白皮书》和《欧洲数据战略》三份战略文件,欧委会主席冯德莱恩(Ursula von der Leyen)表示此举就是为了夺回欧盟自己的技术主权。2021年,欧委会发布《2030数字罗盘:欧洲数字十年之路》,致力于使欧盟摆脱对中美大型科技公司的依赖,同时增强欧洲的数字竞争力,努力将欧洲打造成数字经济的一极。其次,欧盟力求引领跨境数据流动规则,扩大自身在制定国际规范上的权力。人权保护的基本价值观在国际舞台上赋予欧盟独特的道德感召力,欧盟试图借此引领国际规则的制定。欧盟个人数据流出域内的前置条件是,第三方必须通过欧盟委员的评估以及定期复审且满足欧盟要求的充分性保护,强调非欧盟国家提升数据保护水平。一旦第三方不再确保数据保护的充分水平,欧委会有权终止数据传输。此举置欧盟于"审查者"地位,赋予欧盟独特的制度性权力,既提高了欧盟的相对地位,又拓展了欧式规范的适用范围和国际影响力。最后,欧盟的最终目标在于提升自身在国际舞台上的战略自主性。一方面,欧盟已明确提出要发展国际合作机制来拓展欧式规则的国际适用空间,与强调自由的美式规则和强调安全的中式规则抗衡,提升欧盟应对数字时代竞争的战略自主性;另一方面,欧盟开始对美国科技企业进行强力监管,2022年正式通过了《数字市场法案》(Digital Markets Act),对美国科技巨头提出七点要求,确保市场公平开放。

尽管欧盟以隐私保护为由对跨境数据进行规制具有足够的历史传统、法律渊源和道德正义,但仍然不改变其限制数据跨境流动的核心要素的本质,以及其暗含的对数据流向和目标国的控制,其后果是赋予欧盟在软硬实力上不同的能力。毫无疑问,这种以个人数据保护为核心的限制会带来特定的后果,并对跨境数据的国际规制格局产生影响,而其可持续性将最终取决于效益和价值保护的平衡。

表3 欧式规制模式的核心规制因子和措施

流向	流动方向	保护水平达到标准的国家之间自由流动	充分性认定原则
	传输对象	经过充分性认定的国家(白名单)	
流速	1. 充分性认定后流动不受阻碍 2. 评估机制 3. 定期复审机制 4. 监管机关		国家权力深度介入
流径	"白名单"制度通道		保护不受减损原则
	标准合同条款(SCC)		
	约束性的公司条款(BCR)		
	国际条约、协定(司法执法场景)		
	基于同意原则		

在流向上,欧盟跨境数据规制是通过充分性认定原则,对跨境数据流动的方向和流入目标国进行控制,而认证的权力则牢牢掌握在欧盟手中。在流速上,欧盟具有严格数据出境评估审查机制,企业从事业务活动的合规成本较高(金晶,2018)。相较于美国行业自律模式,欧盟规制体系中国家公权力机关的介入程度较高。从流径上看,欧盟主要通过"白名单"制度和标准合同条款进行数据活动,贯穿其中的原则仍然是个人数据保护水平不受减损。

欧式规则的核心是对个人数据保护原则的坚守与推广,主要手段是弱化数据流动的技术向心特征,强化对跨境数据的社会规制。容易被忽略的是,欧盟借由个人数据权利保护,实质性地控制了欧盟境内个人数据的流动方向和对象国家,保护了数字资源,为欧盟数字经济的发展争取到一定时间。其核心逻辑是,高水平个人数据权利保护→控制数据流向、占领道德高地→发展数字经济、推广欧式规则→欧式规则制度化→人权保护观念强化。在民主价值观的逻辑下,此举具有极高的道义性与合法性,在最大程度上以最小的成本保住了欧洲的数据资源和战略主动性。

(三) 中国:安全导向模式

我国关于数据跨境的规制起步较晚,且多分布在《征信业管理条例》《人口健康信息管理办法》《地图管理条例》等部门性法律法规中。之后,以《网络安全法》《数据安全法》和《个人信息保护法》为代表的国家层面的法律规制体系逐渐完善,并确立了网络主权原则和重要数据本地化存储原则。上述法律多聚焦于数据保护的原则性条款,在实践中缺乏操作性和实施细节。2021年,国家网信办出台了《网络数据安全管理条例(征求意见稿)》,明确了网络数据安全监管活动的适用情形并进一步细化了数据分级分类保护制度。2022年2月,《网络安全审查办法》正式实施,规定网络平台运营者的数据处理活动如果存在影响国家安全的可能性,应当进行网络安全审查。7月,网信办公布《数据出境安全评估办法》进一步规范了数据出境活动,明确了数据出境安全评估的适用情形和程序。随着我国法律法规的不断完善和细化,由此形成了以安全为价值导向的跨境数据规制模式。

总体上看,全球数字经济和技术由中国和美国主导。但是中国在芯片、人工智能、云计算、大数据等领域与美国存在一定差距。技术向心原则意味着中国数据跨境流动存在两种趋势。国内数据有向技术高地,尤其是美国流出的客观压力,同时其他低联网国家数据也有向中国流入的趋势。不同于美国"宽进严出"的双重标准,中国并未利用其自身优势谋求数据霸权,而是主张在国家主权的基础上构建公正合理的国际规则。中国一方面坚决反对霸权国家对其网络主权和数据安全的侵害,另一方面,强调不论国家大小强弱,均有独立自主行使本国管辖权的权力。2020年,中国发布《全球数据安全倡议》,提出"各国应要求企业严格遵守所在国法律,不得要求本国企业将境外产生、获取的数据存储在境内",在全球数据治理中,各国"应尊重他国主权、司法管辖权和对数据的安全管理权,未经他国法律允许不得直接向企业或个人调取位于他国的数据"。

在认知偏好上,中国跨境数据规制体系注意隐私保护、安全和发展的并重,尤其是强调安全价值(胡珍,2022)。习近平在主持中共中央政治局第二次集体学习时强调要"加强关键信息基础设施安全保护,强化国家关键数据资源保护能力,增强数据安全预警和溯源能力",以确保国家数据安全。在实践中,中国跨境数据政策尤其注重对冲来自美国网络霸权和数据霸权的安全风险,具有鲜明的防御属性。一方面,中美之间的客观差距促使中国科技公司赴美上市,诸如滴滴等企业掌握中国公民大量个人信息以及地理地图数据,一旦出境,监管问题将极为突出,数据安全不能得到有效保障。对此,《网络安全审查办法》(2021)明文规定"掌握超过100万名用户个人信息的网络平台运营者赴国外上市,必须向网络安全审查办公室申报网络安全审查"。另一方面,上市公司数据存在被外国政府影响、控制和恶意利用的风险。自中国被列为美国的最大竞争对手之后,美国频繁对中概股和中资企业的正常生产经营活动进行扰乱。为应对美国长臂管辖,保障中国企业的合法权益,2021年中国国务院批准《阻断外国法律与措施不当域外适用办法》,规定一旦确认相关外国法律与措施存在不当域外适用情形的,国务院主管部门可以发布不得承认、不得执行、不得遵守的命令,对国外长臂管辖行为进行及时阻断。

从权力的角度看,中国跨境数据规制模式包含国际、国内两个面向,既包含自身实力的提升,也包括国家权力的拓展,因此不可避免地带有政治博弈色彩。首先是促进中国的数字化转型。以数据资源为关键生产要素的数字经济是数字时代的主要经济形态,其发展正在推动生产生活方式加速变革。因此开发数据要素、发展数字经济、实现本国产业结构转型和国民经济持续增长是中国数字战略的核心利益,也是中国政治安全最重要的物质保障。2021年国务院印发《"十四五"数字经济发展规划》,提出数据质量提升、数据要素市场培育等十一大工程,共同推动我国数字经济健康发展。其次是增强涉外法治建设,强化我国规则的域外适用能力。全球化时代的国家间竞争日益表现为国际制度、规则制定权的竞争(徐秀军,2017),美欧寻求主导乃至垄断全球数据治理体系的行为,极大地压缩了中国的国际活动空间。因此,习近平(2021)在十九届中央政治局第三十五次集体学习时指出:"要坚持统筹推进国内法治和涉外法治,按照急用先行原则,加强涉外领域立法,进一步完善反制裁、反干涉、反制'长臂管辖'法律法规,推动我国法域外适用的法律体系建设。"最后,中国跨境数据规制服务于构建网络空间人类命运共同体。跨境数据规制的美式和欧式规则体系都有明显的排他性、针对性,而非全球性、合作性、共享性。中国始终坚持真正的多边主义,尊重各国自主选择网络空间发展道路、治理模式以及平等参与网络空间国际治理的权利(世界互联网大会,2021),倡导构建"和平、安全、开放、合作、有序的网络空间命运共同体"(新华网,2020)。

表4 中式规制模式的核心规制因子和措施

流向	流出	个人信息和重要数据境内存储保障安全前提下,有序流动	主权管辖原则
	流入	未经他国法律允许不得直接向企业或个人调取位于他国的数据;各国不得要求本国企业将境外产生、获取的数据存储在境内	
	对象	限制或禁止个人信息提供清单(黑名单)	
流速		1. 个人数据和重要数据出境安全评估(目的、范围、类型、方式、规模等) 2. 双向(数据处理者和接收方)个人信息保护认证 3. 涉及国家安全的数据处理活动须经网络安全审查 4. 留存相关日志记录和数据出境审批记录三年以上	安全原则
流径		标准合同	批准原则
		国际条约、协定	
		平等互惠原则	
		主管机关批准窗口	

中国跨境数据规制的核心原则是尊重各国主权和管辖权。在流向上,旨在形成稳定的跨境数据流动秩序。政策的重点是防范数据出境所带来的安全问题,但并不排斥他国基于主权在其境内对中国数字企业的正常合理监管活动。从流速上来看,数据出境的前提是保障数据安全,因此有严格的

评估机制和审查机制。事实上,上述监管措施在一定程度上能够强化本国对数据的控制。从流径上看,数据出入境的渠道大多由主管机关掌握,市场化渠道较少,国家权力的介入相对较深。

以安全为核心价值导向的中式跨境数据规制体系旨在达成跨境数据有序自由流动。值得注意的是,安全是一个内涵广泛的综合性概念,既包括个人隐私安全、数据安全也包含数字经济发展(经济安全)和国家安全,四者同为总体国家安全观的重要组成部分。其后果是,相关政策具有明显对冲美国长臂管辖的目标导向和防御属性。同时国家公权力机关对数据跨境活动的深度介入,在实现网络空间的秩序与稳定的同时,牺牲了部分流动性和数据产业的潜在价值。因此,是否能够通过数据本地化实现相关价值的本地化,最终取决于中国数字科技的创新与发展程度。

四、跨境数据规制的地缘前景

跨境数据规制模式不仅受到一国文化传统、法律习惯等因素的影响,更因数据牵涉未来国家竞争力而使其日益成为各国争夺的稀缺资源和战略资产。谁掌握了数据,谁就掌握了未来竞争中的主动权,因此各主要国家开始了一场以数据资源和数字规则制定为核心的争夺战,并由此产生了一系列的地缘政治后果。

其一,全球跨境数据规制体系进一步碎片化。一方面,经济社会的全面数字化使传统国际贸易体系越发难以适应新的时代要求,世界呼唤新的国际规则。另一方面,数据对于一国数字技术、数字经济乃至战略自主性有着显著的影响,因而对其规制成为国际战略博弈的重点和各方争夺的焦点。国际舞台上大国竞争的回潮使各方都基于自身数据保护理念和目标提出各自的主张,全球跨境数据规制标准逐步俱乐部化(刘宏松 等,2020)。从经验看,美国和欧盟两大规制体系主导了跨境数据的国际舞台,中国自身的跨境数据规制体系正在逐步完善,同时越来越多的国家开始采取体系外的单边规制措施(黄宁 等,2017)。例如,俄罗斯为保障自身数字主权所颁布的《第242-FZ号联邦法》实行了严格的数据本地化措施,要求所有公司必须将俄罗斯公民的个人信息存储在俄境内的服务器上。2019年印度版《个人数据保护法案》(The Personal Data Protection Bill)明确规定,个人数据跨境必须在印度境内留存副本,且关键个人数据的处理活动仅能在印度境内的服务器中进行。值得注意的是,对跨境数据流动实施限制性政策的国家一般是较低水平的跨境服务交易国家(Ferracane & Marel, 2019)。文化传统、治理理念以及管辖权冲突是各国规制模式分歧的重要原因,但目前全球跨境数据治理体系难以达成统一标准的原因更多是无法克服的政治上的反对声音(Sedgewick. M. B, 2017.)。

其二,跨境数据规制议题迅速政治化,安全和主权成为各国的突出考量。跨境数据流动就处理主体而言可分为"私主体跨境处理"和"公权力机关跨境处理"两种场景(许可,2021),前者是以业务为目的的跨境数据处理活动,后者则以执法司法为目的(洪延青,2022)。私主体数据跨境处理活动主要涉及经济效益、数据安全等规制目标,公权力机关的数据跨境处理活动则更多地涉及国家安全和主权等政治逻辑。但数据跨境流动天然涉及至少两个国家的法律适用和执法管辖问题,无论是美国以长臂管辖为代表的霸权行为,还是欧盟以认证方式获得的管辖权适用范围的扩大,都不可避免地带来各国基于国家主权原则派生的司法管辖权之间的张力(王雪 等,2022)。于是可以看到无论是技术实力超群的美国还是引领个人数据保护的欧盟,都在某种程度上开始强调本国的"技术主权"和"数据主权"来强化对数据资源、数字技术的控制权(Crespi et al., 2021)。另一方面,棱镜门事件和剑桥分析事件向各国政府表明了数据泄露对一国政治安全和战略自主的严重影响,与数据跨境传输相关的安全问题迅速成为各国采取相关措施的政策依据。耐人寻味的是,向来捍卫自由原则的美国正是国际上最为频繁使用单边主义和长臂管辖并以"国家安全"为由对特定国家采取安全审查政策和行业禁入措施的国家。

其三,跨境数据规制的主体分化重组,分散化和联盟化趋势并行。一方面,所谓新兴工业化国家政策分歧严重,传统的发展中国家组织难以就跨境数据规制达成统一意见。以金砖国家为例,中国的政策强烈关注"安全"原则,模式倾向于增强应对外国政府调取国内数据的风险的能力(洪延青,

2022);印度和俄罗斯则采取严格的数据本地化措施,遵循强主权保护模式;而巴西《通用数据保护法》(Lei Geral de Proteção de Dados Pessoais,简称 LGPD)和南非共和国《个人信息保护法》(Protection of Personal Information Act,简称 POPIA)则大量借鉴了欧盟 GDPR 的相关原则和规则,着重强调数据主体的权利。另一方面,全球跨境数据的主要玩家正在着手构建自身的跨境数据规制关系网络。目前,欧盟 GDPR 白名单已经包含阿根廷、新西兰、以色列等 12 个国家和地区,并积极推动新加坡等国的个人信息保护法律与 GDPR 原则的对接;现阶段,美国已达成的有法律约束力的以限制数据本地化措施为核心的跨境数据自由流动体系成员与美国盟友体系高度重合,包括日本、韩国、加拿大、墨西哥等国。不仅如此,美国正通过"印太经济框架"推动跨境数据自由流动和隐私保护,并致力于建立民主透明的治理标准;中国也在《区域全面经济伙伴关系协定》(Regional Comprehensive Economic Partnership,简称 RCEP)中积极拓展自身政策的活动空间结构(洪治纲 等,2022)。

五、我国面临的挑战和应对思路

综合以上所述,跨境数据规制议题不仅仅是历史文化、法律传统以及单纯的数据安全和个人信息保护问题。源自数据的潜在开发价值直接关系到未来财富分配格局和国际权力格局,因而各主要国家都在争夺对其规制的主导权。面对美国的技术优势和美欧成体系的规则和实践,我国在发展数字经济、保障自身数据主权和应对数字时代的国家竞争时主要面临三方面的挑战。

首先,我国在跨境数据规制议题上面临的底层压力是由技术向心原则引起的国内数据资源隐性流出及其相关的监管压力。只要存在技术水平差距,这种压力就将持续存在。与之相应的是,美国已经开始对中国进行技术脱钩,试图将中国科技水平和国民经济"锁锁"在一定水平(张宇燕 等,2018)。其次,中国现有的跨境数据规制大多聚焦于"公权力机关的跨境调取"场景,着重强调应对域外强国的长臂管辖和政治打压。而基于"私主体跨境处理"场景的实操层面措施不多,企业在面对跨境数据问题时往往感到无所适从。最后,美欧两大规制体系占据国际跨境数据治理的主要空间,我国以数据安全和国家主权为核心的规则体系难以在国际上获得活动空间。另外,美式规则和欧式规则都带有一定性质的"圈子"色彩,美国主导的 CBPR 体系更是有意排除中国参与(洪延青,2021a)。

在跨境数据规制议题的国际博弈中,数字技术、数字经济与数字规则日益成为各行为体的主要政治考量,相关博弈的激烈程度也会持续增强,为应对以上挑战,我国应该在以下三个方面早做准备。第一,强化本国科技创新体系建设。技术水平相对较弱使我国政府部门承受数据资源流出的监管压力和数据开放的国际舆论压力;核心技术受制于人进一步扩大了中国与美国的非对称性相互依赖,弱化了中国参与跨境数据国际规制的战略自主性。为此,我国应该加大在云计算、人工智能、5G 以及大数据等核心技术领域的投资,夯实规则竞争的硬实力基础。第二,细化数据跨境规则。《中华人民共和国数据安全法》已经将"数据自由流动"作为跨境数据规制的基础性原则。在跨境数据监管中,在保障个人数据安全的前提下,要避免"公权力机关跨境调取"场景所主张的安全和主权原则过度侵蚀"私主体跨境处理"所主张的自由流动原则,只有将数据潜在的价值发掘出来,跨境数据规制才是可持续的。第三,构建并拓展以我为主、为我所用的跨境数据规制体系。跨境数据规制的碎片化,以及日益增强的政治化和安全化属性,加之美国利用盟友体制对中国进行的规则封锁,中国应积极构建并扩大在该议题上的"朋友圈",寻求建立符合自身利益的跨境数据流动规则,以体系回应体系。

参考文献

蔡翠红,郭威,2022.中美跨境数据流动政策比较分析[J].太平洋学报,30(03):28-40.

蔡跃洲,马文君,2021.数据要素对高质量发展影响与数据流动制约[J].数量经济技术经济研究,38(03):64-83.

陈睿,2019.美国在网络空间中的霸权主义透视[J].湘潭大学学报(哲学社会科学版),43(04):118-121.

蔡拓,2020.全球主义观照下的国家主义:全球化时代的理论与价值选择[J].世界经济与政治(10):4-29+156.

洪延青,2021a.推进"一带一路"数据跨境流动的中国方案:以美欧范式为背景的展开[J].中国法律评论(02):30-42.

洪延青,2021b."法律战"旋涡中的执法跨境调取数据:以美国、欧盟和中国为例[J].环球法律评论,43(01):38-51.

洪延青,2022.数据跨境流动的规则碎片化及中国应对[J].行政法学研究(04):61-72.

洪治纲,霍俊先,2022.RCEP对数据跨境流动的规制及其重要影响[J].西南金融(04):83-94.

黄宁,李杨,2017."三难选择"下跨境数据流动规制的演进与成因[J].清华大学学报(哲学社会科学版),32(05):172-182+199.

胡珍,2022.数据跨境流动规制范式解析及中国路径探究:以维护本国产业利益为本位[J].新经济(08):96-101.

金晶,2018.欧盟《一般数据保护条例》:演进、要点与疑义[J].欧洲研究,36(04):1-26.

联合国贸发会议,2021.数字经济报告2021[R/OL].http://unctad.org/system/files/official-document/der2021_overview_ch.pdf.

刘宏松,程海烨,2020.跨境数据流动的全球治理:进展、趋势与中国路径[J].国际展望,12(06):65-88+148-149.

凌胜利,2018.朝鲜半岛战略自主性的提升及其影响[J].当代韩国(04):1-13.

梅夏英,2019.在分享和控制之间:数据保护的私法局限和公共秩序构建[J].中外法学,31(04):845-870.

齐俊妍,强华俊,2022.跨境数据流动限制、数字服务投入与制造业出口技术复杂度[J].产业经济研究(01):114-128.

世界互联网大会,2021.网络主权:理论与实践(3.0版)[EB/OL].http://www.wicwuzhen.cn/web21/information/Release/202109/t20210928_23157328.html.

王栋,高丹,2022.数字全球化与中美战略竞争[J].当代美国评论,6(02):25-43+123.

王雪,石巍,2022.数据立法域外管辖的全球化及中国的应对[J].知识产权(04):54-75.

新华网,2020.全球数据安全倡议(全文)[EB/OL].http://www.xinhuanet.com/world/2020-09/08/c_1126466972.htm.

许可,2021.自由与安全:数据跨境流动的中国方案[J].环球法律评论,43(01):22-37.

徐秀军,2017.规则内化与规则外溢:中美参与全球治理的内在逻辑[J].世界经济与政治(09):62-83+158.

阎学通,徐舟,2021.数字时代初期的中美竞争[J].国际政治科学,6(01):24-55.

中国工信产业网,2022.全球数字经济白皮书(2022年)发布数字经济为世界经济发展增添新动能[EB/OL].http://www.cnii.com.cn/rmydb/202207/t20220730_400751.html.

中华人民共和国中央人民政府网站,2021.习近平主持中共中央政治局第三十五次集体学习并发表重要讲话[EB/OL].http://www.gov.cn/xinwen/2021-12/07/content_5659109.htm.

中国信通院,2022.全球数字经贸规则年度观察报告(2022年)[R/OL].http://www.caict.ac.cn/kxyj/qwfb/bps/202207/P020220729550446286663.pdf.

张生,2019.美国跨境数据流动的国际法规制路径与中国的因应[J].经贸法律评论(04):79-93.

张玉环,2018.特朗普政府的对外经贸政策与中美经贸博弈[J].外交评论(外交学院学报),35(03):12-36.

张宇燕,冯维江,2018.从"接触"到"规锁":美国对华战略意图及中美博弈的四种前景[J].清华金融评论(07):24-25.

Calvano E, Polo M, 2021. Market power, competition and innovation in digital markets: a survey [J]. Information economics and policy, 54: 100853.

Council G, 2018. Joint statement on electronic commerce initiative-communication from the United States [R/OL]. http://www.tralac.org/images/docs/12964/wto-general-council-joint-statement-on-electronic-commerce-initiative-communication-from-the-united-states-april-2018.pdf.

Crespi F, Caravella S, Menghini M, et al., 2021. European technological sovereignty: an emerging framework for policy strategy [J]. Intereconomics, 56(6): 348-354.

European Commission, 2021. 2030 digital compass: The european way for the digital decade [EB/OL]. http://eufordigital.eu/wp-content/uploads/2021/03/2030-Digital-Compass-the-European-way-for-the-Digital-Decade.pdf.

European Commission, 2018. Questions and answers: General data protection regulation [EB/OL]. http://ec.europa.eu/commission/presscorner/detail/en/MEMO_18_387.

Ferracane M, Marel E, 2019. Do data policy restrictions inhibit trade in services? [J]. Robert Schuman centre for advanced studies research paper, No. RSCAS: 29.

Figueiredo F, Gonçalves M J A, Teixeira S, 2021. Information technology adoption on digital marketing: a literature review [J]. Informatics, 8(4): 74-96.

Forbes, 2022. The world's largest tech companies in 2022: Apple still dominates as brutal market selloff wipes trillions in market value[EB/OL]. http://www.forbes.com/sites/jonathanponciano/2022/05/12/the-worlds-largest-technology-companies-in-2022-apple-still-dominates-as-brutal-market-selloff-wipes-trillions-in-market-value/?sh=5f3625d23448.

Houser K A, Voss W G, 2018. GDPR: The end of Google and Facebook or a new paradigm in data privacy[J]. Rich. JL & Tech. 25: 1.

Jeeyun S B, 2020. Data privacy against innovation or against discrimination?: The case of the California Consumer Privacy Act(CCPA)[J]. Telematics and informatics(52): 1-34.

McKinsey Global Institute, 2014. Global flows in a digital age: How trade, finance, people, and data connect the world economy[EB/OL]. https://www.mckinsey.com/~/media/mckinsey/featured%20insights/Globalization/Global%20flows%20in%20a%20digital%20age/MGI%20Global%20flows%20in%20a%20digial%20age%20Executive%20summary.ashx.

Pipe G R, 1984. International information policy: evolution of transborder data flow issues[J]. Telematics and informatics, 1(4): 409-418.

UNCTAD, 2021. Digital economy report 2021[EB/OL]. http://unctad.org/system/files/official-document/der2021_en.pdf.

Schwartz P M, 2012. The EU-US privacy collision: a turn to institutions and procedures[J]. Harv. L. Rev., 126: 1966.

Sedgewick M B, 2017. Transborder data privacy as trade[J]. California law review, 105(5): 1513-1542.

Slaughter M J, McCormick D H, 2021. Data is power: Washington needs to craft new rules for the digital age[J]. Foreign aff., 100: 54.

Sturgeon T J, 2021. Upgrading strategies for the digital economy[J]. Global strategy journal, 11(1): 34-57.

The White House, 2015. Remarks by the president in state of the union address[EB/OL]. http://obamawhitehouse.archives.gov/the-press-office/2015/01/20/remarks-president-state-union-address-january-20-2015.

协同、博弈与技术赋能：地缘政治视角下的网络空间治理与传播效能转向[*]

◆ 梁 爽 谢永江[**]

摘要：在信息全球化的时代背景下，随着现代信息通信（ICT）、人工智能（AI）、虚拟现实（VR）等技术形态的不断革新与发展，网络空间逐渐渗透进人类社会生活的各个环节，成为社会成员工作、交流、互动的重要阵地。基于此，本文以地缘政治为理论视角，剖析现阶段协同、博弈、技术赋能中的网络空间治理之特性、路径方法与传播效能，并结合案例，从"技术—信息—行动者"等方面进行深入分析。本文提出，未来的网络空间治理与信息传播应更加重视核心技术赋能，维护国家信息主权；同时，在依法治网的基础之上，依法管网、科学管网，从政策制定、制度落地、效能检验等方面保障网络信息化发展的合理有序，在构建全球网络空间治理生态共同体的过程中贡献中国智慧和中国方案。

关键词：技术赋能；网络空间治理；网络传播；地缘政治

一、引言

现阶段，伴随着现代信息通信（ICT）、人工智能（AI）、虚拟现实（VR）等技术形态的不断革新与发展，网络空间逐渐渗透进人类社会生活的各个环

---

[*] 本文系国家社会科学基金青年项目"智能新闻在'信息舆论战'中的应用实践与效能评估研究（项目编号：22CXW005）"的阶段性成果。

[**] 梁爽，北京邮电大学数字媒体与设计艺术学院副教授、硕士生导师，网络文化与网络系统北京市重点实验室成员；谢永江（通讯作者），北京邮电大学人文学院教授、北京邮电大学互联网治理与法律研究中心执行主任，可信分布式计算与服务教育部重点实验室（北京邮电大学）研究员。

节,成为社会成员工作、交流、互动的重要阵地。作为人类社会交往活动的新场域,网络空间的清朗、和谐关乎整个社会系统的安全与稳定。尤其是当下我国社会结构、经济结构面临着深刻转型,数字化、网络化、智能化进程按下"加速键",各行各业纷纷进入新的成长和发展阶段,给网络空间治理及信息传播效能提供了新的模态可能。当前,随着智能技术的普及推广和公众媒介素养的日益提升,网络空间愈加成为信息扩散、舆情演化、公众讨论的重要渠道。在技术升级、服务优化、公民认知水平提升的基础上,近年来,网络空间服务逐渐朝流动化、纵深化、多元化的方向延伸,给予公众多通道的信息处理机制、能力多样的信息平台选择,同时对国家网络空间的监管水平以及各国间的协作治理提出新的时代发展要求。

在信息全球化的时代背景下,各国基于自身地理位置因素而形成的网络空间协作关系、动态发展过程备受学界关注。德国地理学家弗里德里希·拉采尔(Friedrich Ratzel)在"国家有机体—生存空间论"中,将一个国家或民族看作一个有机生命体,对地缘政治的热衷是有机体寻找生长空间的本能,认为国家可以通过攫取"生存空间(Lebensraum)"由弱变强。基于此,瑞典政治地理学家鲁道夫·契伦(Kjellen,1917)第一次提出"地缘政治(Geopolitics)"理论,认为该理论是"把国家作为地理的有机体或一个空间现场来认识的科学,着重研究国家形成、发展和衰亡的规律"。进一步,法国政治学家雷蒙·阿隆(Aron,1966)认为地缘政治的主要内容是"把外交—战略关系与对资源作出的地理—经济分析以及由于生活方式和环境而引起的外交态度的解释,从地理的角度加以系统化"。21世纪以来,世界地缘政治多极化趋势进一步增强,在地缘经济、地缘文化的加持下成为国家外交战略、国家社会治理战略的重要内容。

作为国家权力的"空间艺术",地缘政治的本质是"人类社会群体之间基于地理环境所形成的一种特定政治关系"(陆俊元,2006),网络空间作为地缘政治的新领域(蔡翠红,2018),其发展使国家间的物理界限变得模糊,随之而来的是网络地缘政治的兴起。在网络地缘政治的视角下,传统"在地"的区域划分和空间格局被逐步淡化,网络空间治理的主体不再仅是抽象的政治组织,更是具有空间化、结构化、地域化属性的政治实体,信息主权、网络空间主权的重要战略地位日益凸显。基于此,世界各国为争夺信息网络主导权、舆论话语权而进行的技术竞赛、网络空间博弈愈发激烈,近年来,打破了地理空间壁垒的网络空间既是各国博弈的目标和"必争之地",也是信息战、舆论战、技术战等"赛道"竞争的重要手段,随着智能网络时代的到来,世界网络空间格局面临重新洗牌,各国纷纷入局网络空间的协同、博弈、竞争,使地缘政治视角下的网络空间发展治理与传播效能成为一项重要的社会议题。

可以说,智能技术赋能产业跨越式发展的同时,也给网络空间治理带来前所未有的机遇和挑战。互联网、移动设备在给信息监测、内容识别、热点追踪等重大社会议题领域提供巨大便利和助益的同时,也给网络环境在复杂性、极端性、碎片性等方面带来治理、监管工作的阻力。习近平曾多次指出,"互联网日益成为意识形态斗争的主阵地、主战场、最前沿","网络空间是亿万民众共同的精神家园。网络空间天朗气清、生态良好,符合人民利益"(人民网,2022)。网络空间治理作为网络话语阵地建设和国家安全保障的关键工作,在信息全球化发展的今天,应当重视其发展效能、传播效能和引导效能,加强网络综合治理体系建设,全面提升网络空间治理水平,为构建清朗空间、建设网络强国提供前提和基础。

二、协同治理与信息化:地缘政治视角下的网络空间治理

(一)协同治理:基于地缘政治的网络空间治理

协同治理(Collaborative Governance)兴起于20世纪90年代,在爱德华·弗里曼(Freeman,1997)的阐释中,协同治理是以解决问题为导向,由利益相关者参与并共同承担的社会实践,这一点,与哈肯(2006)对"协同"的理解有相通之处——协同治理是系统要素或子系统之间相互作用,并在时间、空间、功能上形成一定的自组织,从无序走向有序的过程。自此,协同治理作为理论框架和分析视角,被广泛应用于社会学、管理学、政治学等学科领域的研究之中。在Kooiman(1999)等人看来,治理活动想要发挥作用,其产生的秩序不能通过外部力量的施加而产生,必须通过参加治理活动的多元

主体相互作用、相互影响才能实现。作为由一个或多个公共机构与非公共机构、私人机构正式参与的审慎的集体决策过程，协同治理以共识为导向，旨在制定或推动公共政策（Ansell & Gash，2007）。协同治理的基础在于对话、信任、承诺和理解。对于当下的国内外网络空间治理而言，在政府主导下，平台、企业、个人等多元主体参与到网络空间治理工作之中，重视行动体间的协调有序和跨域交流。

随着全球化、数字化进程的不断深入，基于地缘政治的网络空间治理进入新的发展阶段，建立在多边对话、国家信任的基础之上的协同治理在其中扮演着重要的社会角色。早期网络空间治理以网络技术安全和网络规则制定为重心，以美国互联网域名和数字地址分配机构（The Internet Corporation for Assigned Names and Numbers，简称 ICANN）为代表，进行互联网协议（IP）地址的空间分配、标识符指派、国家地区顶级域名（country code top-level domain，简称 ccTLD）系统的管理等。随着信息全球化进程的不断深化，由单一国家对互联网进行直接管理的格局被打破，逐渐形成联合国平台下的信息社会世界峰会（The World Summit on the Information Society，简称 WSIS）、联合国互联网治理论坛（Internet Governance Forum，简称 IGF）、联合国政府专家组（UN Group of Governmental Experts，简称 UNGGE）、国际电信联盟（International Telecommunication Union，简称 ITU）等共同参与的多方网络治理体系。尤其是 2013 年爱德华·斯诺登（Edward Snowden）披露美国国家安全局"棱镜计划（PRISM）"，成为世界各国改革互联网空间治理秩序、推进 ICANN 国际化进程的重要契机，为网络数据资源、信息资源、技术资源的协同治理提供了动力。2015 年以来，各国纷纷出台政策和法律法规以维持本国网络安全秩序、保障网络空间规范的成熟与稳定，如美国国家安全委员会、白宫分别出台的《临时国家安全战略方针》《提升国家网络安全行政令》，俄罗斯联邦委员会出台的《主权互联网法》《俄罗斯联邦国际信息安全领域国家政策框架》，欧盟委员会接连通过的《欧洲数据治理条例》《网络安全战略》等，均从国家网络安全、个人信息安全、数字资产金融安全等层面上进行了严正规范（相关政策法规信息见表1）。各国基于本国国情制定和出台的相关政策规制为世界范围内的网络空间安全提供了节点化保障，为进一步加快多边、多区域、多主体网络基础资源分配和网络空间全球治理机制提供了基础。

中国作为世界网络大国,在全球网络空间系统的协同治理中发挥着至关重要的作用。截至2022年12月,中国网民规模达10.67亿人,较2021年12月增长3549万人,互联网普及率达75.6%;其中,手机网民规模为10.65亿人,网民中使用手机上网的比例为99.8%(CNNIC,2023)。随着网络接入用户量跃过10亿人,中国已成为世界上规模最大的网络用户大国,在网络数据、网络规范、网络文化系统治理方面承担着更大的社会服务与治理责任,先后出台《中华人民共和国网络安全法》《中华人民共和国数据安全法》《中华人民共和国个人信息保护法》等一系列法律法规。尤其是在2019年12月,国家互联网信息办公室发布的《网络信息内容生态治理规定》,从责任主体、治理对象、行为责任等层面对网络信息的生产、传播准则进行了规范,对建立健全网络综合治理体系、营造清朗的网络空间、建设良好的网络生态起到了关键作用。2015年12月,习近平在第二届世界互联网大会上提出"尊重网络主权,维护网络安全,共同构建和平、安全、开放、合作的网络空间,建立多边、民主、透明的国际互联网治理体系"(新华网,2015)。在推动网络空间协同治理的变革之中,中国始终在平台搭建、沟通对话机制建立等方面贡献力量。

表1 近年来出台的网络空间治理相关法律和政策示意表(部分)

国家	政策法规名称	发布方	出台时间	涉及内容
中国	《中华人民共和国网络安全法》	全国人大常委会	2016年11月	维护国家安全、网络安全、数据安全和个人信息权益。
	《网络信息内容生态治理规定》	国家互联网信息办公室	2019年12月	营造良好网络生态,保障公民、法人和其他组织的合法权益,维护国家安全和公共利益。
	《中华人民共和国数据安全法》	全国人大常委会	2021年6月	规范数据处理活动,保障数据安全。
	《中华人民共和国个人信息保护法》	全国人大常委会	2021年8月	规范个人信息处理活动,保护个人信息权益,促进个人信息合理利用。
	《关于加强网络文明建设的意见》	中共中央办公厅、国务院办公厅	2021年9月	营造风清气正的网络空间。
	《网络安全审查办法》	国家互联网信息办公室	2022年2月	保障网络安全和数据安全,维护国家安全。

续表

国家	政策法规名称	发布方	出台时间	涉及内容
美国	《确保美国供应链安全行政令》	白宫	2021年2月	对包括半导体芯片在内的4类产品的供应链展开为期100天的风险审查,并开始在2021年上半年从对内和对外两条路线上全面加强网络安全工作。
	《临时国家安全战略方针》	国家安全委员会	2021年3月	提出了实现军事能力现代化、主导国际外交、振兴美国的联盟网络的愿景。
	《提升国家网络安全行政令》	白宫	2021年5月	首次提出"增强软件供应链安全",包含24项新举措,并要求联邦政府相关机构启动建立"软件标签"机制,确保美国网络空间安全。
俄罗斯	《主权互联网法》	联邦委员会	2019年5月	巩固对本国互联网架构和基建的控制,对抗网络威胁。
	《俄罗斯联邦国际信息安全领域国家政策框架》	联邦委员会	2020年1月	明确了国际信息安全领域国家政策的目标、任务和实施国际信息安全领域国家政策的主要方向及机制。
欧盟	《欧洲数据治理条例》	欧盟委员会	2020年11月	进一步规范欧洲数据治理模式,发挥数据在经济和社会方面的潜力。
	《欧盟数字十年网络安全战略》	欧盟委员会	2020年12月	共同塑造欧洲数字发展模式,为市场提供安全的、可信赖的基本制度框架。
英国	《漏洞赏金计划》	国防部	2021年8月	调查和识别数字资产中的漏洞,增强国家网络实力。
	《网络赛道业务增长计划》	安全局	2021年8月	支持国际贸易和安全投资。
法国	《网络攻击警报系统》	内政部	2021年7月	限制网络攻击对法国经济结构产生的影响。
韩国	《信息通信基础设施保护法》	国会	2020年6月	分析及评估关键基础设施的弱点,保护关键基础设施免受新形式的网络攻击。

续表

国家	政策法规名称	发布方	出台时间	涉及内容
新加坡	《防止网络假信息与网络操纵法案》	国会	2019年5月	保护社会免受恶意行为者在网上制造谎言和进行操纵的危害,提高在线政治广告和相关事项的透明度。
澳大利亚	《关键基础设施提升计划(CI-UP)》	澳大利亚政府	2021年5月	评估现有安全计划和实施建议的相关策略,提高网络安全成熟度。

(二) 超越"在地":流动化的网络空间发展

网络空间治理在国家治理体系中占据重要的战略位置,信息安全则是网络空间安全治理的关键。现阶段,信息传播新型基础设施正在从技术、市场、政治和文化多个层面,重构着全球传播的信息流动新格局、地缘政治新秩序和文化交往新形态(姬德强,2020)。2020年以来,新冠疫情在全球范围内的暴发则进一步加速了该种重构与变革。DataReportal 发布的 *Digital 2022 April Global Statshot Report* 显示,截至 2022 年 1 月,全球互联网用户达 49.5 亿人,占世界总人口的 62.5%,同比去年增加 1.92 亿人;其中,全球社交媒体用户达 46.2 亿人,占世界总人口的 58.4%,同比去年增加 4.24 亿人(DataReportal,2022),网络空间参与者、行动者呈现大幅度增长态势。可以说,在互联网技术、移动互联网技术的演化和驱动下,信息化、数字化革命已渗透进人们生活、工作、社会交往的方方面面,网络空间正在成为人类社会信息传播、观念输出、认知影响的主要渠道,为人们提供生产生活新平台、新空间的同时,也给网络信息安全、网络数据安全带来隐患。

一方面,数据信息和现代通信技术的融合互动进一步推动了空间信息的流动,将"技术—信息—行动者"共同纳入全球信息网络空间的范畴之中。20 世纪 90 年代,Castells 提出的"流动的空间(spaces of flows)"取代过去"地理空间(spaces of places)",为传统社会关系结构在网络社会的再造和转移提供理论依据。在网络信息技术的支持下,流动化的网络空间成为国家间关系连接、交往互动、信息传播的重要阵地,精密传感、GPS 定位、区块链等智能技术推动了数据平台一体化、信息内容即时交换的发展进程,为深化全球化、信息化革命提供了软件和硬件条件。正如阿尔文·托夫勒(Toffler,1996)在《第三次浪潮》中提到的,信息技术和社会需求成为世界发展的强大动力,使整个世界融为一体。类似地,马歇尔·麦克卢汉(McLuhan,2019)也预言"地球村(global village)将在信息网络技术的缔造下成为现实"。

另一方面,信息化革命带动下的"数字鸿沟"不断拉大,国家和地区之间数字经济、数字产业发展严重不均衡。技术发展的区域性鸿沟带来公民之间数字接入(digital access)、数字能力(digital capability)、数字素养(digital literacy)的水平参差不齐,导致世界范围内的贸易争端、文化分歧日益加剧。由于拥有和应用数字化信息和网络通信技术的程度不同,信息落差、知识隔离、贫富差距等两极分化现象广泛存在(Riggins & Sanjeev,2005),给网络社会的和谐发展带来了阻力,给网络空间治理、协作带来一定的观念分化和操作壁垒。尤其是随着全球通信与信息技术供应链的不断成熟和演进,新兴网络技术对信息数据的采集、存储、处理效率不断优化和提升,网络技术存在滥用、盗用、非法利用的潜在可能性,给网络恐怖主义、网络犯罪、网络信息泄密等违法行为以可乘之机。近年来,国家网络安全、公民信息与数据安全等成为社会各界高度关注的重点议题。

正如胡尚·阿什拉夫(Ashraf,2015)提到的,网络空间既不是一个独立于现实物理世界而存在的领域,也不仅是一个物理空间概念的领域。网络空间根植于世界,网络空间内的行为与外界是密不可分的。网络空间建立在地理空间的基础上,受到现实国家政治、经济、文化互动的影响,又在数字技术、智能技术的驱动下超越了现实"在地"的限制,将边界延展至虚拟、数字化的网络场域之中,对世界地缘秩序、国际关系、社会连接进行重构和再组织,也增加了跨国、跨区域网络空间治理的困难度和复杂性。在此社会背景之下,超越"在地"的网络空间进一步拓展了世界地缘政治的博弈空间,将各国卷入相互掣肘的联动网络之中,在信息传播内容、传播方式、治理规则、主导话语权等方面展开竞争和博弈,展现鲜明的时代特色。

三、"云端"博弈与技术赋能：基于地缘政治的网络空间传播效能转向

（一）"在云端"：技术参与网络空间传播的功用与地缘想象

数字信息技术高度发展以来，人类逐步进入数字化生存（being digital）阶段，"信息的DNA"正在迅速取代原子成为人类生活中的基本交换物，数字信息技术对社会系统的生产组织方式、交往信任机制产生颠覆性变革和影响，开启了人类数字社会的"新篇章"。尤其是2020年以来，新冠疫情的暴发进一步加速了全球的数字化进程并加大了人类对数字化的依赖，对社会经济结构、文化认同、教育模式、信息传播逻辑等方方面面都产生了深刻影响。在这一过程中，世界网络地缘政治新秩序和网络传播新生态逐步建构起来，成为影响国际政治格局、数字平台建设体系的重要推力。在人工智能、区块链、云计算等新兴智能技术的驱动下，网络空间传播具有虚拟性、流动性、瞬时性等特点，传播逻辑、传播格局的变革带来网络空间治理模式的转向。

在智能媒介时代，互联网技术、人工智能技术等以其数字化、云端化、瞬时化特性，对网络空间传播的主体、环境、介质产生了深远影响。正如马修·佛雷泽（Fraser, 2009）在"地缘政治2.0"的论述中提到的，"网络的影响已经超越了国家内部的政治动员和国家之间的数字外交，它包括虚拟武器，带来了全新的战争形势，正在改变地缘政治的动态"，并阐述了信息时代地缘政治的三个显著转变：由国家到个人、由真实世界（real-world）到虚拟动员（virtual mobilization）和虚拟力量（power）、由传统媒体（old media）到新媒体（new media）的转变。可以说，技术参与下的网络空间传播进一步促进了参与主体的去中心化，加深了网络空间环境的虚拟性、数字性，凸显了信息地缘政治在今天国际传播、国际关系中的核心战略位置。

首先，从网络空间的传播主体层面来看。为达到特定的政治、经济、文化目的，早期地缘政治的活动主体主要为各个国家、地区、组织结构，通过输出国家意志、社会价值观等方式进行信息传播。网络社会发展到今天，网络

空间的活动主体已扩展到一个个"数字化"的网络节点,通过个体表达、相互连接等方式实现信息传播与扩散。人的层面也是社会的层面,现实社会中的人依然无法脱离传统地缘政治(Weimann,2004)。从网络空间的技术建构、运营,到信息传播、采集,再到空间管理、监督,可以说,传播主体在参与"生产—传播—监管"的过程中,依然受到政治层、文化层等现实地缘政治背景的影响,在认知水平、行为方式等环节上体现着来自传播发出主体的地缘想象。

其次,从网络空间的传播场域层面来看。不同于传统地缘政治视角下强调区域关联性、依托性等"在地"特点,信息时代地缘政治强调网络空间作为一个独立的空间体系而成为国家间地缘政治博弈的新领域,具有灵活、快速、非对称性以及普及性等特点(王川,2012)。对于技术加持下的信息地缘政治而言,"地缘"不仅涉及国境、领土、边界等"硬性"物理要素,也包括国家主权、虚拟领地、网络边界等"软性"虚拟要素。尤其是随着技术参与网络空间建构和传播的不断深化,以智能手段对信息内容进行过滤、生产、监督的方案被广泛运用到国际竞赛、网络空间治理工作之中,"云端"层面的网络安全、数据信息安全成为衡量社会稳定、国家主权的重要水平,成为现阶段社会网络空间治理工作的重中之重。

最后,从网络空间的传播介质层面来看。在过去,政府更倾向于利用CNN、BBC、CCTV等传统媒体进行社会动员和意识形态宣传,如二战前乔治六世通过BBC发表影响深远的"国王的演讲"。长期以来,传统媒体在国际政治、外交舞台上扮演建构国家形象、输出国家价值观等至关重要的角色。今天,随着网络社会的不断深化和完善,Twitter、微信、微博、YouTube、Google等社交类、资讯类新媒体正在网络空间传播舞台上发挥着愈加重要的媒介功用。一方面是新媒体的瞬时性、精准性等传播属性使其在传播效能上更具优势,加上算法推荐、云存储等功能的实现,提升了新媒体在传播速度、传播范围上的信息可触及性及信息传播效率;另一方面,是新媒体在情感接近性上更容易实现"受众到达",以动态视频和图文并茂的呈现方式激活受众的多通道感知,从而实现信息受众尤其是青年受众的"认同到达"和"接受到达"。值得一提的是,有丰富的研究结论证实情感因素与地缘政治的密切关系(e. g. Williams et al. ,2013;Pain,2014),研究发现,情感在政治决策、公民控制、社会动员等国家活动中无处不在地发挥着积极作用(Sharp,2000;Dittmer,et al. ,2014;Ahmed,2015)。未来,值得围绕情感地缘政治(emotional geopolitics)在网络空间治理中发挥的作用进行更加深入的专门性探讨。

(二)保卫"信息边疆":技术赋能下的网络空间传播新格局

网络空间组成架构的地缘属性、网络空间活动主体的地缘属性以及主权国家在网络空间日益上升的权力,都构建了网络空间的地缘政治属性(蔡翠红,2018)。在今天,作为一个带有现实主义色彩的国际关系概念,基于传统地理表征、实践的地缘政治正在被时代赋予新的内涵。在新兴技术的推动下,主权、领土、边界正在向新的云端场域延伸,网络空间已成为各国实力角逐、权力抢夺的新空间、新战场。

现阶段,基于数字协议和程序代码的计算机技术、人工智能技术赋予网络空间以更加复杂、多维的社会功能属性,网络空间已成为继陆、海、空、外太空之外国家角力的"第五疆域",正在成为新一轮国家间竞争和博弈的焦点(高奇琦,陈建林,2016)。在罗森巴赫(2019)等人看来,数据、信息就是新的石油,信息地缘政治(information geopolitics)就是国家间抢占"新石油"的过程,信息权力就是国家使用信息进行影响、决策、创造和通信的能力。在角逐信息权力的过程中,国家重新确立其与市场和公民的关系,重新定义国家利益和战略重心。

随着信息技术革命的成果越来越多地应用于国家间的政治博弈、经济竞赛、文化渗透等环节,基于信息网络的"云端"博弈逐渐拉开帷幕。通过网络地缘政治、信息地缘政治,各国不断进行国家利益、领土主权、资源空间、地缘秩序、国家安全等"核心"竞赛,争夺自身在数据权、信息权、技术权上的综合影响力和国际话语权。可以说,互联网改变了地缘政治权力的重心,开辟了承载权力的虚拟空间,把地缘政治的范畴从国家权力的中心扩大到更广阔的网络空间,这个全新的空间模糊了国家的边界,展现了新的权力运行逻辑(陈文胜,2020)。

网络空间博弈作为"网络战""信息战"的重要组成部分,被认为是"各国为改变信息,破坏属于或被认为对另一个目标国家至关重要的计算机系统、网络或互联网设备而采取的行动"(Ashraf,2015)。近年来,随着各国军备竞赛的线上迁移,网络战、信息战逐渐扩大到基于网络空间的认知战、心理战层面,对国际关系的建构、世界秩序的调整起到重要的作用。尤其是谣言、假消息等虚假信息传播现象的出现,进一步导致国际信任的坍塌和网络伦理边界的模糊,加剧了各国军事集团占用信息空间、争夺信息资源等网络博弈,以网络和信息作为交战武器和对抗工具。

一方面,各国广泛利用算法、自动化、智能机器技术等手段操纵网络空间内容,企图通过战术性、过滤性传播等方式赢得公众信任,占据国际舆论制高点,进而由网络战、信息战实现物理战的胜利;另一方面,对于当前的国家边界而言,不仅包含物理上的海域边界、陆域边界、空域边界及外太空边界,更包含网络空间边界。而无形的国家网络空间边界是极度模糊的,其威胁也是隐蔽的、不确定的、难以防范的(曾华锋,石海明,2014),如何利用好技术红利对网络空间"信息边疆"的保护是中国当前发展面临的一项关键的、亟待解决的新课题。不得不承认,互联网的诞生本身就是地缘政治的产物,是冷战期间美苏地缘政治斗争的结果(蔡翠红,2018)。现阶段各国普遍按照传统地缘政治愿景对网络空间进行"边界"明确和"领土"划分,以现有权力结构和权力模型对网络空间归属、管辖、治理范畴进行标准制定和所属规范,究其本质,是利用各国家、地区间数字化发展不均衡、技术水平不对称实现本国对信息传播、意识形态话语、国际舆论的操纵和掌握,以达到其权力目的和政治意图。未来,技术赋能下的网络空间传播必将通过与信源、传输、反馈等多个环节的交融、博弈与协作,建构和呈现网络空间信息传播的新格局。

四、走向多方合作的网络空间治理与信息传播路径演化

地缘政治作为一门把国家作为地理的有机体或一个空间现场来认识的科学(Kjellen,1917),其为今天网络空间治理与信息传播提供了认知视角和启示。尤其是网络地缘政治对"在地"区域划分和空间格局的淡化,给国际

范围内信息战、舆论战、技术战提供了新的竞争"赛道"。在网络地缘政治的辐射和影响下,谁发展好、利用好、治理好网络空间及其生态秩序,谁就占领了舆论高地、取得了行动先机和国际话语权,网络场域竞赛的拓新和延展为国际社会秩序的重新洗牌、国家间的博弈与竞争提供了重要的历史机遇。

建立在地缘政治"是一个动态的过程,并以竞争为本质核心"(陆俊元,2006)的基础之上,网络空间传播新格局的形成势必建立在行动体竞争、协作、动态发展的进程之中。在当今的全球事务中,网络空间治理的重要性、严峻性得到世界各国的共同关注,结合现实和虚拟资源的控制和利用,网络空间治理以实践最优方案、传播最佳效果为目的,关注点包括制网权、信息权、话语权、传播权等内容的争夺和把控等。正如习近平指出的,"网信工作涉及众多领域,要加强统筹协调、实施综合治理,形成强大工作合力","要积极投身网络强国建设"。当今世界,信息技术创新日新月异,数字化、网络化、智能化深入发展,在推动经济社会发展、促进国家治理体系和治理能力现代化、满足人民日益增长的美好生活需要方面发挥着越来越重要的作用(习近平,2018)。未来,全球网络空间治理与信息传播仍将走向多方合作、协同治理的共建、共治、共赢的路径。推动健全网络治理与安全发展规则与合作机制,在世界秩序建构、网络空间安全等全球事务中贡献中国智慧和中国方案,具有一定的必要性和迫切性。

一方面,要重视核心技术赋能,维护国家信息主权。在智能传播时代的今天,数据信息作为地缘社会抢夺的"新石油"和"新武器",是国家行使政治权力、发挥国际影响力的新利益及战略重心。在角逐信息权力的过程中,国家重新确立其与市场和公民的关系,信息权力正在改变国际关系中基本行为体的性质和行为(罗森巴赫 等,2019),以信息技术为核心的科技实力构成了各国综合国力和权力竞争的基础,成为推动地缘政治格局演变的主要驱动因子(王礼茂 等,2016)。2017年5月,《经济学人》指出:"数据已经取代石油,成为全世界最有价值的资源。"随着技术革命的逐渐深入,机器学习、移动通信技术极大地提高了国家主体之间互动连接、信息传播的效率,提升了信息数据对于社会系统的可用性和价值性。尤其是近年来,由技术衍生而来的信息控制与泄漏、数字破坏、谣言和假消息等负面现象层出不穷,为国家公信力和社会安全稳定带来了极大的消极影响。

基于此,应加快发展网络核心技术,如海底电缆、卫星通信、自治系统(autonomous system,简称 AS)等,为网络空间治理提供底层逻辑和核心支持。网络核心技术为信息和数据存储、信息传输与交换等各个环节提供高速接入与传播交流服务,通过提升技术参与的稳定性和发展水平保障国家通信、经济和数据信息安全。另外,应尽力避免信息权威主义、数字破坏对国家信息主权、网络社会安定产生的消极影响,加快建设和完善信息技术创新闭环,切实保障国家网络安全与信息主权。习近平曾着重从四个方面阐述了信息技术创新的要求及战略突破路径:第一,要下定决心、保持恒心、找准重心,加速推动信息领域核心技术突破;第二,要强调建设核心技术发展产业体系的重要性;第三,再次明确核心技术突破是一种协同创新;第四,强调指出积极推动核心技术成果转化的突破所在(程乐,2022)。可见,核心技术是网络空间治理的基础逻辑和重要基石,建设核心技术发展产业体系对今天地缘社会中保障国家网络安全和信息主权、建设网络强国具有至关重要的作用。

另一方面,要推动地缘社会合作,为构建全球网络空间治理共同体积极贡献中国智慧和中国方案。现代社会治理的本质特征是共治(殷辂,2015)。从本义上而言,治理作为一种公共管理活动和公共管理过程,包括必要的公共权威、管理规则、治理机制和治理方式,以满足公众需求为出发点,目的在于最大限度地增加公共利益(俞可平,2002)。正如习近平强调的:"我们要本着对社会负责、对人民负责的态度,依法加强网络空间治理。"长期以来,中国在参与全球网络空间治理、规则制定、秩序维护等事务中发挥了积极的、负责任的大国作用。在新兴技术研发方面,近年来,中国在 5G/6G、云智能等数字通信技术推动和技术规范层面作出了突出贡献,积极探索利用智能机器协助网络空间治理的方案方法,并将成功工作案例与世界各国分享,使技术实践红利惠及更多区域,缩小世界范围内的数字鸿沟和技术鸿沟;在世界网络空间规范制定和秩序维护方面,中国积极参与全球互联网空间治理事务,倡导网络空间主权平等与惠及人民,在反对网络霸权主义、应对网络空间博弈、保障互联网信息安全和技术安全方面产生了积极的社会影响。

基于当前的国内外网络社会的发展态势，应当合理地规划世界网络空间的治理布局，在现有国际网络传播格局、网络治理模式的基础上，明确各国分工和协同治理角色，进一步优化系统结构，促进网络空间协同治理能力提升，形成政府主导下"平台企业—社会组织—个人"等多元主体参与、共治的工作体系，重视行动体间的协调有序和跨域交流，增强地缘社会多主体间的对话与信任。同时，应当建立健全相应的网络治理评估机制，对出现的问题进行正视和反馈，对各责任主体工作、服务、监管内容进行监督和激励。针对政府主导、社会监督、各行动体参与下的网络空间治理分工、协作进行功能定位和职责落实，要分级层、分类别制定网络空间治理效能评估机制，对相应治理环节、评价指标、效能水平等"软指标""硬指标"进行逐一明确，加强网络空间协同治理的有效性、合理性，充分考虑各主体在网络空间治理过程中的优势和行动力，做到治理平台共建、治理信息共享、评估机制公开透明，从而推动和敦促跨区域、跨主体的网络空间协同治理不断走向深入化、走向可持续性。习近平指出："打赢网络意识形态斗争，必须提高网络综合治理能力，形成党委领导、政府管理、企业履责、社会监督、网民自律等多主体参与，经济、法律、技术等多种手段相结合的综合治网格局。"

在百年未有之大变局与信息化革命的时代背景下（徐国亮，邓海龙，2020），随着社会重大公共事件、社会突发事件频繁引发舆情安全事件，我国网络空间治理进入关键时期。自党的十八大以来，国家网络空间法治建设不断完善和快速推进，网络生态构建和互联网内容监督管理相关法律法规逐步健全，不断对"世界怎么了，我们怎么办"这一问题作出中国解答。《中华人民共和国网络安全法》《中华人民共和国数据安全法》《中华人民共和国个人信息保护法》等相继出台，《互联网新闻信息服务管理规定》《互联网信息内容管理行政执法程序规定》《网络信息内容生态治理规定》《关于加快建立网络综合治理体系的意见》等治理政策、规定逐渐明确，为国家网络综合治理生态体系的建设指明了方向。2021年11月19日，习近平在首届中国网络文明大会上提出，"网络文明是新形势下社会文明的重要内容，是建设网络强国的重要领域"，"要以时代新风塑造和净化网络空间，共建网上美好精神家园"，为国家网络综合治理方式方法、建设和发展重点指明了道路，强调"应充分发挥网络综合治理体系建设在治网管网中的牵头抓总作用,为营造良好生态、构建清朗空间、建设网络强国提供有力服务、支撑和保障"(盛荣华,2022)。在2022年年底,我国网络综合治理体系基本建成(中国网信网,2023),为国际网络空间治理贡献了中国方案和中国智慧。

  面对国际网络空间治理的新问题、新挑战,未来,网络空间治理应当在坚持依法治网的基础之上,依法管网、科学管网,从政策制定、制度落地、效能检验等方面夯实网络空间生态治理理念,保障网络信息化发展的合理有序。同时,应进一步推动各国网络空间综合治理服务体系的建构,提升网络空间治理、服务、传播效能,变革治理方式、创新治理理念,形成网络空间的可持续发展格局,共同建构多元协作的网络空间协作治理体系、破解国际政治困局、推动信息开放共享和治理互信协作。

参考文献

托夫勒,1996.第三次浪潮[M].朱志焱,等译.北京:新华出版社.

罗森巴赫,曼斯特德,黄紫斐,2019.信息的地缘政治学[J].信息安全与通信保密(08):75-82.

蔡翠红,2018.网络地缘政治:中美关系分析的新视角[J].国际政治研究(01):9-37+5.

陈文胜,2020.地缘政治视域下的网络空间及其安全[J].学术界(02):87-97.

程乐,2022.网络空间治理:中国智慧·中国方案·中国路径——习近平总书记关于网络强国的重要思想研究[J].思想理论战线(02):17-25+140.

高奇琦,陈建林,2016.中美网络主权观念的认知差异及竞合关系[J].国际论坛(05):1-7.

姬德强,2020.数字平台的地缘政治:中国网络媒体全球传播的新语境与新路径[J].对外传播(11):14-16.

陆俊元,2006.论地缘政治的本质[J].国际关系学院学报(04):34.

李鹏,等.2021.西方情感地缘政治研究进展[J].热带地理,41(6):1166-1174.

麦克卢汉,2019.理解媒介:论人的延伸[M].何道宽,译.南京:译林出版社.

人民网,2022.习近平关心网信事业发展 强调营造清朗的网络空间[EB/OL].http://baijiahao.baidu.com/s?id=1730518913002019448&wfr=spider&for=pc.2022-04-19.

石海明,曾华锋,2014.科技与战争视角下的国家认知空间安全战略[J].国防科技(03):

83-87.

盛荣华,2022.加快建立网络综合治理体系,全面提升治网管网能力水平[EB/OL]. http://baijiahao.baidu.com/s? id=1735122315473313490&wfr=spider&for=pc.

王川,2012.网络地缘政治:定义、特征及其对中国西北边疆安全的影响[J].喀什师范学院学报(4):12-16.

王礼茂,牟初夫,陆大道,2016.地缘政治演变驱动力变化与地缘政治学研究新趋势[J].地理研究,35(1):3-13.

习近平,2016.在网络安全和信息化工作座谈会上的讲话[M].北京:人民出版社.

新华社,2016.习近平总书记在网络安全和信息化工作座谈会上的讲话[EB/OL]. http://www.cac.gov.cn/2016-04/25/c_1118731366.htm.2016-04-25.

新华网,2015.习近平在第二届世界互联网大会开幕式上的讲话[EB/OL]. http://www.cac.gov.cn/2015-12/16/c_1117481112.htm.2015-12-16.

徐国亮,邓海龙,2020.新时代青年爱国主义教育的四重维度[J].马克思主义理论学科研究(01):126-133.

俞可平,2002.全球化时代的善治[J].商务周刊(13):38-39.

俞可平,2002.全球治理引论[J].马克思主义与现实(01):20-32.

殷辂,2015.网络舆情事件的特点及治理之道[J].管理学刊(04):60-65.

中国互联网络信息中心,2022.第49次中国互联网络发展状况统计报告[EB/OL]. http://www.cnnic.net.cn/hlwfzyj/hlwxzbg/hlwtjbg/202202/P020220407403488048001.pdf.2022-02-25.

Ahmed S,2015. The emotionalization of the "war on terror":Counter terrorism,fear,risk,insecurity and helplessness [J]. Criminology & criminal justice,15(5):545-560.

Ansell C,Gash A,2007. Collaborative governance in theory [J]. Journal of public administration research and theory,18(4):543-571.

Aron R,1966. Peace and war:a theory of international relations[M]. London:Weidenfeld and Nicolison.

Ashraf C H,2015. The spatiality of power in internet control and cyberwar[D]. Los Angeles:University of California.

DataReportal,2022. Digital 2022:Global Overview Report[R/OL]. http://datareportal.com/reports/digital-2022-global-overview-report.2022-01-26.

Dittmer J,Sharp J,2014. Geopolitics:an introductory reader[M]. Abingdon:Routledge.

Fraser M, 2009. Geopolitics 2.0 [J]. ARI(Real Insitituto Elcano)(5):3.

Freeman E, 1997. Collaborative governance in the administrative state [J]. UCLA law review (01):1-12.

Kooiman J, Vliet M V, Jentoft S, 2000. Creative governance: opportunities for fisheries in Europe [M]. London: Routledge.

Pain R, 2014. Everyday terrorism: connecting domestic violence and global terrorism [J]. Progress in human geography, 38(4):531-550.

Ratzel F, 1897. Politische geographie or die geographie der staaten[M]. Germany: Leibzig.

Rudolf K, 1924. Der Staat als Lebensform [M]. Stockholm: Hugo Gebers.

Riggins F J, Sanjeev D, 2005. The digital divide: current and future research directions [J]. Journal of the association for information systems, 06(12):298-337.

Rosenbach E, Mansted K, 2019. The geopolitics of information [M]. Boston: Belfer Centre for Science and International Affairs.

Sharp J, 2000. Remasculinising geo-politics? Comments on Gearoid O' Tuathail's critical geo-politics [J]. Political geography, 19:361-364.

Weimann G, 2006. Terror on the internet: The new arena, the new challenges[M]. Washington DC: United States Institute of Peace Press.

Williams J, Boyce G, 2013. Fear, loathing and the everyday geopolitics of encounter in the Arizona borderlands [J]. Geopolitics, 18(4):895-916.

从碎片到协同:跨境数据流动全球规则的实现路径[*]

◇ 钱忆亲[**]

摘要:在现代国际竞争与合作中,以数据跨境流动为核心的数字贸易规则已成为各国政治博弈和经济竞争的重要工具。基于不同政策考量和利益诉求,美国的商业自由优先模式、欧盟的个人数据权利优先模式、中国的数据安全优先模式以及发展中国家的产业发展权优先模式使数据跨境流动规则呈现碎片化趋势。这种碎片化特征使全球数字贸易陷入瓶颈,当下亟待解决的问题是如何在诸多具有差异性的制度范式中寻找到符合各方利益的"平衡点"。在比较中美欧跨境数据流动模式的分歧成因以及分析现阶段区域性数据跨境合作实践后,本文认为或可借由WTO体系实现经济发展、数字权利和合法的国家利益等诸多要素的整合,达成一项简洁而聚焦的关于跨境数据流动的电子商务规则世贸组织协定。该协定应具有足够的政策空间来适应不同的需求、政策偏好和优先级以及当地的背景,且能够在满足各国合理公共政策的例外条款的前提下,实现更为灵活且包容的数据跨境流动全球规则体系。

关键词:跨境数据流动;国家安全;国际数字贸易规则;WTO体系

---

[*] 基金项目:本文系中国科协2021年"高端科技创新智库青年项目——智能算法在社会治理中的挑战、机遇与发展对策研究"(项目编号:2021ZZZLFZB1207065)的阶段性研究成果。

[**] 钱忆亲,北京师范大学新闻与传播学院副教授。

一、问题的提出

自大数据出现以来,云计算和其他信息技术被广泛商业化,数据已成为经济和社会的关键战略资产。数据不仅是企业参与市场竞争的经济资源①,也是拓展个人和社会价值的重要生产工具。② 数据的多维度特征导致各国在数据收集、存储和传输方面的监管政策出现了分歧。目前跨境数据流动规则呈现碎片化的特点,没有一个连贯的国际框架来处理这种情况。为了开发大数据的潜在商业价值,各国政府③已经启动了区域或国际间的数字贸易对话来管理跨境数据的流动。④ 然而,区域性数据跨境流动合作活动并没有解决各国国内立法导致的数据跨境流动规则碎片化难题,反而产生了新的数字治理难题:一是美国、中国等主要贸易国与欧盟国家的数据治理范式存在明显分歧,形成了一种新的"数字鸿沟"。这种分歧还体现在各国对数据性质的界定以及对数据不同的重视程度。二是双边或区域贸易协定的不断发展和跨境数据流动的特殊国际规则的加速形成将导致全球数字贸易活动同样呈现双边性或区域性特征,成为全球数字贸易体系化进程的掣肘。事实上,在现有的数据跨境流动理论探讨中,学者大多忽视了对数据跨境流动动机的分析,固有的法律文化、经济政治目标等客观差异决定了在数据跨境流动制度内容本身上寻求共识颇具难度。因此,关键问题在于如何在多

---

① The world's most valuable resource is no longer oil, but data—*The Economist*, May. 6, 2017.
② 参见联合国秘书长安东尼奥·古特雷斯为联合国贸易和发展会议 2021 年数字经济报告所写的前言:António Guterres, 2021. Cross-border data flows and development: for whom the data flow. http://unctad.org/webflyer/digital-economy-report-2021.
③ 有学者认为,数字贸易是以数据为关键生产要素,以数字平台为载体,利用大数据、云计算、人工智能等数字技术,通过数字或实物交付产品和服务的一种新型贸易活动,[汤霞,2021. 在数据安全与开放之间:数字贸易国际规则构建中的中国方案[J]. 政治与法律(12).] 也有学者认为,数字贸易是一种基于互联网的经济形态,以数据流动为传输对象,[朱福林,2021. 数字贸易规则的国际博弈、求同困境与中国之策[J]. 经济纵横(8).]
④ 如 2022 年 1 月 1 日生效的《区域全面经济伙伴关系》(Regional Comprehensive Economic Partnership, RCEP)、2020 年 7 月 1 日生效的《美国—墨西哥—加拿大协定》(The U. S. -Mexico-Canada Agreement, USMCA)、2018 年 12 月 30 日生效的《跨太平洋伙伴关系全面进步协定》(Comprehensive and Progressive Agreement for Trans-Pacific Partnership, CPTPP)等,在数字经济背景下,跨境数据流动显然是这些国际数字贸易协定的核心问题之一。

样化的数据治理范式中寻找到一个"平衡点",在满足各国数字贸易发展的前提下,避免全球规则碎片化可能导致的数据孤岛等问题。而跨境数据流治理的规则可以包括保护隐私、公共利益和国家安全,发展地方经济,获取信息以及发展全球电子商务等基础规范。这方面的政策应该基于情景化,具有包容性、合乎比例和分层的原则,以此来平衡各种不同的规范。

  基于此,本文对美国、欧盟、中国和发展中国家管理跨境数据流动的方法,以及它们在国际贸易协定中的立场进行了分析,从而观察这些方法和立场服务的利益,并提出全球跨境数据流动治理框架可能的方向。

  本文首先概述了跨境数据流动的三种管理模式:美国的自由贸易体系;中国平衡数据安全和数据自由流动的模式;欧盟平衡人权和数字贸易的模式。本文研究了跨境数据流动谈判中的分歧来源,强调了发展中国家在保护发展权方面的利益,并分析了国家安全角色在定义数字贸易中的分歧。然后,本文介绍了通过国际贸易协定制定全球化数据流动标准的挑战、各贸易区正在建立的区域互通机制以及它们的局限性,并提出了WTO可能发挥的作用。

  本文最后指出:治理跨境数据流动的路径需要采取更广泛的方法,将贸易与数字权利联系起来,在保护隐私、合法的公共政策目标、国家安全和数据自由流动之间寻求微妙的平衡,同时采取分层式、比例化和语境化的方式避免碎片化。在WTO体系中达成一份聚焦的、简洁的跨境数据流动协议,将是推进这种目标的正确途径。

二、跨境数据流动的典型模式:以美、欧、中为例

(一)美国:强化自由贸易体系

  美国在其数字贸易政策中坚持自由贸易的理念,将商业利益置于隐私之上。早在克林顿执政期间美国就主张"最大限度地实现跨境信息的自由流动",并在国际规则制定过程中确保"国家之间的监管差异不会成为实质

性的贸易壁垒"。① 美国互联网公司在全球市场竞争中具有显著的、不可替代的竞争优势。因此,数据或信息的自由流动已成为美国贸易协定的基本原则。具体来说,美国主导的贸易协定一般关注两个问题:强调个人(消费者)对数字产品和服务的自由选择,以及限制国家对数据流动的控制。例如,美国在 2016 年的跨太平洋伙伴关系协定(Trans-Pacific Partnership Agreement,TPP)中首次在电子商务章节中对跨境数据自由流动做出了具有约束力的承诺。它明确规定,"当这一活动是为了被保护人开展商业活动时"②,每个 TPP 政府都应允许被保护人通过电子手段跨境传输信息,包括个人信息。它允许政府采取或维持与这一条文不同的措施,但只能是"为了实现合法的公共政策目标",而且条件是该措施"对信息传输的限制不超过实现该目标需要的限制"。虽然美国后来退出了 TPP 协议,但其提出的跨境数据流动规则已经成为越来越多国际数字贸易协议的典范。③ 此外,2019 年美国向世贸组织电子商务工作组提交了一份名为"跨境数据流动的经济效益"的提案,其中再次强调了数据自由流动对全球经济发展的重要性,并建议项目组审查各种机制,以对贸易限制最小的方式解决隐私问题,允许贸易繁荣,同时维护合法的公共政策目标。④

(二)欧盟:平衡人权和数字贸易的治外法权模式

尽管欧盟非常重视数字经济的发展和"单一数字市场战略"⑤,但欧盟也

---

① President William J. Clinton and Vice President Albert Gore, Jr., 1997. A Framework for Global Electronic Commerce.
② 《跨太平洋伙伴关系协议》第 14.11 条,出于商业需要,各方应当允许数据(包括个人信息)的跨境流动;但是,各方为实现正当的公共政策目标,可采取限制措施,只要这样的措施不构成恣意、无正当理由的歧视,以及超过实现政策目标所需限度。
③ 该规则不仅在 2018 年的《跨太平洋伙伴关系全面进步协议》(CPTPP)被完全保留了下来,而且在 2020 年的《美国—墨西哥—加拿大协议》(USMCA)数字贸易章节中也被保留了下来。
④ 世贸组织:跨境数据流动的经济效益,美国的通讯,文件编号为 S /C/W/382,2019.6.17。
⑤ 2015 年,欧盟理事会通过了"数字单一市场"战略,将欧盟 28 个成员国的数字市场统一为一个整体。该战略基于三大支柱:市场准入(电子商务层级为欧盟的消费者和企业在线交付商品和服务);数字网络和服务蓬勃发展(在正确的监管条件下提供高速、安全和可信的网络基础设施和服务);支持数字化促进增长(建立一个包容性的数字经济)。http://ec.europa.eu/eurostat/cache/infographs/ict/bloc-4.html(2022.1.30)。

认为人权是处理跨境数据流动的优先准则。欧盟《通用数据保护条例》(General Data Protection Regulation,GDPR)的管辖范围基于两个原则。其一是效果原则:控制者或处理者在欧盟之外,但在欧盟境内产生实质性影响;其二是属地原则:控制者或处理者在欧盟属地范围内设有机构。对于欧盟内部的数据,GDPR要求成员国在保护个人数据和隐私权的前提下,允许个人数据在成员国之间自由流动。对于涉及第三方国家的数据流动,欧盟要求第三方国家为个人数据提供等同于 GDPR 的充分保护。[①] 此外,GDPR 具有广泛的域外适用范围。它将适用于那些不在欧盟设立机构但向欧盟的数据主体提供商品和服务的数据控制者或处理者,也适用于监测数据主体在欧洲境内发生的活动[第3(2)条]。同时,它也应适用于在欧盟领土之外的处理过程,只要此过程"位于欧盟境内的控制者或处理者的活动范围"之内。

事实上,早在二十世纪《服务贸易总协定》的乌拉圭回合谈判中,欧盟就坚持认为《服务贸易总协定》不能阻止成员国实施和执行涉及"保护和处理与个人数据传输有关的个人隐私以及保护个人记录和账户机密性"的法律(《服务贸易总协定》第14.C.ⅱ条,GATS[②]),以此来防止贸易规则对隐私保护的影响。基于隐私权和个人数据保护优先的原则,欧盟对第三方国家的数据跨境流动采取了严格的限制。换言之,只有当第三方国家符合欧盟的数据保护要求时,才允许个人数据的跨境流动。也就是说,欧盟的数据跨境流动是有条件的,而是否符合"充分保护"的条件,将由欧盟通过所谓的"充分性决定"来决定。[③] 这使欧盟在与第三方国家、国际组织或企业进行数据保护谈判时拥有重要的法律权力,增加了欧盟在数据市场的法律影响力,实

---

① 《通用数据保护条例》第45条。2016年4月27日,欧洲议会和理事会的2016/679号条例明确了关于保护自然人的个人数据和此类数据的自由流动,并废除了第95/46/EC号指令(一般数据保护条例),http://data.europa.eu/eli/reg/2016/679/oj。

② General Agreement on Trade in Service,见 http://www.wto.org/english/docs_e/legal_e/26-gats_01_e.htm。

③ 关于欧盟委员会的"充分性决定",欧洲议会和欧盟理事会可以在任何时候要求欧盟委员会修改或撤销"充分性决定",理由是他们已经超越了执行GDPR的权限。截至2022年1月,安道尔、阿根廷、加拿大(仅限于商业机构)、以色列、日本、新西兰、韩国、瑞士、英国、乌拉圭、法罗群岛、格恩西岛、马恩岛、泽西岛14个国家和地区已获得"充分性决定"。见 http://ec.europa.eu/info/law/law-topic/data-protection/international-dimension-data-protection/adequacy-decisions_en。

质上是欧盟数据主权的域外延伸(Chin & Li,2021)。欧盟以保护人权的名义对跨境数据流动采取了限制性措施和审慎态度。

直到2002年,欧盟才在与智利签署的协议中引入不具约束力的电子商务条款,2016年与加拿大签署的全面经济贸易协定中包含了建立电子商务互信的具体条款①,以及2018年与日本签订的经济伙伴关系协定中第一次以具体条款的形式提到了跨境数据流动,但是仅表述为"双方同意在协议生效后三年内重新评估将数据自由流动条款纳入协议的必要性"②。欧盟与澳大利亚、新西兰、突尼斯签订的贸易协议草案试图禁止数据本地化并促进数据自由流动,但同时也以保护人权为前提限制数据流动。这反映了欧盟对跨境数据流动和贸易规则的态度发生了某种转变。

在2018年7月,为消除企业对数字贸易中数据跨境流动的合规担忧,欧盟发布了《欧盟贸易协定中关于跨境数据流动和保护个人数据及隐私的条款》,明确解释了欧盟对数字贸易中数据跨境流动的立场。其中,跨境数据流动是一个横向条款,涵盖了所有经济部门,涉及个人数据和非个人数据。它提出缔约各方必须致力于促进跨境数据的流动。欧盟提出了禁止在数字贸易中限制数据跨境自由流动的四项措施③:(1)要求使用成员国境内的计算设施或网络来处理数据;(2)要求在成员国境内对数据进行本地化存储或处理;(3)禁止在另一成员国境内存储或处理数据;(4)将使用成员国的计算设施或数据本地化作为允许数据流动的条件之一。

在个人数据和隐私保护条款中,明确要求各方承认个人数据和隐私保护是一项基本人权,高保护标准有助于在数字经济中建立信任,促进贸易发展;各方有权采取和维持他们认为适当的个人数据保护措施,包括制定和通过个人数据跨境流动的规则④。在提交给世贸组织电子商务工作组的副本

---

① 《加拿大—欧盟全面经济贸易协定》,第16.5条,2016年10月30日,文件编号为OJ(L.11)23。
② 《欧盟与日本经济伙伴关系协定》,第8.81条,2018年12月27日,文件编号为OJ(L.330)。
③ 参见欧盟委员会,概况介绍——欧盟贸易协定中数字贸易标题关于跨境数据流动和保护个人数据及隐私的规定,2018.7.19。
④ 见《欧盟关于跨境数据流动和保护个人数据和隐私的条款》建议,2018.2.9。

中,欧盟也坚持其一贯的立场。① 鉴于 GDPR 中的侵入性规则,欧盟未来的区域贸易协定可能会在个人数据保护方面采用更有力的话语(Gao,2021)。

(三) 中国:国家安全、个人数据保护和数据自由流动兼顾的治理模式

中国的跨境数据流动政策与数据主权、国家安全以及越来越多的个人数据保护紧密相连,以维护跨境数据的"合法、安全和自由流动"。中国目前的数据主权和跨境数据流动规则主要体现在《中华人民共和国网络安全法》(以下简称《网络安全法》)《中华人民共和国数据安全法》(以下简称《数据安全法》)《中华人民共和国个人信息保护法》(以下简称《个人信息保护法》)《关键信息基础设施安全保护条例》《网络安全审查办法》,以及最近出台的《数据出境安全评估办法》(以下简称《办法》)上。

首先,中国在数据主权方面的立场和主张体现在《全球数据安全倡议》之中,该倡议从尊重各国主权、管辖权和数据安全权等方面提出了数据主权的主张。它提出,各国不得要求国内企业将在国外产生或获得的数据存储在国内。各国应尊重他国数据的主权、管辖权和安全管理权,未经他国法律许可,不得直接从企业或个人获取位于他国的数据(中国外交部,2020)。截至 2021 年 3 月,俄罗斯、巴基斯坦、柬埔寨等国家和东南亚联盟、阿拉伯国家联盟地区组织已明确表示支持《全球数据安全倡议》。美国和欧洲对其提出质疑,理由是其缺乏对人权和隐私权的考虑,认为中国打算取代现有的国际网络空间治理结构(张琳琳、彭志艺,2022)。

其次,中国提倡数据"合法、安全、自由"的跨境流动。《数据安全法》旨在"规范数据处理活动""保障数据安全""保护个人和组织的合法权益""维护国家主权、安全和发展利益"②。这一立法原则从"坚持国家安全的整体性、建立健全数据安全治理体系"的角度扩展了数据安全的概念,以提高保障数据

---

① 包括:(1)要求使用成员境内的计算设施或网络来处理数据;(2)要求在成员境内进行数据的本地化存储或处理;(3)禁止在另一成员境内存储或处理数据;(4)将使用成员国的计算设施或数据本地化作为允许数据流动的条件。见《关于电子商务的联合声明》,欧盟对世贸组织有关电子商务通信纪律和承诺的建议,文件编号为 INF/ECOM/22,2019 年 4 月 26 日。

② 《中国数据安全法》第 1 条。见 http://www.npc.gov.cn/englishnpc/c23934/202112/1abd8829788946ecab270e469b13c39c.shtml。

安全的能力。数据安全不仅包括传统意义上数据本身的完整性、保密性和可用性,还与国家安全和主权、个人和组织权益以及国民经济发展相联系。

数据安全概念及其扩展表明,在数字经济时代,对数据安全政策和法规的讨论已经从数据本身的安全、自然人和法人的数据权益扩展到了数据对国家主权、国家安全和经济发展的影响。

《数据安全法》还要求国家根据数据对经济社会发展的重要程度以及一旦数据被篡改、破坏、泄露或被非法获取,或使用对国家安全、公共利益、个人或组织的合法权益造成的危害程度来建立数据分类分级制度。根据不同的数据类型进行分类,适用于不同的合规要求,包括标准合同、数据出口的安全评估以及数据出口的限制或禁止。涉及国家安全、国民经济命脉、重要社会民生、重大公共利益的数据属于重要数据,应受到更严格的监管①。

《个人信息保护法》也对个人信息的跨境流动做出了规定②。第38条规定了因商业需要而出口个人数据的合规条件。《网络安全法》要求,收集和产生个人信息的关键信息基础设施运营商以及重要数据一般应存储在中国境内。对于因商业需要而进行的跨境数据流动需要进行安全评估③。

2022年新出台的《数据出境安全评估办法》明确规定了四类需要进行安全评估的跨境数据流动:

(1)数据处理者向境外提供重要数据;

(2)关键信息基础设施运营者和处理100万人以上个人信息的数据处理者向境外提供个人信息;

(3)自上年1月1日起累计向境外提供10万人个人信息或者1万人敏感个人信息的数据处理者向境外提供个人信息;

(4)国家网信部门规定的其他需要申报数据出境安全评估的情形。(《中国网络空间管理条例》2022)。

《办法》中的安全评估主要关注数据出口可能给国家安全、公共利益、个

---

① 《数据安全法》第21条,2021年6月10日,见http://www.npc.gov.cn/englishnpc/c23934/202112/1abd8829788946ecab270e469b13c39c.shtml。
② 《个人信息保护法》,2021年8月20日,见http://www.npc.gov.cn/npc/c30834/202108/a8c4e3672c74491a80b53a172bb753fe.shtml。
③ 《网络安全法》,2016年11月7日,见http://www.cac.gov.cn/2016-11/07/c_1119867116.htm。

人或组织合法权益带来的风险,以及数据出口的目的、范围、方式的合法性、正当性和必要性。此外,它还评估保障措施是否符合中国法律、行政法规和强制性国家标准的要求。

最后,《数据安全法》采用了"属地+保护"原则的管辖模式,以应对其他国家数据法律的治外法权问题。保护性原则实际上承认一个国家可以对不在其境内发生的行为行使域外管辖权。《数据安全法》第2条规定,该法适用于中国境内的数据活动,即属地原则。对于中国境外的组织或个人从事损害国家安全、公共利益、中国公民或组织合法权益的数据活动,应当依法追究其法律责任,即保护原则。

2021年,中国正式申请加入"全面与进步跨太平洋伙伴关系协定"(CPTPP)和"数字经济伙伴关系协定"(Digital Economy Partnership Agreement,DEPA)。然而,一些CPTPP的缔约国对中国目前关于跨境数据流动和数据本地化的规定存有疑问。这是因为CPTPP对数据本地化的问题进行了严格限制。在跨境数据流动方面,CPTPP第14.11条承认,每个缔约方都可以对跨境数据流动实施自己的监管要求,但原则上应允许通过电子手段进行信息的跨境传输。除特殊情况外,如为实现合法的公共政策目标,各缔约方可对跨境数据流动采取特殊措施,但这些特殊措施不应是任意的、歧视性的或变相的,而且还需要通过必要性检验。另一方面,也有人认为,中国完全有能力达到CPTPP的要求,因为大量的例外条款将有助于中国遵守更具挑战性的协定,而且中国的加入是一个大胆的战略博弈,具有重要的地缘政治影响①。

DEPA成员也有类似的担忧。其中两个模块——关于信息跨境传输的第4.3条和关于计算设施位置的第4.4条被认为是中国加入的最大问题。然而,正如新加坡管理大学教授Henry Gao所指出的,DEPA附件14.A1将这两个条款排除在争端解决之外。附件1进一步指出,这两个模块"在本协议下不在缔约方之间产生任何权利或义务"。因此,中国(或任何其他潜在

---

① 允许成员对跨境数据进行限制,以实现"合法的公共政策目标"(第14.11条)。禁止要求源代码转让仅限于大众市场的软件,当源代码是被用于"关键基础设施"时则不适用。成员国也被允许要求修改源代码,以符合当地法律(第14.17条)。此外,当存在(同样)"合法的公共政策目标"时,禁止数据本地化的要求并不适用(第14.13条)。中国一直在对以公共政策目标为借口的正当行为作出广义解释(Olson,2021)。

的申请者)当然有可能加入 DEPA 并限制数据的跨境流动或要求本地数据托管(Elms,2021)。

根据美国智库(Information Technology and Innovation Foundation,ITIF)发布的报告《全球跨境数据流动的障碍、成本及解决方案》,中国的跨境数据政策是世界上最严格的政策之一,报告质疑了中国的"安全评估"。但事实上,基于对国家安全和公共利益的考虑,要求数据本地化的国家或地区几乎翻了一番,达到 144 个,这是一个大趋势。有人批评说,美国把中国的数字安全主张误解为数据本地化,而忽略了中国是在安全的前提下促进数据的跨境流动(张琳琳、彭志艺,2022)。中国在提交给世贸组织的《电子商务联合声明》中指出,"与贸易有关的数据流动对贸易发展具有重要意义。然而更重要的是,数据流动应以安全为前提,这关系到每一个成员的核心利益。为此,有必要让数据在符合成员国各自法律和法规的情况下有序流动"[①]。

三、数据跨境流动全球规则的分歧成因

(一)商业利益和监管方式,保护发展权与维护产业自主权

美国、欧盟和中国的不同做法反映了商业利益和监管方式的不同(Gao,2021)。美国旨在保护他们全球电子商务市场上的纯数字服务型企业。由于中国的主要电子商务公司都在进行实物交易,中国更加专注于由互联网促成的传统商品贸易。欧盟更严格的隐私监管被视为数字保护主义的一种形式(Aaronson,2015),从而抵御来自美国和中国的竞争(Chin & Li,2021)。从监管上讲,美国的特点是"放任的法律框架",将政府对互联网的监管降到最低,并严重依赖公司的自我监管。中国的网络空间一直受到国家的法律监管、共同监管和自我监管(Chin,2018,2020;Chin et al.,2022)。欧盟拥有悠久的人权保护传统,并通过"布鲁塞尔效应"将欧盟数据主权和法律进行了域外延伸和输出(Chin & Li,2021)。但它没有在全球电子商务市场上占

---

① 电子商务联合声明,中国的通讯,2019.4.23,文件编号为 INF/ECOM/19,第 4.3 段。

据主导地位的数字化企业。

与欧盟等地区相比,以东盟、印度等为代表的亚洲发展中国家和地区在制定本国跨境数据流动政策时,更强调本国的数字产业发展权和国家安全利益。如在 2019 年召开的 G20 日本峰会上,美国、中国、俄罗斯、欧盟、拉美、东亚等 24 个国家和地区签署了《数字经济大阪宣言》,强调通过持续应对隐私、数据保护、知识产权、安全相关的挑战,可以进一步促进数据的自由流动,增强消费者和企业的信任(即数据自由流动与信任)①。此外,该宣言还敦促尊重"国内和国际的法律框架""合作鼓励不同框架的互通性""数据对发展的作用"。但是四个重要的发展中国家——印度、埃及、印度尼西亚和南非共和国并没有加入。这是因为发展中国家更关注本国数字产业的发展权,质疑这些宣言或协议无法改善数字鸿沟,无法加强数字能力建设并促进数字经济和贸易的发展,从而避免挤压发展中国家产业的发展空间,或削弱其在数字贸易领域的国际发言权。

印度拒绝支持这一倡议,其商业和工业部部长 Piyush Goyal 认为,"发展中国家需要时间和政策空间来建立对这一主题最深刻的理解,并在加入电子商务谈判之前制定自己的法律和监管框架"。Goyal 重申了印度支持数据本地化的政策,并承认数据是一种国家资产,而不是主要的个人权利。同时,数据作为一种"新形式的财富",对发展十分重要,数字贸易谈判需要考虑发展中国家的要求(Greenleaf,2019)。此外,非洲集团还在提交给世贸组织电子商务工作组的报告中指出,"世界面临着深刻的、持续的和不断扩大的数字鸿沟的现实。如果不解决这个问题,它将进一步推动技术、收入和基础设施方面的鸿沟"。他们注意到,"目前全球电子商务领域存在极高的市场集中度——从电子商务贸易在全球经济中的分布情况以及从主导这一领域的公司数量,特别是从市场资本化的角度来看都很明显"。发展中国家需要利用"积极的政策和深思熟虑的努力",包括诸如数据本地化等制度工具来发展必要的基础设施管理数字流动,从而加快国家的数字化进程,并通过

---

① 参见 G20 2019 年关于贸易和数字经济的部长级声明,见 http://trade. ec. europa. eu/doclib/docs/2019/june/tradoc_157920. pdf。

"智慧产业政策"或"强有力的保护主义工具"①创造、培养和发展自身的数字产业。该集团反对在WTO多边框架中引入"数字贸易议程"的企图,因为这将限制政府实施产业政策和追赶的能力。他们认为全球数字经济的不对称性要求政策制定者关注公平,而不仅仅是效率,这样才能实现包容性和可持续增长。而且,各种限制发展中国家政策空间的尝试将阻碍它们提升技能,以缩小不断扩大的技术差距。

尽管发展中国家对国际贸易协定中的跨境数据流动普遍持怀疑态度,但在数字经济的跨境背景下,寻求国际合作解决这一问题符合国家经济发展的利益。如在东南亚国家联盟2020年11月签署的RCEP中,第12章"电子商务"部分专门规定了"以电子方式跨境传输信息"的条款。它考虑并尊重"每个缔约方可能对用电子方式传输信息有自己的监管要求"②。在此基础上,"缔约方不应阻止相关人员为开展业务而以电子方式跨境传输信息"③。与美国和欧盟的数字贸易规则相比,RCEP规定了合法公共政策和基本安全利益以外的情况④,授权缔约方决定什么是"合法的公共政策"(洪延青,2021a)。同时,它还规定不得阻止缔约方认为对保护其基本安全利益至关重要和必要的任何措施,其他缔约方也不得反对这些措施⑤。可以看出,RCEP关于数据跨境流动的规则,为各方维护自身合法利益和确保国家数据安全留下了政策调整的空间。此外,考虑到RCEP缔约国的宪法相对复杂,特别是对于柬埔寨和老挝等不发达国家,RCEP灵活地处理数据跨境传输的条款为这些国家提供了5年至8年的缓冲期⑥。

---

① 参见"数字产业政策与发展"小组讨论的电子商务工作计划报告,非洲集团的通讯,文件编号为JOB/GC/133,2017年7月21日。
② 《区域全面经济伙伴关系协定》第十二章第十五条第一款。
③ 《区域全面经济伙伴关系协定》第十二章第十五条第二款。
④ 《区域全面经济伙伴关系协定》第十二章第十五条第三款。
⑤ 《区域全面经济伙伴关系协定》第十二章第十五条第三款。
⑥ 关于"缔约方不得阻止相关人员通过电子方式跨境传输信息以开展业务",RCEP规定柬埔寨、老挝和缅甸自本协定生效之日起,在五年内不要求适用本条款,必要的话可再延长三年。自本协定生效之日起五年内越南也不需要适用本条款。

(二)国家安全例外情形的泛化

各国制度分歧难以消除的另一重要原因是以国家安全为由的例外情形的泛化。现阶段,学界存在两种截然相反的观点:一种观点是,在贸易中应该较少考虑安全问题,因为将贸易和安全联系起来会威胁到全球化和贸易的相互依存性。此外,国际贸易协定中的安全例外条款被用作各种限制性贸易和投资措施的合理性证明,以及政府在自由贸易协定中规避国际社会的工具。国家安全的概念被扩大,不仅包括军事和国防利益,还包括其他领域,如粮食安全、能源安全、网络安全、气候安全以及最近的健康安全(Heath,2020;Mishra,2020);另一观点是,贸易和安全不可避免地交织在一起,因为贸易已经成为追求或保护技术优势和军事能力的一种手段。而且,贸易还使各国能够积累在全球范围内的战略利益和国家财富。

具体而言,如何在全球数字贸易层面解释国家安全例外情形的基本内容和适用情形主要存在三个方面的问题:

第一,对数字服务的跨境流动的限制和要求数据本地化的网络安全措施是否应当被视为贸易壁垒。尽管这些措施确实阻碍了外国公司提供跨境服务,破坏了他们的全球数据和网络安全业务,削弱了其市场竞争力,甚至违背国际贸易协定所要求的市场准入、非歧视、透明度等规则,但是,从历史上看,许多国家不支持美国和欧盟在20世纪和21世纪促进信息自由流动的努力,因为他们担心美国在互联网经济和治理方面的主导地位可能有助于实现其自身的利益。此外,对数据的限制什么时候是必要的,什么时候是保护主义,这些问题在各国之间也存在分歧(Aaronson,2015)[①]。

第二,数据安全和经济安全是否应被视为国家安全问题,以符合国家安全的例外条件。在实践中,各国越来越多地采用对"国家安全"的广义理解,这种理解可能涵盖军事和经济安全,包括传统的(如军事威胁)和非传统的

[①] 在2020年2月之前,77个参与者向WTO联合声明倡议提交的55份材料显示,并非所有发展中国家都同意跨境数据的自由流动原则。一些发展中国家出于安全或经济方面的考虑其实是更不情愿的。即使是同意这一原则的国家,他们也看到这种自由往往只保留在服务或投资方面,而且必须根据隐私保护和特定行业(例如金融服务)的特殊需求提供例外条款(Gao,2021)。

(如贫困、贸易、经济、人权和环境安全领域)军事和经济安全。数据安全被认为是国家安全的一个组成部分,因为它与一个国家的经济运行、社会治理、公共服务、国防安全密切相关。数据泄露、丢失和滥用将威胁到国家安全和社会稳定。考虑到国家安全和数字经济的发展,数据安全已成为世界主要经济体战略规划的重点。美国的《联邦数据战略》《2020 年行动计划》和《国防部数据战略》强调"把数据作为战略资源来开发",采取严格措施保护重要数据的安全,构建国家安全屏障。欧洲数据战略、欧洲数据治理法案和欧洲数据法案试图确保数据安全,改善欧盟内部市场的数据共享机制,以及数据的流动性和可获得性,从而充分释放欧洲数字经济的潜力(Dr2 Consultants,2022;魏亮,2022)。私营或国有企业收集敏感的个人数据越来越被视为国家安全问题。① 2020 年 6 月,印度信息电子和技术部援引《信息技术法》69A 部分第 2009 条,禁止用户在印度访问 59 个中国移动应用程序,理由是这些移动应用程序正在窃取并以未经授权的方式将用户数据传输到海外服务器,这可能会损害印度的主权、国家安全和公共秩序。国家安全权力被各国用来规范个人数据的收集、汇总和传输(Heath,2020)。例如,在美国,特朗普政府宣布"经济安全就是国家安全",以及其最近援引的《关贸总协定》第二十一条,这也预示着美国已经转向一种国家安全的路径,即接受一种将国家安全等同于经济自足和竞争力的概念。② 因此,产业政策的安全化,即国家以安全为理由对经济的广泛干预,可能会加速与贸易规则的进一步冲突。鉴于安全例外的范围很广,贸易规范和安全例外之间的关系也尚未厘清,目前在自由贸易协定中对安全和贸易的表述是有问题的。

因为与网络安全相关的法律并没有对军事安全和社会、经济安全进行合理的区分,但是区分合法的安全措施和其他合法的非安全措施都是必要的。后者可以根据一般的例外规则,如遵守国内数据保护法,或通过更严格

---

① 例如,Carl O'Donnell、Liana B. Baker、Echo Wang,独家:告诉美国安全面临风险,中国公司寻求出售 Grindr 约会应用程序,路透社,2019 年 3 月 27 日。Desierto,2018,欧盟委员会将其与数据隐私相关的政策"最终与委员会对欧盟成员国地区、国家和经济安全的诸多担忧联系起来"。
② 白宫,美国国家安全战略,第 17 页和 19 页,2017 年 12 月。白宫,关于调整美国钢铁进口的总统公告,第 8 页,2018 年 3 月 8 日。美国商务部,钢铁进口对国家安全的影响,第 55 页到 57 页,2018 年 1 月 11 日。

的测试来实现合法的公共政策目标。此测试需要权衡不同的因素,如政策目标、规制影响,以及贸易限制措施的合适比例。另外需要加强国际政策协调和外交对话,从而消除在网络安全治理方面的分歧(Mishra,2020)。

第三,《关税与贸易总协定》第 XXI 条、《服务贸易总协定》第 XIV 条第二款,或类似的安全例外是否是一个自我判断的条款,从而不属于贸易争端解决方的司法审查范围。虽然有观点认为,国际社会中没有国家真的挑战《关税及贸易总协定》(General Agreement on Tariffs and Trade,GATT)第 XXI 条中安全例外的自我判断性质,特别是美国在对进口钢铁和铝产品征收关税的总统公告中以国家安全为理由,声称"国家安全问题是政治问题,不适合 WTO 争端体系"(Desierto,2018)。关贸总协定的法庭似乎并不支持这一立场。在一份已通过的报告中(US-Trade Measures Affecting Nicaragua),关税及贸易总协定法庭认为,如果关税及贸易总协定第二十一条完全是自我判断,那么它就是多余的:

> 如果承认第二十一条的解释完全由援引该条的缔约方保留,那么缔约方如何确保不过度援引总协定规定的所有义务的一般例外情形?①

换言之,在安全例外条款中使用"必要"一词,意味着安全利益的水平应该高于通常的安全利益。世贸组织专家组在另一案中进一步强化了这一原则。② 该报告声称"必要安全利益"显然是一个比"安全利益"更狭义的概念,它"一般可以理解为那些与国家的基本职能有关的利益,即保护领土和人口免受外部威胁,以及在国内维护法律和公共秩序"③。专家组认为,安全例外必须被成员"善意"援引。这意味着成员不能利用安全例外来规避他们在 WTO 法律下的义务。④ 成员需要足够具体地阐述其基本安全利益,以便专

---

① 美国—影响尼加拉瓜的贸易措施,发表于 1986 年 10 月 13 日,是一份关贸总协定文件,文件编号为 L/6053[5.17]。
② 专家组报告,俄罗斯——过境交通,第 7.72 段。
③ 专家组报告,俄罗斯——过境交通,第 7.130 段。
④ 专家组报告,俄罗斯——过境交通,第 7.133 段。

家组确定该主张的真实性。①

另一方面,根据世贸组织的经验,特别是根据来自发展中国家和欠发达国家的经验,为了明确安全在数字贸易中的角色,首先必须了解国家层面对贸易和安全不断变化的理解如何与全球经济治理的变化相冲突(Heath,2020)。其次,需要研究网络安全、数据治理和国际贸易法等不同概念之间的关系。例如,中国最近的"全球安全倡议"(王毅,2022)提出,为了有效维护世界和平,需要维护传统和非传统领域的安全(如气候变化、网络安全和生物安全)。随着经济全球化的发展,安全概念的内涵和外延比以前更加丰富,具有互联互通、跨区域性和多样性的特点,这需要观念创新和国际合作。最后,无论是通过体制机制还是通过网络外交和国际性的监管合作都需要协调安全问题与贸易义务之间的关系。

四、协调数据跨境流动规则分歧的可能性

(一) 区域互通机制的建立

调和这种数据跨境流动规则分歧的方案之一是建立兼容机制。例如,对于隐私标准,这种机制可以包括:(1)相互承认监管结果协议;(2)依赖国际标准;(3)承认国内法律框架或认可框架提供的类似保护;(4)以及其他确保缔约方之间数据传输的方式(Drake-Brockman et al. ,2021)。

而各国也已开始寻求全新的数据跨境流动互通机制。第一,美国和欧盟多次尝试建立跨境数据流动的合作机制。2022年3月25日,欧盟委员会和美国宣布,他们在原则上同意建立一个新的跨大西洋数据隐私框架,并将在原则上敲定该框架的细节,然后将其转化为正式的法律文本。第二,美国以亚太经合组织(APEC)的跨境隐私规则(CBPR)为框架,不断扩大数据流动的范围。CBPR 是在亚太经合组织成员之间实施的自愿性跨境隐私机制。参与企业应当遵守在 2005 年亚太经合组织领导人会议上通过并在 2015 年

---

① 专家组报告,俄罗斯——过境交通,第7.134段。

修订的《亚太经合组织隐私框架》中的个人数据保护规则。原则上,企业可以通过加入 CBPR 来证明自己符合国际公认的隐私保护标准。这个机制并不改变每个国家内部的个人数据立法,但要求参与的经济体签署"跨境隐私执法协议",以方便执法。① 至目前,在亚太经合组织的 21 个经济体中,有 8 个国家和地区已经加入了这个机制。第三,美国不仅寻求在亚太经合组织内扩大 CBPR 的范围,而且还寻求将 CBPR 扩展到亚太经合组织之外,特别是促进 CBPR 与 GDPR 之间的互通。在 USMCA 中,除了有关"跨境数据流动"的条款外,缔约各方还在"个人信息保护条款"中增加了承认 CBPR 是促进跨境信息传输的有效机制的要求。这相当于接受 CBPR 的相关原则,并作为缔约国在授权出口个人数据时的统一保护标准。② 2022 年,美国、加拿大、日本等国家一起建立了全球 CBPR 论坛,以促进全球 CBPR 和处理者隐私认可(Privacy Recognition for Processors, PRP)系统在全球的扩展和吸收,并追求与其他数据保护和隐私框架之间的互联互通。该论坛将"在亚太经合组织 CBPR 和 PRP 系统的基础上建立一个国际认证体系,首创数据隐私认证,帮助企业证明其符合国际公认的数据隐私标准"(美国商务部,2022 年)。第四,欧盟继续扩大其跨境数据流动的范围。欧盟通过优先采用 GDPR 中的充分性决定来促进双边国际合作。截至 2022 年 4 月,欧盟委员会已经承认了 14 个国家个人数据保护的充分水平。③ 第五,其他发达国家如日本和韩国,积极加入美欧数据流动的互通机制,以便为其数字经济铺平道路。日本在美国和欧洲之间的数据跨境流动表现得非常积极,并希望充当连接美国、欧盟和其他经济体的桥梁。日本前首相安倍晋三在 2019 年初的达沃斯会议上提出了"信任的数据自由流动"的概念,并推动其成为 G20 "数字经济

---

① APEC, 2019. What is the Cross Border Privacy Rules System, 见 http://www.apec.org/About-Us/About-APEC/Fact-Sheets/What-is-the-Cross Border-Privacy-Rules-System, accessed Jan. 20, 2022。
② 《美国-墨西哥-加拿大协定》第 19.8.2 条。
③ 欧盟委员会《充分性决定-欧盟如何确定非欧盟国家是否有充分的数据保护水平》,见 http://ec.europa.eu/info/law/law-topic/data-protection/international-dimension-data-protection/adequacy-decisions_en。

大阪宣言"的共识。① 韩国多次系统性修订国内个人信息保护的法律法规,并在 2021 年 12 月通过了欧盟的充分性决定。诚然,竞争性的区域互通性机制加强了国家间的相互依赖和信任,它们在很大程度上仍与地缘政治力量和现有贸易区块的结构保持一致,无法建立一个管理跨境数据流动的国际监管框架,也无法避免碎片化这一根本问题,但这种双边或多边合作方式却也证明了不同国家之间的制度分歧具有可协调性。

(二)WTO 体系的包容性与相称性

CPTPP、RCEP 和 DEPA 作为国际数据跨境流动治理的最新产物,为各国政府保留了公共政策空间,但这些协议具有区域性特征,只能作为治理国际跨境流动的阶段性计划。此外,由于发展中国家和发达国家之间、地缘政治强国之间存在明显的国家利益冲突,关于数据跨境流动的规则谈判将困难重重。从历史上看,发达国家在与发展中国家谈判的过程中,经常利用国际经济和贸易规则来更好地服务本国利益。如美国政府非常重视利用国际规则对中国施压,故意孤立和干扰中国参与国际经济共同体和贸易规则的制定,将中国排除在跨境数据流动的区域互通机制之外(刘建华、龚雅冰,2013;孙忆,2016)。然而,中国的跨境数据规则将不可避免地影响国际跨境数据规则的方向。其他国家与中国合作,使之成为共同体的一部分,为未来制定共同的规范和规则也是不可避免的。因此,结合区域互通机制实践来看,数据跨境流动全球规则的协同需要一个开放性和包容性的组织架构承载可能存在的双边或多边争议,而 WTO 体系所具有的审议、合作和协商机制能够满足关于全球数据流动的包容性(inclusive)、相称性(proportional)和分层式(tier-oriented)框架建构需求。

需要指出的是,制定国际数据跨境流动法规并不要求所有国家都采用相同水平的跨境数据规则,而是强调要达到全球数据流动的制度性目标。阻碍数据流动的关键因素不是所谓的"数据本地化"或模糊的"国家安

---

① 日本前首相安倍晋三在 2019 年初的达沃斯会议上提出了"信任的数据自由流动"的概念,并推动其成为 G20 "数字经济大阪宣言"的共识。参见 G20 2019 年关于贸易和数字经济的部长级声明,http://trade.ec.europa.eu/doclib/docs/2019/june/tradoc_157920.pdf。

全"例外,因为这些都是主权国家的政策选择。国际监管和跨境流动规则首先要解决共识问题,即什么模式、什么范围、什么路径的数据跨境流动能被各国普遍认同。对于数字经济而言,各国没有理由压制作为经济资源的数据自由流动,但如何用一种语境化、有包容性、有相称性、有层次的方式,在数据跨境流动、各国合法的政策目标、个人数字权利之间找到一个微妙的平衡点,是亟待解决的实际问题。为了实现这一目标,WTO体系自身的非歧视原则运作恰恰可以发挥重要作用,这可能会比自贸协定中的新法规更好地解决数据流动的国际规则问题,因为后者经常反映的是强大的既得利益。

采用WTO体系解决数据跨境流动分歧的直接结果可能是形成一份简洁的协议,它拥有足够的政策空间来适应不同的需求、政策偏好和优先级以及当地情形,同时达成一个公认的最低标准。正如部分学者所指出的,流动的、复杂的数据生态系统需要在国际和国家层面进行合作,需要政策制定者的谦逊和人性化,需要公平地平衡不同的价值观、个人权利和国家利益(Burri,2021)。即使是一份简洁的关于WTO跨境数据流动电子商务的协议,也需要通过合法的例外条款,允许有足够的政策空间来适应不同的需求、政策偏好和优先级以及本土的情况,才能解决数据流动和数据本地化等关键问题。

世界贸易组织中关于电子商务的谈判尽管缓慢,但也取得了一些进展。目前的谈判是在电子商务联合声明倡议(JSI)下进行的,该倡议是由76个WTO成员在2019年发起的。该谈判由澳大利亚、日本和新加坡共同召集。目前,占全球贸易90%以上的所有主要地区以及不同发展水平的86个WTO成员正在参与这些谈判。2021年5月,联合倡议的共同召集人透露,将进一步加快包括数据流动和数据本地化的关键问题的谈判进展。

2021年6月13日WTO第12届部长级会议中发表的声明称,联合倡议组织与瑞士一起推出了电子商务能力建设框架,从而加强数字包容性,给发展中国家和最不发达国家利用数字贸易提供机会。召集人还强调:"促成和促进数据流动条款是谈判取得高标准、富有商业意义成果的关键。同时各成员必须注意发展方面的问题,如数字鸿沟和能力建设需求,以便通过谈判取得包容性的结果。"因此,"需要有适当的政策空间来适应参与成员的不同情况"。

五、基于WTO体系协同构建数据跨境流动全球规则的具体路径

(一)兼容机制的立足点:促进数字贸易发展和数据保护

尽管美国、欧盟和中国对数据跨境流动的监管模式各不相同,但最近的区域贸易协定表明,这三种模式之间存在一定程度的重叠。例如,美国作为世界主要互联网巨头和数字服务提供商的母国,一直强调出口导向,主张开放数字市场,倡导数据自由流动。然而,在一些最新的贸易协定中,无论是与欧盟签订的隐私保护协议,还是USMCA或者CPTPP,也都写入了数据保护条款。欧盟作为最大的数字产品和数字服务市场之一,主要是数字贸易的接收国,在数据问题上保护其消费者权益是首要原则,但在与澳大利亚、新西兰、突尼斯的贸易协定草案中,也有禁止数据本地化、促进数据自由流动的条款。中国则提出了"全球数据安全倡议"和"全球安全倡议"等,促进数字时代的互联互通,支持加强数字经济和安全领域的国际合作,包括参与相关区域贸易规则的谈判。中国加入的RCEP还规定禁止数据本地化,并承诺数据的自由流动,特别情况除外。

中国申请加入CPTPP和DEPA也将对其跨境数据政策产生压力。此外,新的《数据出口安全评估办法》提供了一定的法律确定性,定义了四类需要事先进行安全评估的个人和重要数据,以评估数据出口可能给国家安全、公共利益以及个人或组织的合法权益带来的风险。这一表述适度参考了许多自贸协定中一般和国家安全例外条款的做法。对目的、范围、方法的合法性、正当性、必要性的评估符合《中华人民共和国个人信息保护法》第5条的规定,这不应该被认为是歧视性的。

(二)例外条款的解释空间:协调安全概念与贸易义务之间的关系

从理论上说,数据跨境流动和数据主权之间并不存在完全不相容的情

况(许多奇,2020)。同时,引入例外条款来应对不同的跨境数据流动法规是各种国际贸易协定中的常见做法。条约是在共识基础上缔结的,即使它限制了缔约方采取某些措施或控制的"主权",这也是缔约方行使主权权利的结果。从国际贸易规则的角度来看,主权原则主要体现在缔约方或成员国在相关领域采取管制或限制措施的自主权。例如,欧盟—澳大利亚贸易协定草案中也有数据主权条款,"缔约各方可采取并保留其认为合理的保障措施以保护个人数据和隐私,包括采用个人数据跨境流动的规则"。[①]为了进一步加强欧盟在个人数据保护方面的自主权,欧盟还在这项协定草案中专门为跨境数据流动设立了定期审查机制,从而评估实施自贸协定对个人数据保护的影响。[②] 不仅如此,该协定还包含相当广泛的例外情形,几乎涵盖了政府所有合法的公共政策目标[③],以此保留对跨境数据流动的国内监管权力。

在国家安全例外方面,各国对"国家安全"的理解越来越广泛,既包括传统的"国家安全",如军事威胁,也包括非传统的"国家安全",如贫困、贸易、经济、人权和环境安全领域。数据安全越来越被认为是国家安全的一个综合部分。然而,鉴于在实践中人们对国家安全在数字贸易中的作用和范围有不同的理解,各国应避免随意使用它来解决电子商务中的网络安全或经济问题。政策制定者需要为数据或国家安全的概念化和国际合作寻求创新的方式,并协调扩大安全概念与贸易义务之间的关系。

(三)数字鸿沟的化解:简洁而聚焦的跨境数据流动协议

不同数字发展水平的国家之间的数字鸿沟需要得到弥合。跨境数据流动全球规则的协调路径必须采取一种更宽广的思路,在保护隐私、合法的公

[①] 参见《欧盟—澳大利亚自由贸易协定(草案)》第6(2)条。欧盟(EU)关于欧盟—澳大利亚自由贸易协定(Free Trade Agreement,FTA)提案,http://trade.ec.europa.eu/doclib/docs/2018/december/tradoc_157570.pdf,accessed May.2,2022。
[②] 它规定在条约生效后三年内进行审查,缔约方可随时要求进行审查。参见《欧盟—澳大利亚自由贸易协定(草案)》第5(2)条。
[③] 参见《欧盟—澳大利亚自由贸易协定草案》第2条:缔约方再次强调其领域的监管权力以实现合法的政策目标,包括保护公共卫生、社会服务、公共教育、安全、环境气候变化、公共道德、社会或消费者保护、隐私和数据保护,或促进和保护文化多样性。

共政策目标、国家安全和数据的自由流动之间寻求适当的平衡,从而避免数字贸易体系的破裂,更好地促进数据的全球流动。

一方面,在最新的区域协定如 RCEP 中,数据保护的标准问题得到了灵活处理,为发展中国家和不发达国家提供了特殊和差别待遇。RCEP 扩大了跨境数据流动的例外情形,以满足"缔约各方不同的发展水平和灵活性需求"。特殊和差别待遇是国际贸易协定的一个重要基石。它也是促进发展原则的体现,能更好地调和国家之间的经济水平差距,促进更广泛的多边规则的建立。中国在提交给世界贸易组织的《电子商务联合声明》中也强调,要帮助发展中国家和欠发达国家融入全球价值链,缩小数字鸿沟,抓住发展机遇,从包容性贸易中获益,从而更好地参与经济全球化。[①]

另一方面,目前的国际贸易协定如 CPTPP、RCEP 和 DEPA,都具有区域特征,只能作为管理国际跨境流动的阶段性计划。竞争性的区域互通机制在很大程度上仍与地缘政治力量和贸易区块保持一致,可能无法解决在跨境数据流动中建立国际监管框架这一根本问题。鉴于数据跨境流动合作问题的复杂性,包括商业利益、国家安全、公共利益和数字权利,其需要在具体的场景中予以探讨,故而需要在 WTO 系统中建立一套简洁而聚焦的跨境数据流动协议,并留有足够的政策空间来适应不同的需求、政策偏好和优先级以及当地背景,以便协调在实施过程中可能发生的各类分歧。

(本文初载于 Laws 期刊 2022 年第 11 卷第 4 期,本文为修订增补版)

参考文献

洪延青,2021a. 数据竞争的美欧战略立场及中国因应——基于国内立法与经贸协定谈判双重视角[J]. 国际法研究(6):69-81.

刘建华,龚雅冰,2013. 试析奥巴马政府对华"规则外交"[J]. 世界经济与政治论坛(3):84-96.

孙忆,2016. 国际制度压力与中国自贸区战略[J]. 国际政治科学(1):125-61.

[①] 电子商务联合声明,中国的通讯,2019 年 4 月 23 日,文件编号为 INF/ECOM/19,第 3.15 段。

王毅,2022. 落实全球安全倡议,守护世界和平安宁[EB/OL]. http://www. mfa. gov. cn/wjbzhd/202204/t20220424_10672812. shtml.

魏亮,2022. 贯彻总体国家安全观切实筑牢数据安全屏障[EB/OL]. http://mp. weixin. qq. com/s/9UaqliGKIM7FDTlrECoeOA.

许多奇,2020. 论跨境数据流动规制企业双向合规的法治保障[J]. 东方法学(2):185-97.

张琳琳,彭志艺,2022. 我国亟须提升数据安全国际规则影响力[J]. 信息安全与通信保密(3):27-32.

Aaronson, Susan, 2015. Why trade agreements are not setting information free: The lost history and reinvigorated debate over cross-border data flows, human rights, and national security [J]. World trade review(14):671-700.

Burri, Mira, 2021. A WTO agreement on electronic commerce: An enquiry into its legal substance and Viability[EB/OL]. http://ssrn. com/abstract=3976133.

CHIN Y C, 2018. The legitimation of media regulation in China[J]. Chinese Political Science Review(3):172-94.

CHIN Y C, 2020. Internet governance in China: the network governance approach[M]. Social relations and political development in China: Change and continuity in the "new era". London: Routledge.

CHIN Y C, et al. , 2022. A comparative study on false information governance in Chinese and American social media platforms[J]. Policy and Internet, 14:263-283.

CHIN Y C, LI K, 2021. Sovereignty in cyberspace: EU and China compared[EB/OL]. http://ssrn. com abstract=3900752.

Drake-Brockman J, Gabriel G, Harbinson S, et al. , 2021. Digital trade and the WTO: Top trade negotiation priorities for cross-border data flows and online trade in services[EB/OL]. http://iit. adelaide. edu. au/ua/media/1551/wp-2021-11-j. drake-brockman-et-al. pdf.

Dr2 Consultants, 2022. European data act: A harmonized framework for accessing and sharing data[EB/OL]. http://dr2consultants. eu/european-data-act.

Desierto D, 2018. Protean 'national Security' in global trade wars, investment walls, and regulatory controls: Can 'national security' ever be unreviewable in international economic law? [EB/OL]. http://www. ejiltalk. org/national-security-defenses-in-trade-wars-and-investment-walls-us-v-china-and-eu-v-us.

Gao H, 2021. Data regulation in trade agreements: Different models and options ahead[M]. Geneva:WTO Press.

Graham G,2019. G20 makes declaration of 'data free flow with trust': Support and dissent[J]. Privacy laws & business international report(160):18-19.

Benton H J,2020. Trade and security among the ruins[J]. Duke journal of comparative and international law(30):223-66.

Mishra N,2020. The trade:(Cyber) security dilemma and its impact on global cybersecurity governance[J]. Journal of world trade(54):567-90.

Elms D,2021. China applies to join DEPA[EB/OL]. http://asiantradecentre.org/talkingtrade/china-applies-to-join-depa.

基于地缘政治的新兴技术领域大国博弈动因、表征与趋势

◆ 王丹娜　孙艺林[*]

摘要：新一轮科技革命塑造了大国围绕全球科技体系开展博弈的国际格局，引领国际关系进入"技术政治时代"。技术政治与地缘政治深度结合，直接影响大国之间的权力平衡，而对技术领导权的争夺成为大国战略竞争的核心目标之一。本文从地缘政治的角度揭示新兴技术领域发展的动因、技术政治的表现和特征，并展望未来国际交流与合作的前景。本文重点关注网络空间和关键基础设施这两个领域的特性及其中大国博弈的现状，并从理论和现实的角度分析中国面临的竞争态势及应对策略。

关键词：新兴技术领域；大国博弈；地缘政治；技术政治

自20世纪80年代末以来，经济全球化和新一轮科技与产业革命的深入发展从根本上重塑了国际政治面貌，国际科技体系经历了前所未有的深刻转型。这种转型不仅表现在国家之间权力分布的相对增减，更涉及国家之间交往和博弈逻辑的悄然变化。基于传统军事力量的地缘战略竞争不再是大国竞争的唯一形式，而以科技、产业、国际机制为基础的技术竞争、经济竞争与国际领导权竞争成为大国博弈的"新赛道"。"超越地缘政治"既是当下国际政治现实的新写照，也对政策界和学术界的认知提出新要求（阎学通，2019；雷少华，2019；周琪，2021）。在塑造国际政治新逻辑的诸多因素中，技术因素成为构成军事、经济、政治等其他国家权力的基石，技术实力的相对

---

[*] 王丹娜，《中国信息安全》杂志社副编审；孙艺林，北京大学国际战略研究院副秘书长。

增减直接影响大国之间的权力平衡,对技术领导权的角逐成为大国战略竞争的核心目标之一(王玉柱,2020)。有学者据此认为,国际关系的"技术政治时代"已然降临(唐新华,2021),网络安全、供应链安全以及关键基础设施安全等网络和信息安全议题正对各国政府的网络治理能力、国际合作能力以及数字和通信安全技术水平等方面构成严峻的挑战。

一、地缘政治成为新兴技术领域大国博弈重要动因

当地缘政治理论应用于研究和解释国家外交以及参与国际竞争问题时,地缘政治与新兴技术领域博弈成为影响国家在全球国际竞争中是否能够赢得先机和持久影响力的重要动因,甚至成为影响全球政治格局和国际关系的重要砝码。

(一)地缘政治影响大国博弈是历史发展的必然

地缘政治学一词最早由瑞典学者鲁道夫·契伦(Rudolf Kjellén)在《论国家》(1917)一书中提出。他将地缘政治学定义为"把国家作为地理的有机体或一个空间现象来认识的科学",着重研究国家形成、发展和衰亡的规律。契伦利用拉采尔(Friedrich Ratzel)关于有机体的国家论发展了地缘政治学,认为国家的行为应被看作一种竞争力量,必然的结果就是少数强大的国家吞并弱小的国家,这是竞争的永恒规律。之后,还有很多不同学者和不同主体丰富和发展了地缘政治理论,使地缘政治理论的研究在历史、政治、军事等传统视角的基础上,又增加了在经济、社会等方面的作用。

从历史发展的视角看,地缘政治学虽然历经兴衰,却成为各国制定国防和外交政策的重要依据。在分析国家力量时,由于不同历史时期国际政治博弈的关注点和社会发展阶段的差异,地缘政治学在不同阶段形成了针对海、路、空、天、网的一系列理论,包括海权论、陆权论、空权论等。这些理论受到诸多社会因素的影响,甚至与当时的国家科技能力紧密相关。随着人类生存空间的拓展和对世界认识的深化,国家主权争夺已经从领海、领陆和领空延伸到网络空间,其内涵和外延也不断得到丰富。

19世纪末,美国军事理论家阿尔弗雷德·塞耶·马汉(Alfred Thayer Mahan)首先提出了制海权的概念,认为拥有制海权就能控制世界。在这个时期,美国由内陆国变为海洋国,马汉的著作就成为美国发展海上力量的理论基石。

随着世界工业的迅速发展和陆地机械运输革命的推进,海权逐步让位于陆权。20世纪初,英国地理学家与地缘政治学家哈尔福德·麦金德(Halford John Mackinder)提出的"陆权论"认为,海权国家终将被陆权国家所压制。然而,作为对麦金德的地缘政治观的发展,被称为"围堵政策之教父"的美国地缘政治学家尼古拉斯·斯皮克曼(Nicholas John Spykman)在其著作《和平地理学》中提出了"边缘地带理论",认为"谁支配着边缘地区,谁就控制欧亚大陆;谁支配着欧亚大陆,谁就掌握着世界的命运"。

飞机的出现使战争形态发生了深刻的变化,空中力量的发展也使陆权和海权被严重削弱。1921年,意大利空军战略理论家朱利奥·杜黑(Giulio Douhet)提出制空权的概念,认为"掌握制空权就是胜利"。在那之后,太空逐渐成为大国之间竞争的新领域,地球外层空间的开发开始影响国家安全和国家利益。1982年,由美国前国家安全顾问丹尼尔·格雷厄姆(Daniel Graham)牵头成立的"高边疆"研究小组向时任美国总统里根递交的《高边疆:国家生存的战略》研究报告提出制太空权的概念,并第一次完整地阐述了开拓和利用宇宙空间的构想,坚信控制外层空间就可以称霸世界。此后,美国一直将太空视为自己的领地,出台包括《国家安全太空战略》(National Security Space Strategy,NSSS)等多份政策文件,支持美国在太空领域的发展。美国前总统里根提出的"星球大战"计划就是制太空权理论的第一次实践,而美国前总统小布什执政初期的导弹防御计划也可以看作夺取制太空权的重要措施。为此,美国和苏联展开了激烈的军备竞赛。如今,"星球大战"计划设想的很多尖端武器已经变为现实。

当网络空间成为继陆、海、空、天之后的第五个领域,各国纷纷将目光投向网络空间,在持续的博弈过程中争取网络空间主权,并寻求在"技术政治时代"引发的地缘政治竞争中保持优势或最大化地争取国际利益。2006年,美军参联会(Joint Chiefs of Staff,JCS)颁布《网络空间作战国家军事战略》

(National Military Strategy for Cyberspace Operations, NMS-CO),正式将网络空间界定为"军事行动的一个领域"。从历史发展的视角看,网络的出现必然需要重新审视和思考这一技术特征及与其相关的社会逻辑。制网权的实质就是谋求对指定信息领域的排他性制权。在由链路层、逻辑层、应用层构成的网络空间战场,无数的二进制代码正在进行渗透、阻塞和攻击的博弈。各国利用数字工具干扰、控制和破坏敌方网络,并为保证己方网络正常运行而采取一系列作战行动,目的也是夺取或保持制网权。由此引发的网络战则是各国争夺制网权的重要形式。为了夺取制网权,各国在网络空间相关议题上的博弈以及为了在博弈中取胜而采取的各种措施,也成为这个时代国际关系的重要组成部分。

从历史发展的进程看,海权、路权、空权(天空、外太空)和网权的发展正是地缘政治在各个历史阶段的见证,体现了技术如何影响国家利益的构成和国际格局的演进。

(二)国际政治深度渗透国际新兴技术领域竞争

技术政治是第二次世界大战后随着高科技的发展而逐渐形成的新型政治结构,标志着社会结构的变化。由此,国际战略竞争的重心除了聚焦经济、文化、军事等传统安全领域的博弈之外,也开始转向聚焦新兴技术的竞争与控制。新兴技术领域带来对新权力的争夺,成为争取高科技创新优势的重要形式。特别是在网络时代,技术政治与网络安全问题不断融合,使制网权在大国博弈中的权重不断增加。为了维护制网权而展开的网络军备竞赛,则是大国在前沿创新能力和国际规则体系塑造能力等方面较量的突出表现。

从不同领域竞争要素作用的横向比较看,技术的作用随着大国博弈的升级愈发凸显,甚至成为当前国际竞争的决定性因素。在军事安全领域,大国能够借助技术优势提高军事力量,而颠覆性技术的进步甚至可能改变特定作战领域的攻防平衡,对安全格局产生深远影响。在经济领域,具备技术优势的大国拥有更具竞争力的尖端产品、产业结构和更高的本国生产率,以及全球价值分工中更优越的地位。这既有利于通过国际贸易促进经济增长,也有利于保障经贸技术摩擦中的经济安全。在政治领域,大国所拥有的技术一旦成为国际技术标准与技术规则,技术优势就可以通过国际机制转化为政治领导权,构成国际竞争"软实力",同时巩固本国军事安全与经济安全。当网络安全议题在国际竞争中成为显要因素时,围绕网络安全支撑技术的博弈主动权就会成为国际关系的重要议题,而威胁国家利益和网络安全则成为采取制裁措施最好的借口。

为避免在国际权力竞争中落败,大国必须积极支持新兴技术研发与应用,将"技术自主"作为优先政策目标,或者依靠自主研发,或者转向更加友好、可靠的技术来源,至少保证自身不在技术上受制于敌人或者潜在对手。在条件允许的情况下,大国在追求和保持技术优势的过程中,既要关注技术领先的幅度(静态),也要关注技术进步和迭代的速度(动态),即同时在绝对水平和相对增速方面占优就能获得最全面的领先优势。已经占有一定技术优势的大国,还具备延宕竞争对手技术进步的能力,即通过出口管制、投资审查、阻断技术交流等"技术防御"手段阻止技术外溢,联合盟友协调管制、设立技术标准与规范等方式限制对方技术的应用与推广,实现降低竞争对手技术竞争力的目标(赵明昊,2019)。然而,当某一技术发展影响先发优势国家的霸权或领先地位时就会产生国家间关于技术问题的摩擦和争端。

国际竞争反过来促进技术变迁与进步,两者由此形成相互加强的"正反馈循环"。如果一个国家在关键技术产业领域全面领先,它就能在国家间的竞争中占据先机。有学者指出,霸权国和崛起国之间的权力转移时期往往是大国权力竞争最激烈的阶段,两类国家为了保留或谋求相对权力优势,总是竞相以政府资助和政府采购的方式支持本国技术研发。对技术研发成本的敏感性降低以及支持政策的集中性上升有助于克服既有技术瓶颈,进而催生出重大技术变革,甚至技术革命(黄琪轩,2018)。美国的麻省理工学院福特经济学教授、美国国家经济研究局卫生保健项目主任乔纳森·格鲁伯(Jonathan Gruber)与西蒙·约翰逊(Simon Johnson)在《美国创新简史》(*Jump-Starting America*)一书中对美国科技创新的产业政策变迁做出解读,并指出美国的研发投入稳居全球第一。美国政府资助科学创新最成功的案例之一,就是曾任麻省理工学院副校长和工程系系主任的范内瓦·布什

(Vannevar Bush)主导的国防研究委员会的资助项目。这一项目为第二次世界大战的胜利作出了贡献,并为美国在二战后的经济增长奠定了基础。然而,未来大规模的技术变革所蕴含的不确定性,也将为国际权力格局的重新洗牌创造契机。

(三)技术政治驱动网络安全技术议题的博弈

技术政治存在的原因是技术对人类社会产生的深刻影响已成为一种重要的政治现象。一是掌握尖端技术知识或技能的人,在技术进步时代形成特定的阶层,在社会决策领域发挥重要作用;二是技术发展往往引起社会结构的某些变化,使社会组织机构更加科学化,甚至直接影响社会政治;三是技术成为战争和军事法治的物质前提,集中反映社会的政治矛盾;四是技术也在政治民主化和政治竞选运动中直接提供了物质技术手段。技术政策的制定和实施是技术政治的体现,是大国维护和保持技术霸权或技术领先优势的必要手段。

在新一轮科技革命和产业变革深化的百年未有之大变局中,信息技术成为国际技术创新领域的新高地,信息网络成为新型基础设施,网络安全领域的新挑战对全球经济格局、利益格局的趋向产生了直接影响。大国可以凭借领导以本国为中心的联盟体系构建安全共同体、解决全球治理与发展问题而获得政治与经济权力(杨原,2011;任琳 等,2020)。在网络化发展的背景下,基于产业链网络、金融网络和国际网络空间的权力成为大国的重点关注对象(任琳 等,2021)。我们必须看到的是,大国在网络安全领域的博弈,不仅仅是技术博弈,还是理念的博弈、话语权的博弈。

网络安全领域的大国博弈不仅聚焦于人工智能、通信和互联网技术、量子技术等,还聚焦于网络攻防、网络武器以及网络空间规则制定等涉及国家利益、网络主权和供应链安全等不同层面的较量。以美国为首的西方国家不惜以维护国家利益为借口污名化战略竞争对手,不惜联合"盟友"垒砌圈子试图建立各种自说自话的所谓规则,不惜以"扎篱笆"的方式在技术上"停服断供"以围追堵截竞争对手,不惜以虚假新闻炒作为手段在舆论上占尽先机,不惜以反恐为名长期监视监听他国、窃取信息以期维护网络霸权。如今,不断发生的网络攻击事件、不断升级的网络攻击手段、俄乌冲突以来关键基础设施遭受网络攻击造成的经济损失以及网络攻击与政治的关联愈加紧密,促使关键基础设施网络安全问题逐渐成为政治博弈的重要议题。如今,政治与技术是否可以"脱钩",是否能够通过技术手段更大限度地保障基础设施网络安全,是否能够用技术手段真正解决保障基础设施网络安全的问题,成为各国面临的共同困境。

二、新兴技术领域大国博弈的地缘政治表现与特征

技术政治与地缘政治紧密结合,并相互影响和相互驱动。然而,技术政治从未取代地缘政治,反而不断地赋予地缘政治博弈以新的内涵和形式;而技术政治的基本立场与联盟伙伴关系,也天然地受到传统地缘政治的影响。如今,围绕地缘和技术的竞争愈发复杂,网络信息技术领域的各种议题在网络攻击事件频发、关键信息基础设施成为重要攻击目标以及冲突升级的网络环境中被越来越多地关注和思考。

(一)围绕联盟体系和国际制度的竞争态势复杂

在冷战时期,美国和苏联大多通过构筑基于安全条约的军事同盟扩展自身势力范围,形成两大阵营对垒的局面,而国际多边机制的作用相对弱化。冷战结束后的一段时期,军事同盟之间的对抗色彩显著下降,而以灵活方式促进经济、技术合作的"类同盟"模式崭露头角。形形色色的"类同盟"呈现为伙伴关系、自贸协定、区域多边联盟等形式。同时,大国之间围绕多边国际制度展开的规则之争、机制之争、机构之争和秩序之争日益激烈(李巍 等,2019)。其原因在于多边国际制度同时具有公私双重属性,既可以为国际社会成员提供公共产品,也可以服务于主导国家建立制度霸权的私利(李巍,2016)。

事实上,中美两国围绕多边国际制度领导权的竞争已经在金融等领域初现端倪(李巍,2016;贺凯 等,2019;凌胜利 等,2021)。论及根本,制度竞争的关键是哪一方能够为促进和维持国际合作提供更加有效的方案。从近

些年美国科技竞争战略的主张和政策看,总体基调是竞争与合作并存,以竞争为主。美国强调"美国优先"的战略主张,多次采取单边措施维护自身利益。2020年5月,美国专门成立了由美国国会众议院共和党领袖凯文·麦卡锡(KevinMc Carthy)牵头、15名众议院共和党议员组成的"中国工作组"(China Task Force),公然打压中国科技企业,对中国实施技术封锁。这种对华战略竞争的政策基调在美国特朗普政府时期表现得尤为明显。拜登政府总体上没有改变前任的战略性对华态度,继续出台一系列对华战略竞争的法案和行政指令,而仅对施政方针政策进行了微调,特别在科技创新竞争战略方面采取了一些新方针。

从美国对中国的战略定位看,强力维持美国在全球当前和未来科技创新领域及其战略新兴产业的对华全面优势,已经成为美国两党的基本共识。美国白宫在2022年10月12日发布的《国家安全战略》(National Security Strategy)中将中国明确列为其"首要竞争对手"和"最大地缘政治挑战"。此前,研究者试图用技术政治学(technopolitics)的相关理论解释技术与政治的相关问题和现象,并进行前瞻性预测,认为2020年到2035年,中美之间必然全面进入以科技创新竞争为主导的战略竞争阶段(张杰,2022)。因为纵观全球历史,不同历史时期全球"霸主"国家的发展都揭示一个规律,那就是科技先导优势能够为一国的发展提供良好的历史机遇。在网络安全局势不断复杂化的当下,通信技术和网络资源的技术标准和管理权在很大程度上构成网络空间权力和权威的来源,成为争取网络空间资源和网络空间主导权的驱动力。目前全球正处于技术奇点即将来临的特殊时期,各国的战略布局和科技竞争也必然融于政治博弈,特别是网络与信息技术在给全球带来科技红利的同时,也直接涉及各国关键信息基础设施网络安全。

(二)围绕网络信息技术领导权的争夺成为焦点

当支撑网络空间发展的各种技术领域的博弈成为大国博弈的焦点时,实际上网络技术和政治因素已成为直接影响国家利益和网络安全甚至国际关系的重要组成部分。网络时代的现代化就是实现数字化的过程,是领先者占据并控制网络空间阵地和制高点的过程,因此,各国都在国家战略、网络技术发展和保持优势等方面统筹布局。

由于科技创新的竞争已成为当代大国竞争中最关键的领域,所以各国不断通过调整科技战略重点,发展和提升本国科技水平。美国在多项数字科技领域给予重点政策支持。21世纪,美国的科技政策和战略一直围绕"创新"和"竞争力"两大主题展开,约50%的美国的GDP增长得益于创新(中国科学院科技战略咨询研究院课题组,2021)。美国2006年的《美国竞争力计划》(American Competitiveness Initiative, ACI)强调通过加大对科研和教育的投入加强STEM领域(Science, Technology, Engineering, Mathematics,科学、技术、工程、数学)的人才培养;2007年的《美国竞争法案》(America COMPETES Act)将提高美国创新能力和竞争力提升到法律的高度;2009年首次发布并于2015年更新的《美国国家创新战略》(New Strategy for American Innovation)增加了维持创新生态系统的新政策;2020年的《关键与新兴技术国家战略》(National Strategy for Critical and Emerging Technology)提出两大支柱体系。欧盟委员会创新投资战略计划"欧洲地平线"的第一个战略计划提出,2021年至2024年研究与创新要"以人为中心",服务于生态、绿色、数字转型。英国国防部发布的《2020年科技战略》提出强化对未来技术前景的理解,积极采取行动获取先发优势,为提高下一代军事能力奠定基础。日本第六期科学技术与创新基本计划提出,2021年至2025年科技创新战略要面向"社会5.0",以社会应用推进任务导向型研发活动。德国主要形成了以工业4.0为国家战略、围绕制造业的数字科技产业生态。

各国发布的科技战略显示,全球科技竞争的重点领域更加聚焦前沿科技,通过调整科技"赛道"提高网络数字技术竞争力。网络空间的发展将会更加依赖技术的支撑,数字化、信息化相关的技术则成为大国博弈的重点。太空技术、5G、物联网、机器人、无线充电、无人载具、区块链以及新能源、新材料等技术都会是今后一段时期内全球科技领域发展的重点。原因是一旦这些技术再度实现突破,本轮科技革命与产业变革将呈现新局面,甚至新兴国家①将由此为契机实现跨越式发展。基于对各国科技布局的观察,有专家认为,就全球科技发展趋势而言,人工智能、量子技术和生物技术是全球科技发展的"三驾马车"(张力,2021)。美国的《关键和新兴技术的国家标准战略》旨在促进和保护美国在生物科技、人工智能、能源、量子信息科学、通信和网络技术、半导体、军事和空间技术等领域的竞争优势。在人工智能领域,欧盟《加快欧洲迈向人工智能的步伐》和《人工智能白皮书》将人工智能领域发力重点从研发转向监管;日本的纲领性规划"第六期科学技术与创新基本计划"将人工智能技术排在数据技术之后;法国的"第四期未来投资计划"确立了 15 个需要集中力量支持的科技领域,将人工智能作为科技发展的抓手;德国计划到 2025 年把对人工智能的投资从 30 亿欧元增加到 50 亿欧元,这使德国成为欧洲未来人工智能技术的主要驱动者。在量子信息领域,美国国家科学与技术委员会发布量子科技研发路线图《量子网络研究协同路径》、美国国防部启动"量子基准"项目推动量子计算机等关键瓶颈技术研发,美国国家科学基金会颁布"新兴量子材料与技术"5 年研究计划破除基础研究障碍;欧盟委员会发布《2030 数字指南针:欧洲数字十年之路》(2030 Digital Compass: the European Way for the Digital Decade)战略,将量子通信基础设施纳入战略规划;法国和德国发布国家量子技术发展战略,投入大量资金刺激技术发展。

  由于各国在网络信息技术赛道的竞争,为保持技术领先优势的网络安全博弈日益激烈。现有国际互联网的骨干网设备和世界各地的重要信息基础设施,只要包含美国科技公司提供的硬件、操作系统和应用软件,就极有可能成为美国情报机构的攻击窃密目标,并且全球网络空间的全部活动、存储的全部数据或都"如实"展现在美国情报机构面前。为了维护美国在全球的网络霸权,美国在网络和通信技术领域展开了全球竞争,采用各种手段不断打压其"竞争对手"。同时,美国不断拉拢盟友,以网络安全为借口打压中国信息技术企业,断供关键元器件并限制中国产品出口,既为他们的产品抢

---

① 新兴国家,一般指新兴 11 国,是博鳌亚洲论坛在《新兴经济体发展 2010 年度报告》中定义的概念,指二十国集团中的 11 个新兴经济体,包括阿根廷、巴西、中国、印度、印度尼西亚、韩国、墨西哥、俄罗斯、沙特、南非和土耳其这 11 个新兴经济体。

占中国市场获得经济利益,又削弱了中国关键信息基础设施自主可控的能力。此外,网络安全攻击也被利用来针对中国关键信息基础设施,已经出现有组织的网络安全攻击将矛头直指中国的趋势。在技术与政治交织的国际关系中,各国都不断寻求保障基础设施网络安全的解决方案。

(三)围绕关键基础设施成为大国政治博弈重中之重

关键基础设施面临风险日益加剧的原因来自多方面,除数字化转型带来的风险之外,关键基础设施本身的漏洞等内生安全问题依然不容忽视。数字化转型不仅带来更多元丰富的应用场景,伴随数字化场景也带来了网络安全风险。虽然国家、组织、企业甚至个人都以防患于未然的心态进行网络安全建设,然而,远程办公场景增加、网络安全意识不足,以及安全人才短缺等状况持续存在,导致关键基础设施系统不能得到适当的保护。特别是新冠疫情加速数字化转型以来,越来越多的行业、组织、个人加入远程(混合)工作模式的行列,导致网络安全的攻击面增大,网络接入端的风险也随之增加。同时,网络攻击手段和网络攻击工具变得多元化,例如勒索软件攻击工具不断升级,极大地增加了关键基础设施遭受攻击的风险,也使金融、交通、医疗、能源等领域成为被攻击频次较高的对象,特别是涉及燃油燃气管道、水处理厂工控系统、网络管理软件供应链等基础设施的网络安全问题,直接影响了社会的正常运行,例如2021年5月的美国的最大输油管道运输公司科洛尼尔(Colonial Pipeline)遭受勒索软件攻击事件。

除了通过技术漏洞攻击关键基础设施的网络攻击事件之外,带有地缘政治目的的网络攻击成为近年来大国博弈的潜在风险,极大地考验了一国的技术实力和危机处理能力。具有国家背景或由国家行为体实施的网络攻击影响深远,特别是以窃取敏感数据、破坏关键信息基础设施为目的的国家级网络攻击复杂性持续上升,例如针对伊朗核设施的"震网"(Stuxnet)病毒攻击和2020年委内瑞拉大面积停电等事件,背后均有国家背景的网军身影。由于关键基础设施的重要性日益凸显,全球重要信息基础设施已成美国的"情报站",通过网络武器"将任何设备变成监视设备"已经是公开的秘密。自俄乌冲突升级以来,俄罗斯和乌克兰的政务、金融基础设施多次受损,电信基础设施经常性中断服务或无法访问,再次显出关键基础设施网络安全在现代化军事战争中的重要地位。2022 年 3 月,美国众议院通过《关键基础设施网络事件报告法案》(Cyber Incident Reporting for Critical Infrastructure Act),美国国家安全局(National Security Agency,NSA)发布《网络基础设施安全指南》(Network Infrastructure Security Guidance)。这两个文件都是在俄乌冲突引爆全球关键基础设施网络安全危机后发布的,可能考虑到了类似的网络攻击威胁,旨在为应对不断升级的网络安全态势做好准备。

面对日益严峻的网络威胁,各国不断加强关键基础设施的保护力度,纷纷出台法律法规,加强关键基础设施安全保护。自 20 世纪 90 年代起,美国、欧盟等具有较强网络安全保障能力的国家和地区已将提高关键信息基础设施的安全性和可靠性作为一项长期工作。美国、欧盟、日本等国家和地区对关键信息基础设施保护范围、目标、措施及组织架构做出了详细规定,并动态调整。美国是对关键基础设施保护最早的国家。在克林顿政府时期,美国即意识到关键基础设施的重要性,围绕关键基础设施的范围界定、机构设置、职能授权、政府与私营企业的合作、信息共享机制方面,逐步形成了相对完善和成熟的关键基础设施保护体系。从关键基础设施的范围界定、机构设置、责任落实、政企合作、信息共享机制等,到从原有的被动静态防护转变为积极的动态防御,美国历任总统都围绕关键基础设施保护先后发布了一系列战略、法律、规划、行政令、总统令,并将保障关键基础设施网络安全上升到国家战略层面。可以说,美国关键基础设施安全保障的战略思路和法律政策,从一开始就与国家安全挂钩。欧盟推行的基于风险管理策略的网络安全治理理念在制定欧洲广泛适用的标准和方法、建立欧洲信息共享和预警机制、制定应急预案并进行应急响应和恢复演习等方面确保互联网的稳定性。

三、促进新兴技术领域国际交流与合作

网络空间的发展和网络空间秩序的建立,必然需要各方的共同努力,更加需要阻止某些国家为维护网络空间持续优势、维持科技领域竞争优势的

各种霸权行径,进而构建国际社会共同接受的网络空间新秩序。各国寻求相关问题解决方案的呼声虽高,但实际的解决方案和可实行的措施有限,需要通过国际交流促进更大范围的合作,实现制度化、常态化的合作机制,特别是需要在国别间的合作中找到"最大公约数"式的合作模式。

(一)各方在全球技术博弈竞争中寻求合作机会

全球化发展进程客观上强化了全球科技合作。在科技创新能力的比较优势不断缩小的情况下,霸权国家通常会通过主导制定技术规则维护技术领导权。

美国等西方国家认为,"世界具有'领先'技术的'民主'国家应率先为全球技术政策建立新的'多边框架'",即所谓"技术多边主义"框架下的"技术联盟"(唐新华,2021)。这种做法的目的就是通过"技术联盟"构建"技术政治时代"的科技霸权,也是美国及其伙伴国家在新科技革命条件下为争夺新科技霸权而建立的排他性联盟框架。2021年,美国与英国、日本、印度、澳大利亚、韩国等国家签署有关量子信息科学、生物技术等双边和多边科技合作协定和科技创新伙伴关系联合声明,并制定联合研发议程。2021年5月,欧盟委员会发布《全球研究与创新方法:变化世界中的欧洲国际合作战略》(The Global Approach to Research and Innovation:Europe's Strategy for International Cooperation in a Changing World),强调主导国际科技合作,并提出在"经济安全保障法案"起草过程中考虑科技合作研究的安全。

在现实语境下,广泛开展技术合作可以为赢得技术领域的标准和制度竞争奠定基础,因此,国际社会需要积极推动合作关系的制度化。例如,牵头建立国际技术合作联盟。中国可以通过双边方式灵活推进对外技术合作,尽可能地扩大合作伙伴的范围,进而在合作网络形成规模、相对成熟之后,推动其向"多边化"转型,建立相应的组织机构,并在此基础上酝酿产生更为成熟的多边制度,以较低成本支撑稳定可持续的多边技术合作。

(二)各方在国际技术合作联盟构建中寻求最大公约数

从理论角度看,构建国际技术合作联盟可以实现研发竞赛、联盟对抗、标准竞争三种政策路径的统合。一国可以借助国际技术合作联盟与其他国家优势互补,从而在研发竞赛中获得优势。如果该联盟具有明显排他性,并且其成员数量和所掌握的技术资源达到一定规模,那么联盟就可以成为内部成员遏制非成员的工具。同理,这种联盟的合作程度越深、成员数量越多、成员的技术实力越强,那么联盟内部的共识就越有可能成为特定行业的技术标准,该联盟的主导国家就拥有更为明显的竞争优势。

国际技术合作联盟的概念源于产业经济学领域的技术联盟。技术联盟指的是不同企业之间为了提升竞争力,在研发、生产、经营等方面进行联合并实现资源、知识、信息等要素的互惠互补的行为下产生的组织(钟书华,1998;王安宇 等,2008;杨震宁 等,2017)。国际技术合作联盟则是国家之间围绕技术研发、技术贸易、技术应用的标准与规则所形成的合作机制,其形态既可以是基于多边条约的正式国际组织和国际机制,也可以是基于政策倡议和政策协调的非正式合作关系。随着技术民族主义趋势抬头,美国、欧盟、日本、印度等国家和地区的技术发展战略层出不穷,包含大量直接或间接影响中国技术发展前景的内容,甚至直接出台打压、遏制中国的政策。对此,中国必须做出坚决的回应。此外,考虑到技术因素在综合国力中的突出作用,中国只有积极利用合适的政策工具,主动参与大国技术竞争,增强技术领域的国际话语权,才能在日益激烈的国际竞争中立于不败之地,有力地维护国家安全与长远利益。

在技术相对自主的基础上积极构建国际技术合作联盟,是中国争取大国技术竞争主动权的合理选择。对中国而言,积极构建国际技术合作联盟兼具必要性、重要性与可行性三个条件。面对美国和部分西方国家的联合遏制,中国有必要"以联盟制衡联盟",增加与美国和部分西方国家进行技术竞争的资本,避免中国技术发展的空间被挤压。在国际竞争日益激烈、"新冷战"风险上升、国际格局可能遭遇分裂的背景下,中国可以力争"以网络获得权力",构筑对外技术合作关系网络,维护自身在国际体系中的核心地位。在实际操作层面,中国应利用自身技术优势,牵头构建或加强现有国际技术合作联盟,作为"以制度实现合作"的可行路径。例如,中国需要通过主动打造与欧盟、东盟及其他新兴国家和发展中国家间的互利共赢体系来维护国家利益。对中国而言,在建立中俄、中巴"不是同盟,胜似同盟"的战略协作伙伴关系之外,更重要的是通过"一带一路"倡议加强与东南亚、中东、欧洲和非洲各国的联系。

(三)各方在关键基础设施网络安全合作中寻求共同利益

由于基础设施网络安全领域与国家主权和安全密切相关,具备高度复杂和敏感的特征,因此这一领域的技术合作具有特殊性,需要国家间高度的政治互信。此外,基础设施的更新和完善也是当前各国经济可持续发展、产业升级的推动力,相关合作将为更深入的经济合作与融合发展创造先机。在大国竞争的语境下,与更广泛的国家建立起基于基础设施网络安全的技术合作网络,将成为获得国际影响力的重要来源。正因如此,近年来大国之间围绕基础设施建设合作而展开的竞争日渐升温(毛维准,2020)。美国开始在基础设施建设领域推动"联盟扩容",着力打造"小多边"机制,实现对中国的压制(刘飞涛,2019;毛维准,2021;任琳 等,2022)。欧盟也正式推出"全球门户倡议",参与全球互联互通领域的大国竞争(刘作奎,2022)。类似地,网络安全领域的大国竞争起源更早,并且有愈演愈烈之势(沈逸,2021;阎学通 等,2021;郎平,2021)。

开展关键基础设施网络安全领域的国际交流和合作,是中国与"一带一路"沿线国家加强联系的可行路径。首先,关键基础设施安全是各国的重要关切和核心利益。关键基础设施关系国计民生,却容易被网络犯罪组织攻击和勒索。尽管在网络空间治理方面,中国、美国、欧盟、俄罗斯的立场有所不同,但是在关键基础设施网络安全领域,各国对遭受网络攻击风险的担忧总是一致的。在这个议题上的讨论可以是低政治的、技术性的和与公众利益相关的,不易引发"中国威胁论"的舆情。其次,中国在本领域具有一定的技术优势和经验积累。中国是网络攻击和网络犯罪的主要受害国之一,有意愿也有资源深入研究核心基础设施的网络安全工作。最后,中国在非洲、中东和拉美地区的关键基础设施建设市场占有一定份额,中国相关企业不仅出口设备、设施,也参与了当地关键基础设施的运营工作,对当地的技术社群和政府管理部门都比较熟悉。在"一带一路"沿线国家开展关键基础设施网络安全合作和进行相关培训,既是当地运营工作的必要组成部分,也能维护我国关键基础设施技术产品在当地的声誉和品质。

关键基础设施网络安全既需要政府从制度和管理层面推动变革,也需要专家、企业和更广泛的民间社会力量开发商业化的安全工具并且建立行业标准。通过民间途径与"一带一路"沿线国家企业的专家开展对于关键基础设施网络安全产品研发和管理的沟通交流,可以有效地完善和推广中国在本领域的实践和经验,增加中国网络空间治理政策在"一带一路"沿线国家的理解度和支持度,提高中国网络技术体系的国际化水平,并通过扩大交流的广度与深度,形成机制性的、有活力的治理组织,为政府间的合作构建渠道,为构建人类命运共同体作出贡献。

参考文献

半月谈网,2021. 大国科技竞争持续深化[EB/OL]. http://www.banyuetan.org/gj/detail/20210113/1000200033136201610519047598831113_1.html.

贺凯,冯惠云,魏冰,2019. 领导权转移与全球治理:角色定位、制度制衡与亚投行[J]. 国际政治科学(03):31-59.

黄琪轩,2018. 世界技术变迁的国际政治经济学:大国权力竞争如何引发了技术革命[J]. 世界政治研究(01):88-111+188-189.

郎平,2021. 全球数字地缘版图初现端倪[J]. 信息安全与通信保密(03):9-15.

雷少华,2019. 超越地缘政治:产业政策与大国竞争[J]. 世界经济与政治(05):131-154.

李巍,罗仪馥,2019. 从规则到秩序:国际制度竞争的逻辑[J]. 世界经济与政治(04):28-57+155-156.

李巍,2016. 国际秩序转型与现实制度主义理论的生成[J]. 外交评论(01):31-59.

李巍,2016. 中美金融外交中的国际制度竞争[J]. 世界经济与政治(04):112-138+159-160.

凌胜利,王彦飞,2021. 中美国际制度策略取向比较:基于议题领导权视角的分析[J]. 国际展望(05):67-88+155-156.

刘飞涛,2019. 美国"印太"基础设施投资竞争策略[J]. 国际问题研究(04):1-20+137.

刘作奎,2022. 欧盟互联互通政策的"泛安全化"及中欧合作[J]. 理论学刊(01):72-81.

毛维准,2020. 大国基建竞争与东南亚安全关系[J]. 国际政治科学(02):109-147.

毛维准,2021.美国的印太基建攻势:演变、逻辑与局限[J].南开学报(哲学社会科学版)
　　(02):85-97.
任琳,孙振民,2020.大国战争之后:权力生产方式的历史演变[J].当代亚太(01):133-
　　157+160.
任琳,孙振民,2021.经济安全化与霸权的网络性权力[J].世界经济与政治(06):83-109+
　　158-159.
任琳,郑海琦,2022.虚弱的联盟扩容与全球治理秩序[J].国际政治科学(01):1-37.
沈逸,2010.数字空间的认知、竞争与合作:中美战略关系框架下的网络安全关系[J].外
　　交评论(外交学院学报)(02):38-47.
唐新华,2021.技术政治时代的权力与战略[J].国际政治科学(02):59-89.
唐新华,2021.西方"技术联盟":构建新科技霸权的战略路径[J].现代国际关系(01):38-
　　46+64.
王安宇,赵武阳,2008.国内技术联盟研究新进展[J].研究与发展管理(03):58-64.
王玉柱,2020.发展阶段、技术民族主义与全球化格局调整——兼论大国政治驱动的新区
　　域主义[J].世界经济与政治(11):136-155.
阎学通,2019.超越地缘战略思维[J].国际政治科学(04):4-7.
阎学通,徐舟,2021.数字时代初期的中美竞争[J].国际政治科学(01):24-55.
杨原,2011.大国无战争时代霸权国与崛起国权力竞争的主要机制[J].当代亚太(06):
　　5-32.
杨震宁,赵红,徐俪菁,2017.跨国技术战略联盟风险、合作障碍与稳定:跨案例研究[J].
　　经济管理(08):60-71.
赵明昊,2021.统合性压制:美国对华科技竞争新态势论析[J].太平洋学报(09):1-16.
中国科学院科技战略咨询研究院课题组,2021.数字科技:第四次工业革命的创新引擎
　　[M].北京:机械工业出版社.
中宏网,2022.中美科技战略竞争格局下的全球两种科技创新[EB/OL].http://www.
　　zhonghongwang.com/show-278-240116-1.html.
钟书华,1998.技术联盟:类型、效益与成本分析[J].科学学与科学技术管理(08):25-27.
周琪,2021.高科技领域的竞争正改变大国战略竞争的主要模式[J].太平洋学报(01):
　　1-20.

网络空间稳定全球委员会《推进网络空间稳定》八条规则分析*

◈ 徐培喜

摘要:关于如何维护网络空间安全和稳定,世界上许多国家、企业、民间团体以及有声望的互联网社群领袖都提出了各自的主张。在这些主张当中,"网络空间稳定全球委员会"提出的八条规则引起了较多的关注和辩论,这些规则涉及网络攻击、网络安全漏洞、互联网公共核心等各个方面。本文从中国视角出发对这些规则进行了阐释和评估。

关键词:网络空间稳定全球委员会;互联网公共核心;网络安全漏洞

在网络空间国际规则辩论中,"网络空间稳定全球委员会"(The Global Commission on the Stability of Cyberspace,以下简称"委员会")独树一帜,代表了一条创新的路线。委员会由来自近20个国家的40多名知名网络空间领袖人物组成,较为活跃的委员包括爱沙尼亚前外长卡尤兰德(Marina Kaljurand)、美国国土安全部前部长切尔托夫(Michael Chertoff)、互联网先驱人物温瑟夫(Vint Cerf)等。来自中国的委员是中国现代国际关系研究院副院长张力和中国互联网络信息中心(China Internet Network Information Center,CNNIC)前主任李晓东,分别代表中国政策社群和技术社群。

委员会的主要资助人是荷兰政府,秘书处设在荷兰海牙战略研究中心和美国东西方研究所。合作伙伴包括荷兰外交部、法国外交部、新加坡网络

---

* 本文系国家社科基金重大项目"网络空间国际规则博弈的中国主张与话语权研究"(项目批准号:20&ZD204)的阶段性成果。

安全局、微软公司以及国际互联网协会等。委员会从2017年到2019年共运行了三年,其主要成果及其提出的八条网络空间国际规则,成功地将一部分内容移植到《欧盟网络安全法案》,写入法国总统马克龙提出的《网络空间信任与安全巴黎倡议》,以较为公开透明的方式影响网络空间国际规则谈判。

本文结合联合国网络空间国际规则谈判的重要文本和中国提出的网络外交关键文本,逐条分析了委员会在2019年发布的《推进网络空间稳定》八条规则。其中,第一条、第二条、第三条规则使用的语言不够直白,容易产生歧义、引发联想,导致误读,字里行间隐藏的信息引人不安,转移了人们对字面信息的注意力。但即便如此,本文认为这些规则仍然是从全球视角、数字共同体视角出发提出的建议,并不像西方后来提出的《互联网未来宣言》等倡议那样出于"拉帮结派"的目的,这些规则并不尝试搞意识形态对立,因此值得仔细推敲,甚至有选择地进行借鉴推广。

一、不干涉互联网公共核心

> 第一条　不干涉互联网公共核心:国家和非国家行为主体不能从事或纵容那些故意并实质损害互联网公共核心通用性或整体性并因此实质破坏网络空间稳定的活动。

委员会提出的第一条规则叫作"不干涉互联网公共核心"。这是委员会所提议规则当中的旗舰规则。该规则首先由荷兰学者布罗德斯(Dennis Broeders)提出,获荷兰政府采纳,接着在全球范围扩散,写入法国总统马克龙提出的《网络空间信任与安全巴黎倡议》,进入《欧盟网络安全法案》,虽然没有被完整写入2021年3月联合国信息安全开放式工作组(Open-Ended Working Group, OEWG)的共识报告,但仍然有潜力进一步成长为非强制性规则,甚至成为有约束力的国际法,有望在2021—2025年OEWG谈判中得到进一步发展。

2021年11月,美国副总统哈里斯(Kamala Harris)表态支持巴黎倡议,虽然直接原因是为了安抚法国马克龙政府失去澳大利亚潜艇合同,但也同时表明了美国政府对于不干涉公共核心规则的支持态度。

"不干涉互联网公共核心"规则听起来好像禁止所有行为主体攻击、渗透互联网公共核心,实际情况并非完全如此。这条规则主要关注后果,关注是否造成大规模的、重大的事故。它实际上仅仅对渗透的后果做出了限定,并没有禁止渗透活动。从某种程度上讲,这条规则默许了情报部门对海底光缆等关键设施的渗透活动,暗示只要不带来实质的破坏,就可以渗透。例如,美国国家安全局在海底光缆上设置拦截器,监听全世界,没有在功能层面影响互联网的正常运转,并不属于这条规则禁止的范畴(徐培喜,2018)。

将这条规则写入地区法案的时候,欧盟的做法值得全球各国借鉴。欧盟对这条规则进行了巧妙的提升和修改,写入 2019 年颁布的《欧盟网络安全法案》,让人们看到了这条规则的真正价值所在。①《欧盟网络安全法案》前言第 23 段表示:"互联网公共核心是指开放互联网的主要协议和基础设施,是一种全球公共产品,保障互联网的功能性,使其正常运行,欧洲网络与信息安全局支持开放互联网公共核心的安全性与运转稳定性,包括但不限于关键协议(尤其是 DNS 域名系统、BGP 边界网关协议、IPv6)、域名体系的运行(例如所有顶级域的运转)、根区(root zone)的运行。"(European Commission,2019)

此外,《欧盟网络安全法案》将不干涉公共核心规则与全球公共产品理念结合起来,将其带入维护全球共同利益的轨道,引上正途,使这个条款更加稳固。这种做法等同于中国用网络空间命运共同体思想指导网络空间全球治理实践,努力确保关键政策不跑偏。《欧盟网络安全法案》突出强调互联网公共核心的中立性,认为公共核心是中性和中立符号,无论是战争时期还是和平时期,任何国家和个人都不能碰触或阻断其在全球层面正常运行。

不干涉互联网公共核心规则是在为美国情报部门的隐蔽活动提供国际法庇护?还是致力于打消美国之外其他国家被断网、被删除国家顶级域名的顾虑?欧盟的立法实践给发展中国家的网络空间政策研究专家带来了信

---

① http://cyberstability.org/news/european-union-embeds-protection-of-the-public-core-of-the-internet-in-new-eu-cybersecurity-act-2/,2019 年 4 月 16 日。

心。沿着这个逻辑往前走,这条规则有希望继续得到发展,甚至延伸成为国际法文本。如果这条规则能够真正落实,并能够继续与全球公共产品等顶层概念保持联系,将有助于解除世界顾虑。

当然,《欧盟网络安全法案》的这条规定虽然具有进步意义,但是从国家实力的角度讲,欧盟并没有足够的力量去执行这条规则。考虑到在俄乌冲突中美国互联网骨干运营商 Cogent Communications 和 Lumen Technologies 停止为俄罗斯客户提供服务,但国际社会并没有足够的力量阻止美国企业这样做,所以,欧盟范围内的类似立法仍然形同虚设。在未来讨论中,既需要关注哪些成分可以构成互联网的公共核心从而得到保障,还需要关注该规则是否有必要被上升为国际法,以及国际社会是否有能力保障国际法得到尊重和执行。

二、不渗透选举基础设施

第二条 不渗透选举基础设施:国家和非国家行为主体不能实施、支持或纵容那些旨在破坏选举、投票、表决关键基础设施的网络行动。

委员会提出的第二条规则可以被叫作不渗透选举基础设施。这一条规则同样包含丰富的语境信息。它仍然具有避重就轻的特点,即只关注技术层面的问题,表示禁止干涉选举设施,但回避了最重要的网络信息内容争议。这条规则诞生的背景是美俄两个大国在数字时代进行了一次全球广为关注的宣传与反宣传交锋。在数字时代的首次舆论战交锋中,美俄两国都展示出较强的干涉能力。

2011年12月,美国政府出资900万美元,深化与俄罗斯民间团体的接触,促进普世价值。当年俄罗斯国家杜马选举遭遇了规模巨大的抗议集会,在阿拉伯世界"茉莉花革命""脸书革命""社交媒体革命"蔓延的背景下,俄罗斯认为自身的政治稳定受到了威胁。

与中国式"不冲突不对抗"的原则不同,俄罗斯奉行"以牙还牙""以眼还眼"的网络外交路线。2017年1月,美国情报部门联合发布《评估俄罗斯在近期选举中的活动和意图》报告,认为俄罗斯总统普京下令开展针对2016年美国选举的行动,提出证据认为俄罗斯在此过程中既动用了黑客攻击等隐蔽能力,也动员了各个政府部门、官方媒体、社交媒体水军。

美俄矛盾中还包含欧洲因素。欧洲国家担心俄罗斯干涉欧洲选举。近些年来,受移民危机、暴恐危机、经济下行等不利因素的影响,欧洲社会心理日趋脆弱,右翼民粹排外政党崛起。欧洲国家担心黑客因素、网络谣言、假新闻、舆论操纵等行为干扰本已微妙的选举生态。英国、荷兰、法国、德国等国都表达过类似的担忧。

然而,俄罗斯虽然在一些信息战当中具有还手和报复能力,但在总体软实力方面和美国的差距依然巨大。美国牢牢占据信息传播的上游位置,垄断微博、搜索引擎等全球主流社交媒体平台。在实力占优的情况下,美国军事和情报部门并不愿意收敛在信息内容层面针对别国的渗透活动。美国不可能"自断筋脉",对自己的实力进行限制。美国军方甚至成立了专门的信息战部门,拥有固定预算和编制,以故意泄密、植入评论等系统的方式与媒体合作。从这个视角出发,可以更好地理解委员会提出的第二条规则为什么只提技术设施,不提网络信息内容。

委员会所提的这条规则还有助于评估2021年5月联合国信息安全政府专家组(United Nations Groups of Governmental Experts, UN GGE)共识报告。该报告第71段(c)款指出:"按照不干涉原则,各国不能使用包括ICT(Information and Communications Technology,信息与通信技术)在内的手段直接或间接干涉另一个国家的内政。"(UNGEE,2021)这句话看似照搬了上海合作组织(The Shanghai Cooperation Organization, SCO)《信息安全国际行为准则》的第三条:"不利用信息通信技术和信息通信网络干涉他国内政,破坏他国政治、经济和社会稳定。"(SCO,2015)然而,即便各国都支持同样的措辞,仍然可以发生两种截然不同的解读和表述方式。西方主要从技术方面来解读这一条款,完整地规避了网络信息内容治理,包括中国在内的发展中国家则更偏爱从内容的角度来理解信息干政原则。

同样的措辞背后,实际包含了两种截然相反的观点。美国在内容治理领域只提言论自由,并利用这种主张来抵制世界上许多国家以内容为理由去限制美国超级平台,抵制在内容领域建立约束性较强的规则。所以,这种主张实际上是以提倡言论自由的方式利用自身在信息传播领域的实力去干涉别国内政,表面上说不干涉,实际上默认干涉,主张进攻。许多其他国家则完全相反,希望从实际需要出发,在网络信息内容全球治理方面建立实用的规则,而非依赖平台的社区守则。

值得注意的是,西方这种对网络信息内容治理的忌讳与回避只发生在联合国等真正多边的场合。在西方阵营内部,并不回避讨论内容治理议题。比如,法国互联网与管辖权政策联络机制(Internet & Jurisdiction Policy Network)主动成立了内容与管辖权工作组,起草网络信息内容领域的跨境规则和标准,得出结论认为《公民权利和政治权利国际公约》(International Covenant on Civil and Political Rights, ICCPR)是内容治理领域最适用的国际法文本,详细阐释该法第24条(儿童权利)、第17条(隐私权)、第19条(言论自由、责任)、第20条(禁止宣传战争和国家、种族、宗教仇恨)等条款与内容治理之间的关系。

但是,这种真诚的讨论似乎只适用于西方阵营内部,在联合国等真正的多边平台上,美国等西方国家则拒绝讨论社交媒体与战争宣传、种族仇恨之间的关系,认为这样做会干涉言论自由,这也就杜绝了任何在内容领域限制美国媒体和平台的可能性。

三、不干涉供应链和不劫持公共 ICT 资源

第三条 不干涉供应链:如果篡改活动会实质损害网络空间稳定,那么国家和非国家行为主体不能实施篡改或纵容别人篡改那些处于开发和生产阶段的产品与服务。

第四条 不劫持公共 ICT 资源:各个国家和非国家行为主体不得征用公共 ICT 资源制造僵尸网络(botnets)或用作相似目的。

委员会提出的第三条规则与产品和服务的供应链有关,主要关注漏洞

或后门植入行为。对于干涉供应链、植入漏洞和后门等行为,规则设定了两个递进式条件。一是在开发和生产阶段不能这样做,二是如果必须这样做,则不能实质损害网络空间稳定。这条规则当中最重要的两个词汇是"开发"和"生产"。

从字面上来看,规则禁止所有行为主体在产品和服务的开发和生产阶段植入漏洞。但是从语境信息来看,这条规则暗指可以在供应链的其他阶段(例如销售阶段)植入漏洞。甚至,即便是针对开发和生产两个阶段,委员会仍然含糊其词,没有建议全面禁止,而是加上了"实质损害网络空间稳定"这个前提条件。

这条规则所默认的信息内容让人担心。如果撕掉语言的外包装,将其默认的信息写出来,这条规则的内容可以这样重新表述:除了开发和生产两个阶段之外,国家和非国家行为主体可以在供应链的销售等其他阶段篡改产品和服务。如果有必要在开发和生产阶段进行篡改,则不能给网络空间稳定带来实质损害。

在面对同样挑战的时候,卡内基国际和平基金会的态度更为真诚和直接。该智库研究员霍夫曼(Wyatt Hoffman)和莱维特(Ariel E. Levite)建议,将政府干涉供应链、植入漏洞的行为区分为"系统性干预行为"(systemic interventions)和"特殊干预行为"(Ad-Hoc operation)。前者是指在硬件或软件生产线植入后门,后者是指在小部分产品中植入漏洞。

霍夫曼和莱维特认为,系统性干预行为可能带来广泛的后果,损害商业利益和ICT产品的品牌价值,动摇用户信心,因此可以考虑全面禁止。但是,他们不反对在小部分产品中植入漏洞,他们认为这种特殊干预行为(又称离散干预行为)带来的后果可以控制,可以容忍情报和军事部门采取这种行为,以满足国家安全需要。①

微软公司对干涉供应链行为的态度最为严厉。该公司早在2014年就提议:"各国不能针对ICT公司植入漏洞(后门),也不能采取损害产品和服务公信力的其他行动。""各国在处理产品和服务漏洞时应遵循清晰的政策原

---

① 霍夫曼和莱维特在中国现代国际关系研究院的演讲材料,地点:北京,2016年12月7日。

则,及时将漏洞汇报给供应商,不能对这些漏洞进行囤积、购买、销售及开发。"(Microsoft Security,2014)

美国政府的观点与微软公司的主张南辕北辙。美国政府关于供应链治理的主流观点符合"枪不杀人、人杀人"这个隐喻。美国官方行为主体倾向于认为,美国安全部门开发、购买、囤积漏洞,是正常履行政府职能,不这样做的话,是政府的渎职行为,而认为那些盗窃扩散漏洞的人才应该被惩罚。

中国在这方面的法律法规处于初始阶段,尚未成熟。已有法规主要关注漏洞的披露,对于开发、囤积漏洞行为,大都持有隐晦的、间接的、禁止的立场,更没有发表对国家行为主体开发、囤积漏洞的看法。中国的《全球数据安全倡议》条款只对企业进行限制,强调"信息技术产品和服务供应企业"不得在产品和服务中设置后门,非法获取用户数据,控制或操纵用户系统和设备。

委员会提出的第四条规则是对第三条的延伸。第三条关注产品或服务发布之前的阶段。第四条关注已经部署的设备或服务,表示国家和非国家行为主体不能征用公共ICT资源来准备或开展网络攻击,以避免公共ICT资源的拥有者被误会为攻击的发动者。

四、网络安全漏洞治理和网络卫生

第五条 建立漏洞披露评估机制:各国应建立程序透明的框架来评估是否以及何时披露那些他们获知但公众尚不知晓的信息系统和技术漏洞或缺陷。默认的程序应该支持披露而非隐瞒。

第六条 明确开发者和生产者责任:网络空间稳定所赖以实现的产品和服务的开发者和生产者应该:(1)将安全和稳定置于首要地位,(2)采取合理步骤避免自身产品和服务存在较大漏洞,(3)采取措施及时纠正后续发现的漏洞并保持程序透明。所有行为主体都有责任分享漏洞信息来制止或应对恶意网络活动。

第七条 保障网络卫生:各国应采取适当措施,包括颁布法律法规,确保基本的网络卫生。

委员会提出的第五条、第六条规则与网络安全漏洞披露有关,这两条规则虽然并没有明确指出国家行为主体或企业在发现漏洞时具体该怎么做,但树立了一些基本原则,具有积极意义。

第五条针对国家行为主体,要求各国政府合法治理网络安全漏洞。如果以2017年暴发的勒索病毒攻击事件为例解读这条规则,那么它没有指责美国政府储存软件漏洞的行为,在一定程度上默认美国政府储存漏洞是在正常履行国家安全职能。

在这方面,联合国的主张更加清晰明确。联合国信息安全政府专家组2015年共识报告第13条第(i)款写道:"各国应该采取合理的步骤,保障供应链的完整,维护终端用户对ICT产品安全的信心。各国应该防止恶意ICT工具和技能的扩散,避免使用有害功能。"第13条第(j)款表示:"各国应该鼓励负责任地汇报ICT漏洞,分享跟漏洞修复手段有关的信息,限制并努力消除ICT和依赖ICT基础设施的潜在威胁。"(UN GGE,2015)从该联合国文件出发,勒索病毒暴发的根本原因是美国政府储存漏洞,未能做到防止病毒的扩散和泄露。

当然,委员会第五条规则建议国家行为主体建立明确的规范,将政府本身的行为纳入程序化管理,具有积极意义。美国虽然拥有漏洞披露程序,但在出现勒索病毒等重大网络安全事故时并没有受到任何惩罚。

第六条针对非国家行为主体,要求开发者和生产者重视安全和稳定,降低出现漏洞的可能性,在发现漏洞时要采取措施及时纠正。如果以2021年美国指责中国攻击微软Exchange服务器产品为例,那么且不说中国本身是该攻击事件的受害者,从漏洞发现与披露程序本身来讲,该网络安全事故的主要责任者是知晓但没有及时修补漏洞的微软公司。

早在2021年1月,微软公司就已经获知对该公司Exchange服务器产品的攻击,但并没有采取任何行动。不仅如此,该公司网络安全防御团队还在毫无根据的情况下,指控该攻击是中国政府所为。因此,从要求企业及时披露漏洞的角度来讲,委员会第六条规则具有积极意义。

中国现行立法已提出网络安全漏洞合法披露的基本要求,2017年《网络安全法》第二十六条要求网络运营者向社会发布系统漏洞、计算机病毒、网络攻击、网络侵入等网络安全信息时,应当遵守国家有关规定,但在具体设计方面,中国的法律法规尚没有提供清晰的指引。

委员会提出的第七条规则强调互联网的互联互通,进行能力建设,设立问责制度,集体防范网络风险,这条规则关注建立统一的网络安全标准,但与其他规则相比,该规则过于笼统,并没有关注争议问题。

五、私有部门网络攻击活动

第八条 禁止私有和民间部门从事网络攻击活动:非国家行为主体不能从事进攻性网络行动,国家行为主体应该禁止此类活动,并在此类活动发生时作出应对。

委员会提出的八条规则明确禁止非国家行为主体发动网络攻击,当这些实体遇到网络攻击时,也不能以毒攻毒、发动报复式反击。然而,这一条规则并非不存在话语陷阱。禁止非国家行为主体从事网络攻击活动,在较大程度上等于间接地默认了国家行为主体可以从事网络攻击活动。当前,已经有53个国家宣布自己拥有网络作战部队或者显示出具备施展网络攻击的能力。其中,有明确的证据表明,美国、日本、澳大利亚、德国、法国、荷兰、比利时等西方国家和俄罗斯、印度、南非、巴西等金砖国家拥有网络作战部队。

面对这个事实,以美国为首的北约国家认为,网络空间已经成为一个新战场,这件事情已经"生米煮成熟饭",各国应该往前迈一步,制定相应的战争规则,而非一味禁止。面对同样的事实,中国等不少发展中国家认为,网络空间虽然在事实层面已经成为一个新战场,但正因为如此,才需要联合国制定国际规则,防止网络空间继续作为一个新战场。已经拥有网军的国家应该往后退一步,避免战争思维过度地蔓延到网络空间。委员会跳过国家行为主体发动网络攻击的合法性,直接关注非国家行为主体是否可以从事网络攻击活动,对于那些对网络战争尚且心存疑虑的国家来说,看起来是一种瞒天过海的行为。从这个角度来看,这条规则存在相似的话语陷阱。

不同的文明、文化、国家、群体关于战争的价值理念存在巨大差异。一些国家在克制自己方面提出了较为严格的要求，不轻言战端，不轻言诉诸武力。许多七十七国集团、不结盟运动国家、发展中国家旗帜鲜明地指出，网络空间作为一个新战场是一种不正常的行为，网络空间武装化和军事化是在西方国家的领导下进行的，本身就是一种不负责任的国家行为，网络空间应该提倡一种新逻辑、新思维，避免走向武装化、军事化。中国《国家网络空间安全战略》强调各国应遵守《联合国宪章》关于不得使用或威胁使用武力的原则，防止信息技术被用于与维护国际安全与稳定相悖的目的，共同抵制网络空间军备竞赛、防范网络空间冲突。

但是，在美国"鹰派"人士的眼中，战争更像"家常便饭"，有时仅仅是一个电话、一条手机信息就能授权发动无人机攻击等对外军事行动。美国乐于看到国际社会制定网络空间作战行为规范。所以，委员会的这条规则实际上掩盖了国家之间的最大分歧：是否承认国与国之间网络空间战争和冲突的合法性。在许多国家尚不承认国家行为主体网络战合法性的情况下，委员会这条禁止私有和民间部门从事网络攻击活动的条款过于超前。

在 2021 年 5 月联合国信息安全政府专家组共识报告中，并没有对网络战争做出对或错的价值判断，只是重申 2015 年共识报告的评估结果，表示一些国家正在开发 ICT 能力，将之用于军事目的，国与国之间在未来冲突中动用 ICT 能力的可能性越来越大。

总之，从 2017 年到 2019 年，在短短三年的时间里，网络空间稳定全球委员会克服网络问题的复杂性，起草并推送了八条网络空间国际治理规则，虽然这些规则仍然体现了西方思考网络问题的倾向性，但是委员会保持了和南方国家的协商，克制了"拉帮结派"的冲动，提出的规则能够启发当下关于网络空间国际治理的辩论。

参考文献

徐培喜,2018.全球网络空间稳定委员会：一个国际平台的成立和一条国际规则的萌芽［J］.信息安全与通信保密(02):20-23.

European Commission,2019. Regulation(EU)2019/881 of the European parliament and of the council of 17 April 2019 on ENISA(the European Union Agency for Cybersecurity) and on information and communications technology cybersecurity certification and repealing Regulation (EU) No 526/2013(Cybersecurity Act)[EB/OL]. http://eur-lex.europa.eu/eli/reg/2019/881/oj.

Microsoft Security, 2014. Proposed cybersecurity norms to reduce conflict in an Internet-dependent world[EB/OL]. http://www.microsoft.com/en-us/security/blog/2014/12/03/proposed-cybersecurity-norms/.

SCO, 2015. International code of conduct for information security [EB/OL]. http://www.fmprc.gov.cn/mfa_eng/wjdt_665385/2649_665393/201109/t20110913_679318.html.

UN GGE, 2015. Open consultation on UN GGE 2015 norm proposals [EB/OL]. http://www.universiteitleiden.nl/en/research/research-projects/governance-and-global-affairs/public-consultation-on-un-gge-2015-norm-proposals#tab-1.

UN GGE, 2021. Report of the group of governmental experts on advancing responsible state behaviour in cyberspace in the context of international security(A/76/135)[EB/OL]. http://www.un.org/disarmament/group-of-governmental-experts/.

论数据跨境规制的一般行动框架[*]

刘 冲 赵精武[**]

摘要:数据跨境规制与国内立法遵循不同的逻辑,其本质是一种国家层面的"社会行动"。通过对现实主义、自由主义和建构主义三种国际关系理论范式的梳理,可以总结出"国际体系结构""个人信息保护"和"数据产业特征"三种数据跨境规制行为的影响因素,以及"规范建构"和"法律制定"两种规制方式,进而形成数据跨境规制的一般行动框架。在不同影响因素的作用下,美、俄、欧采取了不同的规制模式。中国所面对的复杂环境决定了其数据跨境规制必然采取"多目标平衡"的模式,具体而言,"国家安全"和"个人信息保护"是"底线命令",应保证数据跨境过程中相关风险的可控性;"数据自由流动"是"最佳化命令",应在风险可控的基础上尽可能地予以实现。

关键词:数据跨境规制;一般行动框架;国际关系;国家安全;个人信息保护;数据自由流动

一、问题的提出

数据跨境不仅具有极高的经济意义,更关乎国际竞争与权力格局。数据跨境规制与一般意义上的国内立法遵循着不同的逻辑,前者可以被理解

---

[*] 本文系国家重点研发计划"智慧司法科学理论与司法改革科技支撑技术研究"(项目编号:2020YFC0832400)阶段性成果。
[**] 刘冲,清华大学法学院博士研究生。赵精武,北京航空航天大学法学院副教授。

为一种国家层面的"社会行动",而后者则通常不具有此属性。社会行动的特点是"以他者过去、当前或预期的表现为取向",若某项行动并未顾及他人表现,则不属于社会行动——例如独自祈祷(韦伯,2019)。国内立法通常遵循如下逻辑:先确立某个抽象的价值目标,再围绕该价值目标衍生出一整套具体规则以期将之完整实现,同时这些具体规则的设计还应当兼顾外部体系的融洽。这种立法行为在威斯特伐利亚主权体系下通常被认为不需要顾及作为"他者"的国际社会其他行动者的表现,故不应被理解为一种社会行动。与之相反,对数据跨境规制而言,当下的国际政治格局、其他行动者对特定数据跨境政策的预期反应都是关键性的考虑因素。数据跨境规则是作为数据跨境规制行动的结果而存在的,其本身并非静止的而是流动的,需要在国际博弈互动中不断调整。如果将国家看作行动者,则数据跨境规制便是典型的社会行动。

将数据跨境规制理解为国家的社会行动有两方面意义。

其一,可以修正因"行动视角"缺失而引起的错误认识。《数据安全法》第 11 条规定"促进数据跨境安全、自由流动",若按照传统国内立法视角进行理解,则安全和自由便是立法者设置的抽象价值目标,以这两项价值目标的最大化实现为原则,整套数据跨境规则体系得以衍发生成。不少学者正是沿着这种"国内立法"的思路展开数据跨境研究的。可以明显地看到,在部分有关数据跨境规则的论文中,安全和自由都是作为剥离了具体国际政治语境的抽象价值目标被讨论的;有学者主张对数据流动的安全和自由应当基于阿列克西的"权衡法则"进行取舍(许可,2021),这更是将其作为抽象价值目标的明证。这种理解并不符合数据跨境规则的立法实践。安全、自由并不是作为抽象的价值目标,而是作为具体的行动动因或约束而存在的。安全是在具体的国际政治格局中展开的,而不是作为抽象价值目标与特定的数据跨境政策相联系——美国追求数据的自由流动,而俄罗斯贯彻极其严格的数据本地化政策,这并不意味着美国不如俄罗斯重视安全,而是由于美、俄两国所面对的国际竞争格局与地缘政治环境不同。自由的问题更加复杂,其具有手段和目的的双重面向。作为手段,数据自由流动整体来说有利于经济发展,这一点是毋庸置疑的。相反,作为目的的数据自由流动则更多是一种话语层面的建构,是一种意识形态工具。不过,这种话语并非没有力量,得道多助,失道寡助,国家行动时有必要将"正当性"问题纳入考虑——当然这并不意味着中国要接受并加入美国所构建的话语体系,但既存的话语体系终归需要被认真对待。总体来说,安全、作为手段的自由和作为目的的自由以不同的机制影响着作为国家行动的数据跨境规制,如果按照"国内立法"的视角将其理解为作为"最佳化命令"的抽象价值目标,那么真实世界的种种复杂性则会不可避免地被遮蔽。

其二,既然数据跨境规制被理解为国家的社会行动,那么我们就可以像许多社会学家所做的那样,尝试着提出一个一般行动框架,以帮助我们理解其他行动者的行动逻辑,将杂乱无章的信息系统化,并在此基础上探寻适合自身的行动策略。在过往的数据跨境研究中,虽然也有学者认识到,应当从国家博弈的角度来理解数据跨境规制(张凌寒,2021),但并没有形成一个清楚明确的"行动视角",更没有在此基础上尝试提出一般性的框架来理解、指引作为行动的数据跨境规制,而仅止于"就事论事"。

因此,本文所处理的问题即如何建构一种一般行动框架来理解我国数据跨境规制背后的法理逻辑。

二、国际关系理论与数据跨境规制一般行动框架

若要提出数据跨境规制的一般行动框架,则有必要引入国际关系理论来理解这种国家行动的内在逻辑。当今国际关系理论最主要的三种学术传统分别为现实主义范式、自由主义范式和建构主义范式,其中现实主义范式具有一定的主导地位,而自由主义范式和建构主义范式则很大程度上是在对现实主义范式提出批评的立场上建立起来的。本文不拘泥于某一具体理论范式,而是采取一种"拿来主义"的态度,充分吸收不同范式的理论成果,以使数据跨境规制的一般行动框架更具解释力。

(一)现实主义:实力政治下的数据跨境规制

现实主义国际关系理论家普遍认为,国际社会处于一种无政府状态,国

家行动和国际秩序都是在此背景下展开的。接下来要处理的问题是,究竟是什么因素影响甚至主导着"无政府"国际社会中的国家行动。新现实主义奠基人肯尼思·华尔兹(Kenneth Waltz)(2017)认为,主导国家行动的并非单位(国家)层面的因素,而是"国际体系的结构"。国际体系与国家之间的关系类似市场与公司,公司追求利润的行为自发地形成了市场秩序,反过来,市场结构则决定了公司的行为策略。对国家的行为而言,国际体系结构也有类似的决定作用。在国际社会"无政府状态"的选择作用下,国家尽管内部架构不同,在国际行动层面却是"功能相似的单位",差别在于实现类似的目标的能力或者说权力,国际体系的结构指的便是这种权力在国家间的分配状态。

国际体系结构对国家数据跨境规制行为的影响是显而易见的。例如,2018年美国国会通过了《澄清数据在海外合法使用法》(英文缩写为 CLOUD Act,以下简称《云法案》),根据该法案,任何拥有、监管或控制各种通信、记录或其他信息的服务提供者,无论这些服务提供者是否在美国注册,也无论这些数据信息是否存储在美国境内,只要这些服务提供者在经营活动中与美国发生"足够的联系",就落入美国司法"长臂管辖"的范围。这些服务提供者包括电子通信服务提供商和远程计算机服务提供商。至于如何才算得上"足够的联系",美国司法部(2019)在其发布的白皮书中声称,这需要依据联系的性质、数量和质量予以判断。此外,尽管《云法案》第102条声称其目的在于保护公共安全和打击包括恐怖主义在内的严重犯罪,但这并未对美国政府对数据的调取构成实质限制,况且"公共安全"的概念本就极易走向泛化。美国对域外数据的长臂管辖建立在"单级"的国际体系结构和其"超级大国"的国际体系地位的基础之上——美国通过其经济实力控制着作为世界货币的美元、通过技术实力控制着互联网,这是其全球范围内的长臂管辖之所以可能的原因(强世功,2019)。

(二)自由主义:以保障人权为目的的数据跨境规制

在秉持自由主义的国际关系学者看来,个人权利优先于且高于国家的权力与需求,而国家则仅仅被看作保护个人权利和自由的工具(巴蒂斯特拉,2010)。这种观念具有深厚的政治哲学传统,例如约翰·洛克(John Locke)(1964)就认为,国家的形成只不过是公民面对自然状态中的种种不利条件,为了保护其财产权所作出的无奈选择,因此国家仅仅是保护公民财产权的工具,除此之外不应有其他目的。基于这种观点,自由主义学者在分析国家行动时,就不再仅限于国际体系层面,而是更关注国家内部民众在物质和观念上的利益需求。在自由主义国际关系学者看来,即便是国家的对外行为,更多地也是对国内不同利益集团相互博弈和谈判结果的反应(苏长河,2004)。此外,自由主义学者还认为,除了国家作为行动的主体之外,跨政府的联盟同样可能作为国际行动的主体。罗伯特·基欧汉(Robert. O. Keohane)和约瑟夫·奈(Joseph Nye)(2002)认为,国家在国际竞争中为了增加成功的机会,会把其他政府的行动体视为盟友,并试图将他们引入自己的决策进程,这种相互依赖的趋势使国际组织作为独立的行动者成为可能。欧盟的成立和有效运行,以及《一般数据保护条例》(General Data Protection Regulation,以下简称GDPR)在全世界范围内取得的巨大影响力和卓著声誉无不印证了自由主义学者的判断。

  自由主义国际关系理论对内部因素的强调体现在数据跨境规制行为中。例如,GDPR不仅要求在欧盟内部对个人信息提供相当严格的保护以保障公民的人格尊严,而且要求个人信息在数据跨境传输中受到至少与GDPR同等程度的保护;所谓"同等程度的保护",不仅要求数据跨境流动满足GDPR第五章所规定的各种具体要求,而且授予欧盟法院对数据跨境流动中个人信息保护情况进行持续监督的权限,甚至是对第三国的立法与执法环境进行司法审查的权限,这意味着即便在形式上满足了GDPR第五章的要求,欧盟法院也可以基于对公民人格尊严保护的需求禁止相应的数据传输(金晶,2021)。GDPR所确立的以保护公民人格尊严为核心价值取向的数据跨境规制模式有其独特的社会与历史基础,这种保护"人格尊严"的强烈价值取向起初是与欧洲的贵族等级制度联系在一起的;在第二次世界大战中,纳粹曾系统性地滥用个人信息锁定犹太人和其他少数群体并对他们展开压迫,对这种历史的反思使个人信息权进一步被确立为人的基本权利(Whitman,2004;Bradford,2020)。从这个角度来看,GDPR中的数据跨境规制是共同体内部文化影响其外部行为的例证。

(三)建构主义:国家体系文化结构中的数据跨境规制

如前所述,华尔兹的新现实主义理论认为,既然无政府状态的选择作用使国家成为功能相同的行动单位,那么便不必考虑其属性的建构,只需从因果层面考虑体系结构和国家行动的关系。建构主义代表性学者亚历山大·温特(Alexander Wendt)同华尔兹一样强调体系结构对行动者的影响,但温特所强调的体系结构与华尔兹有两点关键性不同:其一,体系结构在华尔兹的理论中起到的是因果性作用,而在温特的理论中除了起到因果性作用外,更重要的是还起到建构性作用;其二,华尔兹所强调的是物质性的国际体系结构,是权力在国家间的分配,而温特(2015)则认为,比物质性结构更重要的是对观念进行分配的文化结构——观念建构了权力的意义和内容,建构了国家的身份认同以及在这个身份认同下所谓的"国家利益"究竟是什么,进而影响了国家的行为。当然,这并不是说物质性的权力和利益并不重要,而是说物质只有在观念的建构下才有意义。例如,同一件核武器放在英国对美国的威胁远远不如放在朝鲜,这是因为使武器产生意义的观念不同——按照温特的划分,美英处于互为朋友的康德文化结构中,而美朝则处于互为对手的洛克文化中,不同的文化结构产生了不同的共有观念,进而赋予同样的核武器以不同的意义(温特,2015)。国际规范(international norm)是建构主义的核心概念,国家对身份、利益的建构取决于其内化了何种规范以及在何种程度上内化了该规范。温特(2015)认为,国际规范产生于文化结构,对规范内化的最高程度是认同规范的合法性,最低程度则是只有在被胁迫的情况下才会遵循该规范,中间程度则是会因为有利可图而选择遵循相应规范,唯有最高程度的内化,行为体才真正被文化所"建构"。例如,对于"在数据跨境流动中应实现对信息主体个人信息权益的保护"这样一项规范,有的国家实现了"合法性"程度的内化,对这些国家而言,对个人信息权益的保护本身就是其国家利益的内容,是国家行动的目的而非手段;对另一些国家而言,其之所以保护个人信息权益,可能仅仅是为了获得其他行动体的数据跨境流动输入国资格,这些国家并未将前述规范内化为自身的国家利益,而只是作为实现其他目的的手段,属于中间层次的内化。建构主义认为有三种主要的内化过程,分别为说服、社会影响和模仿(江亿恩,2002)。

建构主义对数据跨境规制行动框架的建立有两方面启示。首先,我们在讨论国际体系结构对数据跨境行动的影响时,不能仅考虑物质性的"权力的分配结构",还需要考虑其文化结构。例如,俄罗斯自2014年提出"切断与互联网的联系"以来,不断增强对本国互联网与数据信息的法律控制能力,以数据本地化为手段,不断强化自身的网络主权与国家安全,采取了一种"孤岛式"的数据跨境规制模式,其最基本的政治考量便是美俄关系的持续走低——在国际体系的文化结构中,俄罗斯不断被西方社会建构为一个作为"敌人"的他者,因此国家安全成为其数据跨境规制行动的首位考虑因素(孙祁、哈里托诺娃,2022)。其次,数据跨境流动的治理需要国家间的合作,在这个意义上,不同国家是否共享同样的价值规范、共享何种价值规范对于协调行动、促进合作而言就显得尤为重要。行动者与结构之间具有互构性,不仅文化结构建构了行动者的身份、利益,行动者的实践活动也反过来建构了文化结构的具体内容。因此,不仅应将立法行为看作唯一的数据跨境规制行为,通过互动或者话语来影响其他行动者对特定国际规范的内化,同样是一种非常重要的数据跨境规制行为。例如,欧盟的GDPR不仅提供了一整套具体的数据跨境规则,而且在国际话语体系中占据人权保护的制高点,并通过充分性认定、司法审查等一系列互动过程不断地推动自身所主张的价值规范被国际社会认可,从世界范围内不同法域关于数据跨境流动的立法现状来看,其所推行的价值规范在世界范围内被广泛接受(金晶,2021)。对欧盟而言,一旦其所主张的价值规范被全世界接受甚至彻底内化,则其在欧盟内部推行的数据市场一体化进程则有望跨越欧洲延伸至整个世界的范围。

(四)数据跨境规制一般行动框架的提出

基于对现实主义、自由主义和建构主义三种国际关系理论的综合梳理,我们大致可以提取出"国际因素"和"国内因素"两种影响国家数据跨境规制的因素。"国际因素"项下,"国际体系结构"既包括物质结构,也包括文化结构,因此在考察的时候不仅要关注行动者的实力对比,还要关注行动者被文化结构塑造成了何种"角色"。"国内因素"同样既包括物质性的也包括观念性的因素。观念性因素主要体现为人们对个人隐私和信息权益的保护需求,受到文化、传统等因素的影响,这种需求在不同国家和地区之间存在差异;物质性因素则主要体现为本土数据产业特征,本土数据产业越是具有国际竞争力,就越可以从数据自由流动中获取更多利益。就数据跨境规制的内容而言,首先自然是法律的制定与实施,对此处的法律制定采用广义理解,既包括国内法的制定,也包括国际条约的订立和加入;此外,国际规范的建构与推行同样是数据跨境规制行动的重要内容。总起来说,我们可以用图1来表示数据跨境规制的行动机制。

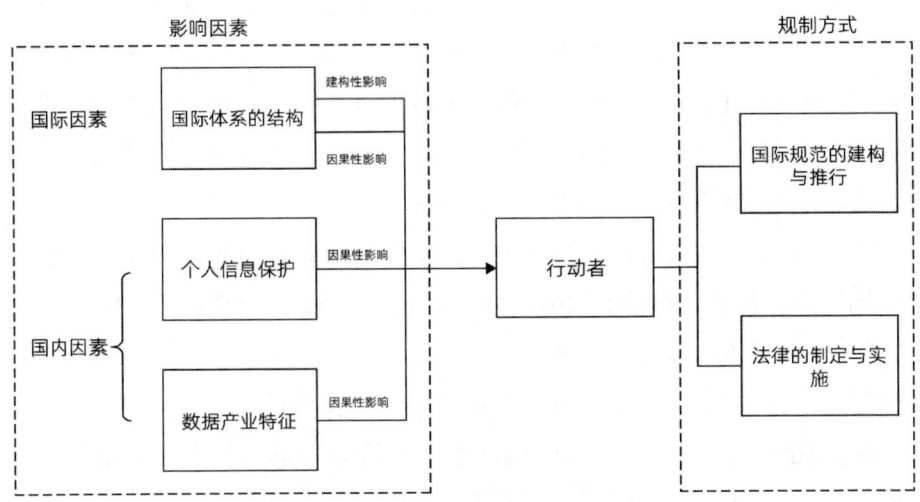

图 1　数据跨境规制的一般行动框架

有必要指出,数据跨境规制的一般行动框架本质上是一种理解性的框架,最主要的意义在于帮助我们系统性地从国家行动的角度对数据跨境规制进行反思,而不是一个机械性的"结论机器"——不能像自动售货机一样在确定"影响因素"之后就自动推导出"规制方式"。

三、基于一般行动框架对美、俄、欧数据跨境规制的分析

既然数据跨境规制是一种国与国之间的互动,那么尽可能地去理解其他主体的规制行动无疑是非常有必要的。故此,本节将尝试在数据跨境规制一般行动框架的基础上理解"大国博弈"的主要参与者——美国、俄罗斯和欧盟三方的行动逻辑,以此作为我国数据跨境规制之参照。

(一)美国:掠夺性的数据霸权

数据成为越来越重要的权力来源,而大量的数据被控制在跨国公司而非国家手中,在网络战、数据战走向常态化的情况下,国家最重要的前提——对合法使用暴力的垄断,已经越来越难以为继(王绍光,2019)。有学者毫不讳言,"各国通过立法进行的数据主权博弈,博弈不仅发生在主权国家之间,还发生在主权国家与大数据公司之间","如果我们仅从赛博空间或数据世界来看数据主权,这些大数据公司才是真正的主权者,他们在事实上主宰着整个数据世界……"(翟志勇,2018)。不过,在民族国家仍然是国际社会的基本单位、奈格里与哈特(2008)主张的资本主义"帝国式主权"尚未真正降临的情况下,各国被夺走的主权并非存留于跨国数据公司,而是流向了这些公司背后的国家。

作为互联网的诞生地,美国的互联网公司在全球市场中占据绝对的领导地位。据德国统计门户网站 Statista 的调查数据显示,在其选取进行调查的国家中,除了中、俄之外,谷歌在各国搜索引擎市场占据的份额均超过75%,在印度、巴西等国家甚至超过90%。截至2022年第1季度,脸书(Facebook)在全球范围内的用户数量更达到29.36亿。有学者将这些掌控海量数据的互联网企业称为"监控中介"(surveillance intermediaries),以显示这些处于政府与社会之间的企业所发挥的中介性作用(Rozenshtein,2018)。美国正是通过这些占据全球市场的数据中介,将监控的触手从国内伸向了世界。在过去,美国还需要通过所谓"棱镜计划"来实现对全球的监控;而如今,如上一节所介绍,美国政府只需要借助《云法案》的授权便可以在世界范围内

调取数据。当然,真正赋予美国这种长臂管辖权的并非国会通过的一纸文件,而是其全球互联网领域中处于绝对优势的物质性实力,以及这种实力所造就的国际体系结构中的超然权力地位。

值得注意的是,美国不仅通过《云法案》合法化了其对全球数据的调取行为,而且还构建起了一套数据权力分配的"差序格局"。毋庸置疑,拥有全球数据调取权的美国处于权力的核心。最接近权力核心的是基于《云法案》被美国承认的"适格外国政府"——根据《云法案》第104条,美国背景的全球信息服务提供者(U.S.-based global CSPs)按照与美国签署"执行协议"(executive agreement)的适格外国政府的命令截取或披露通信信息并不违法。如此一来,这些适格外国政府便可以依据"执行协议"在一定程度上分享美国的全球数据霸权。当然,这种权力的分享并非建立在一种平等的基础上。"执行协议"必须符合《云法案》第105条所列的各项条件,这些条件并非对等地要求双方共同遵守,而是单方面地由适格外国政府遵守,体现了一种强烈的"美国优先"的姿态。例如,根据《云法案》第105条,外国政府调取的信息不能故意指向美国公民或者居民,也不能通过调取居住在美国之外的非美国公民的信息来获得与美国公民或者居民相关的信息;与之相对的是,即便对特定信息的披露会导致信息提供者违反适格外国政府的法律且该信息与美国公民或居民无关,《云法案》第103条仍然赋予美国法院基于"全部事实情形"进行自由裁量并"撤销或修正法律程序"的权限。截至目前,只有作为美国最亲密战略盟友的英国和澳大利亚与美国签订了《云法案》项下的"执行协议",这两个国家在一个落后于美国的位置上分享着美国的全球数据霸权。

如果某国并没有成为《云法案》项下的适格外国政府,那么即便是与美国签订了司法互助协议,也仅能通过司法互助程序调取储存于美国境内的数据,而不能直接对信息服务提供者提出调取数据的要求(Secil Bilgic,2018)。没有与美国签订司法互助协议的国家也可以基于《海牙取证公约》等国际公约请求美国司法机关协助调取数据。这两种情况都没有突破属地性原则,因此,是否存在司法协助协议不会影响到特定国家在"差序格局"中的圈层位置。最后,处于"差序格局"最外围的是被美国定义为"外国敌手"

(foreign adversaries)的中、俄、朝、伊朗等国。对于这些外国敌手,美国一方面会通过外国投资委员会的审查对涉及美国人数据的并购和投资予以限制或禁止,另一方面则会通过供应链审查和禁止交易等方式阻碍外国敌手所管辖或控制的公司向美国用户提供服务,以避免敌手国家的政府通过这些公司获取美国数据(洪延青,2022)。在国际规则的制定中,美国也力图将外国敌手排除在外(Ryohei Yasoshima,2020)。美国构建的数据权力分配差序格局大致可以用图2表示。

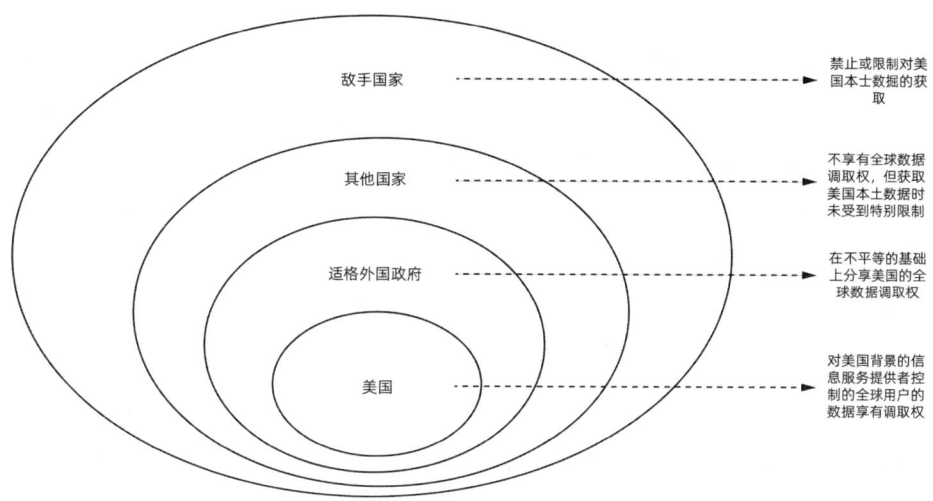

图2 数据权力分配的"差序格局"

占据全球市场的美国互联网巨头将美国霸权延伸至了数据领域,与此同时美国也在试图利用其霸权地位推行符合其本国互联网巨头利益的数据跨境流动规范。对美国而言,数据自由流动无疑是最符合其利益的国际规范,因为在美国互联网巨头牢牢占据全球市场的背景下,数据自由流动的结果就是全球数据无障碍地向美国或美国公司汇聚——在数据更胜石油的时代,这将极大地提高美国和美国企业的全球竞争力。同时,个人信息保护在美国也并未像在欧盟一样上升到基本权利的高度,其性质仍然是一种消费者权利,这种相对较低的个人信息保护水平也使得数据自由流动国际规范的推行受到更少的国内法掣肘。

美国对数据自由流动的推行在三个方面展开。首先,美国通过"普惠制现代化改革"来强制其他国家放弃数据本地化政策。2021年5月美国国会提议制定《数字贸易促进发展法案》(Digital Trade for Development Act),该法案内容后来被《2021年美国创新和竞争法案》(United States Innovation and Competition Act of 2021)吸纳。根据该法案,限制数字贸易而损害美国的发展目标、战略利益和竞争力的国家将不被认定为"受惠发展中国家"(beneficiary developing country),进而失去美国市场准入优惠。其次,美国试图通过话语体系的建构使其他国家在"合法性"层面上内化数据自由流动这项国际规范。早在奥巴马时代,美国政府就发布《网络空间国际战略》,将数据自由流动与公平的竞争环境、自由贸易联系起来,追求一种不受政府管控的数据流动模式。不过,从今天世界各国数据跨境规制的立法趋势来看,美式数据自由流动规范显然没有在国际社会确立"合法性"地位。最后,美国也通过多边或双边协议在国际法层面确立数据自由流动规则,其中最典型的就是在美国主导下以亚太经济合作组织(APEC)的隐私框架为基础构建的跨境隐私规则体系(Cross Border Privacy Rules,CBPRs)。CBPRs促进数据自由流通的逻辑是,首先确立一个保护水平非常低的APEC隐私框架,然后要求CBPRs国家不得以保护个人数据为由,阻碍个人数据在声称遵循APEC隐私框架的公司之间流动(洪延青,2021)。从实施情况来看,CBPRs同样并不成功。截至目前,只有美国、墨西哥、日本等九个经济体加入。

按照葛兰西的理解,霸权包含强制(coercion)和获取同意(consent)两方面的能力(周凡,2005)。或许美国在建构"差序格局"时主要凭借的还是其强制能力,但是在推行国际规范时则不得不依靠其获取同意的能力。从美国以自我为中心构建数据权力分配体系等行为中不难看出,其已经成为一个刻意忽视国际社会中其他行动者利益的"掠夺性霸主",这无疑会导致其霸权合法性降低,进而增加获得同意的难度。我们已经清楚地看到,美国对"数据自由流动"的推行很难称得上成功,这既是因为美式的"数据自由流动"并不符合世界上大多数国家的利益,也是由于美国霸权衰落导致其获取同意的能力大大降低。

总的来说,美国高度发达的信息产业(国内因素)和国际体系结构中的霸权地位(国际因素)相互作用共同形塑了其数据跨境规制行为。统治着全球市场的美国互联网巨头为其霸权的行使提供了支撑,使美国可以仅凭国内立法实现对全球数据的宰治;反过来,这些互联网巨头也要求美国利用霸权推行数据自由流动,创造对其有利的国际环境,但霸权合法性地位的衰落使这一过程不顺利。

(二)俄罗斯:数据跨境流动中的"孤岛"

俄罗斯数据跨境规制最核心的关切是国际体系层面的安全问题。尽管俄罗斯人口数量不足美国的一半,GDP 总量更是不到美国的十分之一,但西方阵营仍然将其视为一股可能在根本上颠覆西方社会的"邪恶力量"。美国总统拜登(Biden)和现任美国驻欧洲安全和合作组织大使卡朋特(Carpenter)(2018)在 2018 年曾撰文列举俄罗斯"罪行",包括国内暴政、侵犯邻国主权、操纵西方国家选举等。自"俄乌冲突"爆发以来,俄罗斯更是遭到西方国家全方位的抵制和制裁。从某种意义上来说,俄罗斯的"敌人"形象是在一种敌对的文化结构中被建构起来的。英国国际关系学家理查德·萨克瓦(Richard Sakwa,2021)认为,俄罗斯从未想要颠覆西方所建立的国际秩序,其真正目的反倒是在维护二战之后以联合国为核心的国际体系基础上保持(或者说成为)一个世界大国,但冷战时期的对峙、观念的冲突使俄罗斯在政治文化乃至民族性上被构建为一个不可信、具有侵略性、恶毒的"敌人"角色。

在国内层面,我们可以看到虽然俄罗斯近些年数字产业发展迅速,但是与中、美、欧等数字经济先发国家存在不小差距(张冬扬,2018)。俄罗斯的数据市场对跨国科技巨头的依赖相对较低,谷歌等美国互联网公司在俄罗斯的市场占有率并没有超过本土公司;与此同时,以 Yandex 为代表的俄罗斯本土互联网公司在境外也没有占据客观的市场份额,其影响力仅仅局限于俄语国家(UNCTAD,2021)。

对于被西方国家构建为"敌人"的俄罗斯而言,数据跨境流动对其主权统治带来的风险要远远超过其他国家;而数据市场相对独立、本土科技公司以服务内部市场为主的特点又降低了限制或禁止数据跨境流动所带来的不利影响。在这种情况下,俄罗斯的数据跨境规制将"国家安全"作为压倒性的考量因素,呈现出"数据孤岛"的形态。《俄罗斯联邦关于信息、信息技术和信息保护法》对个人数据处理做了严格的"本地化"要求,根据该法第 16 条第 4 款,信息拥有者、信息系统运营方有义务将对俄罗斯联邦公民个人信息进行收集、记录、整理、保存、核对(更新、变动)、提取的数据库存放在俄罗斯境内;同时,该法第 18 条第 5 款则要求收集个人数据(包括使用互联网手段)时,运营商需要保证使用位于俄罗斯境内的数据库,方能对俄罗斯公民的个人数据进行收集、记录、整理、保存、核对(更新、变动)和提取(孙祁、哈里托诺娃,2022)。不过,尽管规定了严格的数据本地化政策,俄罗斯还是为数据跨境留有一定余地,根据俄罗斯联邦通信、信息技术和大众传媒监督局的澄清,将数据储存于俄罗斯本地服务器作为主副本(master copies)的情况下,可以在国外服务器中对这些数据进行镜像(UNCTAD,2021)。

(三)欧盟:长臂管辖与规范输出

从国际体系结构来看,欧盟诸国与美国之间存在一种"扈从关系"或者"朝贡关系",大部分欧盟国家兼具北约成员国的身份,在遵循美国所制定的"礼仪"的同时,在安全上接受美国庇护(邝云峰,2013)。因此,欧盟并不需要像俄罗斯那样将安全问题作为数据跨境规制的考量因素。

欧盟文化传统对个人信息保护有着独特且强烈的价值取向,这构成了对其数据跨境规制行动最具特色的影响因素。在上一节已经介绍过,欧洲共同的贵族制封建历史和两次世界大战的集体记忆使得对个人信息的保护上升到了宪法基本权利的高度。《欧洲基本权利宪章》第 8 条确立了"个人信息受保护权",欧盟法院在判决中基于该宪章对欧盟的立法进行合宪性审查,这表明该宪章在欧盟享有共同宪法的地位,该宪章所确立的"个人信息受保护权"是一种宪法基本权利(蔡培如,2021)。基本权利本身具有"最佳化命令"的性质,这意味着欧盟的数据跨境规制行动不仅不能任意损害公民的个人信息受保护权,而且要将个人信息保护纳入行动目的,在可能的范围内尽力去实现这项权利(张翔,2005)。

个人信息保护对欧盟数据跨境规制行动的影响集中体现在 GDPR 的数据跨境规则中。GDPR 确立了一套极其严格的个人信息保护标准,但问题在于,假如在个人数据流出欧盟之后,处理者便不需要遵循 GDPR 关于个人数据处理的要求,那么这种高标准的个人信息保护模式便毫无意义。欧盟的应对策略是通过长臂管辖来保证内外一致性,将"欧盟标准"变为"世界标准"(叶开儒,2020)。具体而言,根据 GDPR 第 44 条,只要跨境数据中包含欧盟公民个人数据,无论这些数据是从欧盟流向其他国家,还是在第三国之间跨境流动,也无论数据控制者和处理者是否在欧盟设立实体机构,数据控制者和处理者都必须严格遵守 GDPR 关于数据跨境流动的规定,以及其他关于个人信息保护的规定,以保证无论欧盟公民的个人数据在何处被处理,其受保护水平都能达到 GDPR 所确立的"最低标准"。为了实现这一目标,GDPR 创设了"充分性认定"(GDPR 第 45 条),"标准化合同条款"(第 46 条)和"有约束力的公司规则"(GDPR 第 47 条)等制度工具。"充分性认定"面向的主要是国家,在认定特定国家的个人信息保护水平达到欧盟标准的前提下,允许欧盟国家公民的个人数据在欧盟和该国家之间自由流动;后两种制度工具针对特定商主体,其要义在于通过"标准化合同条款"或"有约束力的公司规则"使商主体在处理欧盟国家公民个人数据时受到不弱于 GDPR 规则的约束(金晶,2021)。

值得进一步思考的是,欧盟并不像美国一样在国际体系格局中占据霸权地位,其长臂管辖又何以实现?仔细观察不难发现,虽然 GDPR 与《云法案》都确立了某种长臂管辖规则,但这两者之间却存在着本质差异:《云法案》的长臂管辖体现为对全球网络数据霸权式宰治,非借助美国互联网霸权无以建立;而 GDPR 的长臂管辖则不会像《云法案》那样对第三国主权构成明显克减,更多的是通过罚款或司法审查的方式来推行欧盟的个人信息保护规范,实现欧盟标准的全球化。GDPR 长臂管辖并不需要建立在绝对的实力地位上,但需要足够的影响力才能使其真正发挥效果。

其影响力来自两个方面。首先,欧盟拥有庞大的数字市场,据统计,在 2018 年的时候,欧盟数据经济的价值就达到了 3010 亿欧元,为该年度欧盟 GDP 的 2.8%,而这一数字预计在 2025 年将达到 8290 亿欧元;对美国的互联网巨头而言,欧盟市场尤为重要——脸书在欧盟的日活跃用户数量、谷歌在欧盟的市场占有率皆超过美国本土(Bradford,2020)。更为重要的是,欧盟一直致力于单一数字市场的建立,其1995年通过的《数据保护指令》(Directive 95/46/EC)具有双重立法目的,除保护个人信息权益外,还发挥着将欧盟各国数字市场整合为一的作用(Lynskey,2015)。只有在单一数字市场的基础上,欧盟才有可能将其"市场重要性"转化为"规范权力"——在单一数字市场尚未形成的情况下,跨国科技巨头可能会因为严格的监管环境放弃特定欧盟国家的市场,但当不同国家的市场被统一的规则整合起来时,科技巨头们便很难仅因为监管过于严格而对欧盟庞大的单一数字市场说"不"。其次,欧盟在个人信息保护领域拥有强大的执法能力。"市场重要性"并不会自然而然地转化为"规范权力",这个过程的实现有赖于对监管权力的恰当应用,否则GDPR的长臂管辖并不会树立起权威,亦难以被遵从。GDPR不仅明确要求各成员国建立GDPR执法部门,并且对这些执法部门的独立性、胜任力、任务和权力做了非常详细的规定,至少是在规范层面保证了足够的监管能力(GDPR Art. 51,52,55,56,57,58)。在实践层面,我们也可以看到,欧盟各国的GDPR执法部门在监管活动中展现出了非常积极的执法态度——在2021年,亚马逊、脸书和谷歌因违反GDPR分别被卢森堡、意大利和法国的GDPR执法部门处以7.46亿、2.25亿和0.9亿欧元的罚款(Data Privacy Manager,2022)。除执法部门外,欧盟法院也发挥了重要作用。在Schrems II案判决中,欧盟法院认为,GDPR的数据跨境规制要求个人数据在输入国所受到的保护在实质上不能低于欧盟标准,因此尽管美欧之间存在"隐私盾协议",但由于实践中存在主权国家干预、访问欧盟个人数据的风险,且美国的隐私规则有失清晰,未能提供足够的救济以保障欧盟公民的个人信息权益,输入到美国的个人数据无法达到欧盟实质同等的保护水平,故而认定"隐私盾协议"无效(Court of Justice of the European Union,2020)。欧盟法院对数据输入国隐私保护体系的实质审查极大地延伸了GDPR的长臂管辖权。

欧盟向来强调通过"软实力"来推行符合其利益和价值观的国际规范,欧盟委员会并不讳言对于其他国家遵守欧盟的规范的期待,并声称会为此付出实际努力(Tobias Buck,2007)。就个人信息保护规范而言,欧盟基本实现了这项目标:GDPR所确立的个人信息保护标准在世界范围内被广泛接受,包括中国在内的许多国家的个人信息和隐私立法方面都深受其影响。对此,欧盟 GDPR 的长臂管辖起到了一定的促进作用,但更重要的是,在"剑桥分析事件"等丑闻的影响下,面对科技利维坦,各国的个人信息保护意识不断提高,欧盟高标准的个人信息保护制度与更多国家的利益、人民的诉求相符合,而 GDPR 恰好又在此时为各国提供了一个可供参考的范本,这或许才是 GDPR 被确立为某种意义上的国际规范的关键所在。

在一般行动框架的指引下,本章依次检视了美、俄、欧的数据跨境规制行动,系统性总结如表 1 所示。

表 1 美、俄、欧数据跨境规制总结

		影响因素	规制方式
美国	国际体系结构	合法性衰落的霸权国,"获取同意"的能力下降,但"强制"的能力依然强大。	①通过《云法案》建立以美国为核心的全球数据调取权力分配的差序格局。②通过制度和话语体系的建构推行美式数据跨境自由流动。
	个人信息保护	个人信息保护并未被确立为基本权利,保护水平相对较低。	
	数据产业特征	拥有世界上最发达的科技产业,对数据跨境自由流动有较高的需求。	
俄罗斯	国际体系结构	被西方社会建构为"敌手国家"。	"孤岛式"数据跨境规制策略,对数据处理有严格的"本地化"要求。
	个人信息保护	在实证法层面设置了较为严格的个人信息保护体系。	
	数据产业特征	内向型数据产业,本土企业缺乏国际影响力,同时国内市场对跨国网络平台依赖性较低。	
欧盟	国际体系结构	从属于美国所建立的霸权体系,在安全方面接受美国庇护。	①通过长臂管辖,保障欧盟公民的个人数据在跨境流动之后仍能获得不低于 GDPR 水平的保护。②推行 GDPR 所确立的个人信息保护标准,使其成为一项广为接受的国际规范。
	个人信息保护	对个人信息保护有强烈的价值取向,将个人信息受保护权设定为基本权利。	
	数据产业特征	缺乏具有国际影响力的网络平台,对美国科技巨头依赖程度高,但同时拥有庞大且极具吸引力的单一数字市场。	

四、一般行动框架对中国数据跨境规制的启示

（一）中国数据跨境规制的"多目标平衡"模式

不难看出，美国的自由流动主张与俄罗斯的孤岛政策彼此对立，欧盟则处于二者之间，主张一种有条件的、可信的数据跨境流动。中国数据跨境规制面临的国际国内环境与美、俄、欧盟皆有相同之处，同时又在根本上有所区别。

首先，中国像美国一样拥有发达的数据产业——目前在全球市值排名前十的互联网公司中，有六家来自美国，其余四家则均来自中国，但中国企业的市场主要在国内，海外份额仍然有限，中国更不像美国一样在国际体系中享有霸权地位。因此，中国虽然像美国一样有通过促进数据流动推动数据产业发展的需求，但却很难直接借鉴美国的规制路径。

其次，在国际体系层面，中国与俄罗斯处境较为相近。中国崛起对美国的霸权地位构成了一定威胁，在此基础上中国被建构为西方阵营的重要竞争对手。自贸易战以来，美国全方位地对中国高科技产业进行打压，欧盟也对中国的科技发展充满警惕。面对这种国际政治格局，中国的数据跨境规制必然要像俄罗斯一样将"国家安全"作为一项核心考虑因素。中国与俄罗斯的不同之处在于，尽管中国科技企业不像美国企业那样在全球占据优势市场份额，但其在海外市场仍然有非常好的发展前景，目前已经出现了像TikTok这样深受全球消费者欢迎的产品，中国在人工智能、云计算、5G网络和智能汽车等领域更是拥有不输给美国的产业竞争力。对中国来说，若采取俄罗斯"孤岛式"的数据跨境规制策略，虽然可以有效地实现"保障国家安全"的目标，却有可能严重削弱中国科技公司在全球数据市场中的竞争力。

最后，在内部因素层面，中国与欧盟较为接近。一方面，中国与欧盟都拥有极为庞大的数字市场，另一方面，中国也通过《民法典》《个人信息保护法》等系列立法确立了不弱于GDPR的个人信息保护制度。但在国际体系层面，中国与欧盟的处境又存在本质差异——欧盟在制定数据跨境规制策

略时不需要特别担心国家安全问题,中国则相反。国际体系层面的差异,决定了中国很难像欧盟一样完全对外开放国内数字市场,因此尽管中国数字市场体量不逊于欧盟,也很难借此获得同欧盟一样的对外输出标准的"规范权力"。不过,恰恰是因为采取了独立自主的数字经济发展策略,中国不像欧盟那样过于依赖美国的科技巨头,故而也不必像欧盟一样时刻担心其数字主权、经济主权被美国控制。

通过与美、俄、欧盟三个行动体的横向比较,我们可以明确中国数据跨境规制受到的各项影响因素,以及这些影响因素对应的行动目标,总结如表2所示。

表 2　中国数据跨境流动影响因素和规制目标

	中国的境况	对照国	对应的数据跨境规制行动目标
国际体系结构	被西方阵营建构为重要竞争对手,在高科技领域遭到全面打压。	俄罗斯	保障国家安全。
个人信息保护	在国内法层面设立了严格的个人信息保护制度。	欧盟	确保数据跨境流动中的个人信息不受侵害。
数据产业特征	数据产业发展水平位居全球第二,部分科技企业在全球市场占据优势地位。	美国	通过数据自由流动促进数据产业发展。

我们可以看到,美、俄、欧盟分别将"数据自由流动""国家安全"和"个人信息保护"作为其数据跨境规制的主要目标,并在此基础上展开规制行动(UNCTAD,2021)。美、欧盟并非不在意国家安全,只不过基于对美国霸权体系安保能力的自信,大多数时候"国家安全"作为数据跨境规制的底线隐而不见——从美国对TikTok的制裁可以清楚地看到,当美国对国家安全感到担忧时,便会毫不犹豫地放弃其所谓的"数据自由流动"。俄罗斯也并非不想通过数据自由流动助推其数据产业发展,只不过在关乎生存的安全问题尚未解决的情况下,对其他目标只能是有心无力。中国所面临的复杂环境决定了其无法照搬任何一种数据跨境规制模式,而是必须在"数据自由流动""国家安全"和"个人信息保护"之间努力寻找一条平衡之道。本文将中

国的数据跨境规制定义为"多目标平衡"模式,以区别于特定目标主导下的美、俄、欧盟模式(UNCTAD,2021)。

(二)"多目标平衡"规制模式下数据出境行为的类型化

在"数据自由流动""国家安全"和"个人信息保护"三项目标中,"国家安全"和"个人信息保护"是"底线命令",在风险社会中,对国家安全和个人信息权益有绝对保护既不可行,也不可遇,对这两项目标而言,关键在于划定一条底线以避免最坏的情况发生(赵精武,2022);"数据自由流动"则是一项"最佳化命令",应当在底线之上尽可能地予以实现。不同的数据跨境行为蕴含的风险可能有所不同,但在"追求数据跨境流动效率最大化"方面却是一致的。一个比较务实的选择是,按照数据跨境行为所蕴含风险的不同对其进行类型化,并据此设置不同的数据跨境审查通道。类型化可以使数据跨境的风险和审查的严格程度相适配,允许低风险类型的数据相对自由地流动,而对高风险类型的数据施以更为严格的审查要求,以实现底线之上的最高效率。此外,不同数据跨境审查通道的设置意味着数据跨境审查的专业化,这同样可以提高数据跨境流动效率。

我国数据跨境规制正是按照这个逻辑展开的。《个人信息保护法》第38条第1款规定了数据出境安全评估、个人信息出境标准合同、个人信息保护认证三套不同的数据跨境审查通道,对应着不同类型的数据出境风险。根据《数据出境安全评估办法》第1条,数据安全评估应对的是数据出境所带来的综合性风险,其重点在于国家安全风险,因此数据安全评估审查的对象并非仅限于个人数据出境,也包括其他可能影响国家安全的数据出境(《数据出境安全评估办法》第4条)。从《个人信息出境标准合同办法》第4条来看,个人信息出境标准合同所规范的对象是已经满足"国家安全风险可控"这项要求的个人信息出境,故该审查通道应对的风险便被纯化为数据出境给个人信息权益带来的风险。虽然针对个人信息保护认证还没有公布立法文本,但普遍认为该制度和标准合同制度互为替代,因此应当和标准合同一样,处理的是被纯化后的个人信息权益风险。

可以看出,尽管"国家安全"和"个人信息保护"均是数据跨境规制的

"底线"目标,但这两条底线并非平行关系。"国家安全"对风险的容忍度更低,相应地,数据出境安全评估的审查也更为严格。根据《数据出境安全评估办法》第7条、第12条,整个数据出境安全评估的常规流程可达57天之久;网信办不仅要对《数据出境安全评估办法》第8条所列诸事项进行实质审查,而且要求数据处理者依据第5条进行自评估。与之相对,《个人信息出境标准合同办法》仅要求个人信息处理者在标准合同生效之日起10个工作日内向所在地省级网信部门备案,对于符合标准合同形式要求的数据出境,网信部门不会再进行实质审查,其所依赖的主要是基于合同的违约救济和事后监管机制。此外,"国家安全"并不是一个静态的价值目标,其具体内容和要求并非取决于既存的法律规范,而是取决于不断变化的国际政治格局以及日新月异的信息技术手段(王绍光,2019)。这就要求网信部门在安全评估中拥有较大的灵活性和自主权,以应对不断变化的"国家安全"要求。因此,《数据出境安全评估办法》设置了大量的"兜底条款"(第4、6、8、14条),允许网信办在所列举的情形之外,自行判断需要安全评估的情形、应提交的材料、评估事项、应当重新进行评估的情形等。与之相对,《个人信息出境标准合同办法》则在附件中给出了非常清楚明确的"标准合同"范本,使基于标准合同的个人信息出境最大限度符合形式理性要求。

当前立法以"国家安全"和"个人信息保护"两条不平行的"底线"为基准,将数据出境行为划分为三类。第一类是可能影响国家安全的数据出境行动。基于《数据出境安全评估办法》第4条,在确定数据出境行为是否可能影响国家安全时,主要考虑数据性质、向境外提供数据的数据处理者身份以及数据出境规模等因素。第二类是不会影响国家安全的个人信息出境行为。依据《个人信息出境标准合同办法》第4条,可以概括为非关键信息基础设施运营者的"小规模、不重要"个人信息出境。第三类是前两类之外的数据出境行为,该类数据出境行为暂时没有涉及法律确认的风险。法律对不同类型数据出境行为的风险容忍度不同,进而设置了不同的审查通道(或是没有设置审查通道),相应地对"数据自由流动"这项目标造成了不同程度的克减。针对同一类型的数据出境行动的审查通道彼此之间可以相互替代,但为了在风险容忍度范围内尽可能地实现"数据自由流动",针对不同类型的数据出境行动的审查通道之间应当泾渭分明(尽管理论上第二类数据出境行动可以通过数据出境安全评估获得合法性,但考虑到成本,理性的数据处理者并不会如此选择)。图3可以形象地表达数据出境行为类型与数据跨境规制目标之间的关系。

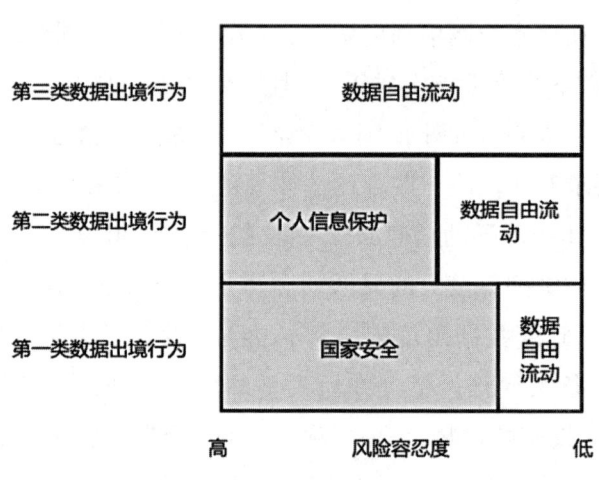

图3 数据出境行为类型与数据跨境规制目标

这种关系给我们的启示是,尽管看起来数据出境行为类型在立法上是由相应的数据出境审查机制确定的(《数据出境安全评估办法》第4条、《个人信息出境标准合同办法》第4条),但实际上这个过程应当反过来,唯有先确定了不同数据出境行为所涉及的风险以及风险容忍度,才能相应地设计出妥当的审查机制。更进一步的启示在于,我们完全可以对数据出境行为作出更精细的划分,引入更加多元的数据出境审查机制,进而更大程度地在"底线之上"实现"数据自由流动"这项价值目标。例如,或许值得思考的是,《数据出境安全评估办法》第4条的四项情形所包含的风险是否存在显著区别。如果答案是肯定的,是否有可能设计更加宽松的审查机制来处理其中风险较低的数据出境行为,进而在风险可控的范围内更好地实现数据自由流动?

五、结语

从规则到行为的跨越,对数据跨境研究的意义在于可以将纷繁复杂而又变动不居的数据跨境规则化约为国家规制行动的结果。在此基础上便可以借鉴国际关系理论,通过研究国际社会中的国家行动来把握变化背后相对具有确定性的逻辑,为复杂环境下我国数据跨境政策的制定提供相对可靠的理论支持。

参考文献

蔡培如,2021.欧盟法上的个人数据受保护权研究:兼议对我国个人信息权利构建的启示[J].法学家(5):16-30.

巴蒂斯特拉,2010.国际关系理论(第三版修订增补本)[M].潘革平,译.北京:社会科学文献出版社.

洪延青,2021.推进"一带一路"数据跨境流动的中国方案:以美欧范式为背景的展开[J].中国法律评论(2):30-42.

洪延青,2022.数据跨境流动的规则碎片化及中国应对[J].行政法学研究(4):61-72.

江忆恩,2002.简论国际机制对国家行为的影响[J].李韬,译.世界经济与政治(12):21-27.

强世功,2019.帝国的司法长臂:美国经济霸权的法律支撑[J].文化纵横(4):84-93.

金晶,2021.个人数据跨境传输的欧盟标准:规则建构、司法推动与范式扩张[J].欧洲研究(4):89-109.

邝云峰,2013.美国的朝贡体系[J].刘若楠,译.国际政治科学(4):36-82.

华尔兹,2017.国际政治理论[M].信强,译.上海:上海人民出版社.

洛克,1964.政府论(下篇)[M].叶启芳,瞿菊农,译.北京:商务印书馆.

基欧汉,奈,2002.权力与相互依赖[M].门洪华,译.北京:北京大学出版社.

哈特,奈格里,2008.帝国[M].杨建国,范一亭,译.南京:江苏人民出版社.

韦伯,2019.经济与社会(第一卷)[M].阎克文,译.上海:上海人民出版社.

苏长和,2004.自由主义与世界政治:自由主义国际关系理论的启示[J].世界经济与政治(7):15-20.

孙祁,哈里托诺娃,2022.数据主权背景下俄罗斯数据跨境流动的立法特点及趋势[J].俄罗斯研究(2):89-107.

王绍光,2019.新技术革命与国家理论[J].中央社会主义学院学报(5):93-100.

许可,2021.自由与安全:数据跨境流动的中国方案[J].环球法律评论(1):22-37.

温特,2015.国际政治的社会理论[M].秦亚青,译.上海:上海世纪出版社.

叶开儒,2020.数据跨境流动规制中的"长臂管辖":对欧盟GDPR的原旨主义考察[J].法学评论(1):106-117.

张翔,2005.基本权利的双重性质[J].法学研究(3):21-36.

周凡,2005.重读葛兰西的霸权理论[J].马克思主义与现实(5):20-31.

张冬杨,2018.俄罗斯数字经济发展现状浅析[J].俄罗斯研究(2):130-158.

翟志勇,2018.数据主权的兴起及其双重属性[J].中国法律评论(6):196-202.

张凌寒,2021.个人信息跨境流动制度的三重维度[J].中国法律评论(5):37-47.

赵精武,2022.数据跨境传输中标准化合同的构建基础与监管转型[J].法律科学(西北政法大学学报)(2):148-161.

Buck T, 2007. How the European Union exports its laws[EB/OL]. http://www.ft.com/content/942b1ae2-2e32-11dc-821c-0000779fd2ac.

Bilgic S, 2018. Something old, something new, and something moot: The privacy crisis under the CLOUD Act[J]. Harvard journal of law and technology, 32(1): 321-355.

Biden J R, Carpenter M, 2018. How to stand up to the Kremlin[J]. Foreign affairs, 97(1): 44-57.

Bradford A, 2020. The Brussels effect: how the European Union rules the world[M]. Oxford: Oxford University Press.

BBC, 2022. What sanctions are being imposed on Russia over Ukraine invasion? [EB/OL]. http://www.bbc.com/news/world-europe-60125659.

Court of Justice of the European Union, 2020. Data protection commissioner v Facebook Ireland Limited and Maximillian Schrems[EB/OL]. http://curia.europa.eu/juris/document/document.jsf;jsessionid=A2E01AA13ED54CC7C04FBEEC1C1EE94B?text=&docid=228677&pageIndex=0&doclang=en&mode=lst&dir=&occ=first&part=1&cid=4474139.

Data Privacy Manager, 2022. 20 biggest GDPR fines so far[EB/OL]. http://dataprivacymanager.net/5-biggest-gdpr-fines-so-far-2020/.

European Union, 2020. European data strategy[EB/OL]. http://ec.europa.eu/info/strategy/

priorities-2019-2024/europe-fit-digital-age/european-data-strategy_en#a-single-market-for-data.

Lynskey O, 2015. The foundations of EU data protection law[M]. Oxford: Oxford University Press.

Rozenshtein A Z, 2018. Surveillance intermediaries[J]. Stanford law review, 70:99.

Sakwa R, 2021. Greater Russia: Is Moscow out to subvert the West? [J]. International politics, 58(3): 334-362.

UNCTAD, 2021. Digital economy report 2021[EB/OL]. http://unctad.org/system/files/official-document/der2021_en.pdf.

U. S. Department of Justice, 2019. Promoting public safety, privacy, and the rule of law around the world: The purpose and impact of the CLOUD Act[EB/OL]. http://www.justice.gov/dag/page/file/1153436/download.

Whitman J Q, 2004. The two western cultures of privacy: Dignity versus liberty[J]. Yale law journal, 113:1151-1221.

Yasoshima R, 2020. US moves to shut China out of shaping APEC data protections[EB/OL]. http://asia.nikkei.com/Politics/International-relations/US-China-tensions/US-moves-to-shut-China-out-of-shaping-APEC-data-protections.

研究论文

国家形象的色彩维度:对谷歌图书大数据的量化分析[*]

◎ 官 璐 李倩倩 高晨婧[**]

摘要:色彩是形象塑造的重要元素,国家形象色彩不仅受到社会制度的规范与影响,更是国家政治、经济、文化缔造出的时代产物。然而,色彩维度却很少在以往的国家形象研究中受到关注。本研究基于色彩政治学的理论背景,通过对谷歌图书大数据的量化分析,探讨国家与色彩的二分网络结构特点,剖析不同国家在不同时期呈现的色彩形象特征与时代变化。研究发现,红色为中国海外国家形象的主色调;此外,受中国出口海外产品的影响,白色为中国海外形象的另一色彩。受种族矛盾和殖民政治等问题影响,黑、白为英、美两国的主要色彩。最后,本研究还运用格兰杰因果分析检验了色彩对不同国家积极、消极形象上的影响。

关键词:国家形象;色彩形象;网络分析;大数据

一、引文

色彩是形象塑造的重要元素。色彩心理学家认为色彩可以在日常生

---

[*] 本研究系上海市教育发展基金会和上海市教育委员会"晨光计划"项目(项目号:22CGA03)、国家社科基金重大项目"智能时代重大舆情和突发事件舆论规律及治理研究"(项目号:20ZDA060)的阶段性成果。

[**] 官璐,复旦大学新闻学院讲师,复旦大学全球传播全媒体研究院"计算与智能传播"团队成员。李倩倩,复旦大学新闻学院博士生。高晨婧,复旦大学新闻学院硕士生。

活、文娱活动、军事活动等领域影响人们的情绪和行为方式,甚至影响历史的进程(Elliot & Maier,2014)。色彩形象的背后不只是单纯的审美偏好和美学需求的主观过程,当色彩形象的主语上升到国家的层面时,颜色的选择和使用不仅会受到社会制度的规范与影响,更有可能是其国家的历史与文化缔造出的时代产物。

加文·埃文斯(Gavins Evans)认为,一种颜色的诞生,从社会层面的意义上讲,代表了政治、经济、文化下时代的起伏(Evans,2017)。一种颜色的流行,往往代表着一条巨大的经济产业链条的蓬勃发展。从矿石染料到纺织染布,再到营销零售,色彩和时尚的趋势可以反映出当时当地的经济发展变化(Yeh & Yang,2003)。此外,色彩也常被赋予政治性的符号象征含义,如红色常被当作工人力量的标志,象征着反抗和革命(De Bortoli & Maroto,2001)。而作为意识形态的载体,色彩又可以将相对抽象的政治主张形象化、具体化。一种颜色作为政治宣传的象征和旗帜,可以跨越不同文化、语言和民族进行传递和表达(Philpot,2004)。可以说,属于一个国家的色彩形象,在一定程度上代表了国家的精神面貌,背后蕴含着其多年的政治、经济、文化的发展历程。

近现代以来,红色一直是中国文化中具有独特象征意义的颜色。在中国民间美术中,"中国红"具有吉祥与喜庆的象征性,体现着人们对美好生活的向往和寄托(黄光文、朱龙凤,2008)。色彩心理学中,红色代表着力量、热情、精力充沛和信心,而对历史的进程来说,红色又是革命的颜色,代表着反抗和热血(Elliot & Maier,2014)。在中国近代史中,"中国红"承载着中华民族的精神内涵和融入民族意识的觉醒,唤醒人民的自尊心、自信心以及进取心,是人民的精神动力之源。

然而,属于中国的色彩形象可能并不是单一的,西方国家对于中国的色彩形象看法似乎也不是一成不变的。英国的汉学家雷蒙·道森(Raymond Dawson)曾在他的书里写道:"中国及其文化就像一条变色龙,总在不断地变化。"(Dawson,1967)随着历史的不断演变,西方对于中国的形象观念发生了重大变化,那么在西方人眼中,属于中国的国家色彩又发生了怎样的变化呢?英、美等西方国家的独有国家形象色彩是什么,发生了怎样的变化,又代表了怎样的含义?

除了描绘国家色彩形象之外,本文也对国家色彩形象产生的影响进行了研究。色彩政治学和色彩心理学都为不同国家的不同颜色赋予了意义,如红色因其带有躁动、热情的心理暗示作用,一直都是起义、反抗、革命的象征,而黄色在东方文化中象征着皇权、高贵与权威,在德国政治党派中则是自由派的象征颜色(Elliot & Maier,2014)。那么,被赋予了不同含义的色彩形象是否会影响国家形象呢?国家与色彩的关联是否会给该国家的形象带来影响呢?

基于以上问题,本研究以谷歌图书语料库大数据为基础,通过对国家与色彩的词组词频构建二分网络,来初步分析国家与色彩形象的网络结构特点。本文的意义在于使用网络分析的计算方法和非介入性的大数据,客观量化地描述不同国家在不同时期呈现的色彩形象特征与时代变化。同时,本文是国内首篇从大数据色彩学视角剖析国家形象的研究,具有很强的独创性和启发性,将为从视觉传播角度分析国家形象的后续研究带来新的研究思路。

二、文献综述

(一)国家色彩形象

"国家色彩形象"是"国家形象"在色彩维度的分支概念。国家形象的概念本身就是一个"多维度"的认知结合体,是"对某一国家认知和感受的评估总和"(Martin & Eroglu,1993)。根据以往的研究,国家形象包括了国家形象标识、国情综合形象、政府形象、企业形象、城市形象、历史形象、文化形象、国民素质等"多维度"的构建(范红,2013)。色彩形象为国家形象在色彩维度上扩充了人文特色。色彩形象可以反映民族文化的独特性和多样性,民族特色色彩能够反映出厚重的国家历史底蕴和时代发展的脉络(Evans,2017)。同时,色彩又是一门具有国际共通性的文化语言,可以打破不同民族文化之间的屏障,利于不同语言、地理文化之间进行沟通和融合(Madden et al.,2000)。

虽然以往的国家形象研究很少涉及色彩维度,但色彩与国家、政党的象征关系很早就受到了政治学、心理学、生物学等相关领域的关注。19世纪70年代,福柯提出"Biopolitics"("生物政治学",亦译"生命政治学")的概念(Foucault & Hurley,1990;Stryker,2014),此后该学科作为一个新兴交叉学科,探讨人类行为的生物、生理因素和社会因素对人们的政治观念、政治活动的影响。色彩政治学正是其中一个重要的分支领域,探讨了色彩的生理性对政治党派、政治活动的影响(Goldfield,1997)。已有研究总结,政党、国家、政治宣传运动会使用一种或一组特定的色彩来作为它们的政治符号,不同国家中意识形态相近的政党常常会使用相同的颜色(Philpot,2004)。例如,红色在很多国家中代表左翼的意识形态,蓝色常代表保守派,黄色则常作为自由派的象征颜色。此外,颜色还常用来代表或冠名政治相关的革命运动(Alisher,2007),如俄国十月革命又称红色十月、第三次农业革命又称绿色革命等。

色彩政治学研究从不同维度探讨了色彩与政党、政治运动的象征对应原因。首先,色彩本身带有的生理和心理的影响效果就是首要原因(Elliot & Maier,2014),如红色因其带有躁动、热情的心理暗示作用,一直都被当作起义、反抗、革命的象征。其次,民族特色文化差异也是色彩成为政治象征的重要因素,如黄色在西方较少受到欢迎,却在东方文化中象征着皇权、高贵与权威。在近些年的泰国政治活动中,黄色与红色一起成为泰国政治的主色调(Scupin,2013),这些都有民族文化差异的影响。此外,媒体、政治体系等社会因素也对色彩的标志作用起到了一定的影响,如美国共和党以红色为标志,民主党以蓝色为标志,很大程度上都是由于当时美国广播公司新闻报道的推动。

基于已有的色彩政治学的研究,本研究尝试初步建立国家与色彩形象的对应关系网络,探索不同国家与色彩在国家色彩关系网络中的结构特点及其作用。本研究提出以下研究问题:

Q1:国家与色彩的关系网络呈现怎样的结构特点?具体而言,哪些国家、色彩在其网络中起到重要的作用?

(二) 中西国家色彩形象

中国传统色彩文化发源早,深厚的历史底蕴氤氲出庞大的色彩文化观念与应用体系,具有独特的经验智慧和艺术结构。早在战国时期便有中国传统五色观之说,"五色成文"中的五色即青、赤、黄、白、黑(余雯蔚、周武忠,2007)。在五行观念流行之后,以五行匹配五色,赋予了色彩更多的文化内涵。在传统中医文化中,也有"色脉诊",《黄帝内经太素》认为"五色微诊,可以目察",即通过五色辅助行医就诊(丁媛,2022)。随着人们对于自然颜色的分辨力逐渐提高,更多色彩的微妙变化开始被人们感知并命名。中国传统十二绘色谱是古代绘画使用的标准颜料色(吕瑛,2009),包括钛白、藤黄、朱砂、砵磲、曙红、胭脂、花青、三青、三绿、酞菁蓝、赭石、墨黑十二种标准色。近年来,有学者根据二十四节气、七十二物候,从文物中提取并考据了384种中国传统色名(郭浩、李健明,2020)。可以说,中国传统色彩文化历时悠远、蕴含丰富,从色彩角度体现了中国传统文学、艺术、建筑等诸多方面的文化底蕴。

在众多色彩中,红色对中国文化具有独特的象征意义。儒家美学思想认为,"君子尚正色",用正色来比喻君子的身份和修养(胡蓉,2020)。红色即五正色的代表之一,中国古代帝王多喜用红色,以衬托皇家的权势与威严。封建统治者利用儒学思想赋予红色独特的社会地位,规定仅皇后可以使用正红色的衣服器物,其他妃嫔的衣物只可用红色的偏色,以此在观念上强化了红色的正统地位和美学价值。而在传统民间美术中,红色有吉祥、幸福之意,表达了人们对美好生活的向往和寄托(黄光文、朱龙凤,2008)。当代的"中国红"不仅仅是民间的美好祝愿,也不再是封建统治阶级进行等级分化的手段,而是一种与中华民族有着深层关联的视觉文化符号。国旗的红色象征着革命,承载着中华民族的精神内涵。

因地缘与文化差异,西方各国的国家色彩与其象征含义也有不同。英国的国家色彩是由红色、白色和蓝色组成的,与其国旗上的颜色一致。因其联合王国的国家属性,英国的不同地区有独特的代表颜色,英格兰为白色,苏格兰为蓝色,威尔士一般为红色,爱尔兰的代表色一般为绿色(Allison,

2000)。对美国而言,少有普遍认同的美国国家代表色。仅从国旗上的颜色来看,美国的色彩是红色、白色和蓝色。较为普遍的看法是,美国国旗上的红色象征强大和勇气,白色象征纯洁和清白,蓝色则象征警惕、坚韧不拔和正义(Marmo,2010)。

此外,种族肤色也是东西方色彩政治学中一个重要的研究问题。瑞典生物学家林奈(Carl von Linné)在《自然系统》一书中,将人类分为四种:欧洲白种人、美洲红种人、非洲黑种人和亚洲棕种人(吴烨言,2022)。近现代以来,种族肤色问题始终贯穿在英美等西方国家的发展史中,肤色(color)、有色人种(colored)、白人(white)、黑人(black)等词汇常在种族歧视的相关研究中被提及(Ware & Back,2002)。随着时代发展,肤色相关词汇的使用在其政治立场的正确性上也发生了巨大的变化,如"黑色"(black)在以往的美国文字记录中常用于指代非裔美国人,而在2020年美国黑人大规模人权运动爆发后,美国社会发起了一系列对黑人称谓的讨论,如Black(黑色)一词是否可以与"African American"(非裔美国人)互用、黑色(Black)一词在形容黑人时首字母是否需要大写等(Tien,2022)。

综上,因地缘、历史、政治、社会等多方面存在诸多差异,不同国家在色彩象征和文化解读上都有较大的不同,且国家色彩及对其的诠释随历史时期演变也存在一定的变化。本研究提出以下问题:

Q2:中西国家的色彩形象是如何变化的?其背后潜在的原因可能是什么?

(三)国家色彩形象的积极、消极影响

在已有的色彩政治学研究的基础上,本研究尝试进一步探索色彩对国家形象可能产生的影响。东西方文化上的差异使不同国家对色彩文化的解读存在较大的差异。以红色为例,东西方文化对红色的解读有部分相同,在西方文化中,红色也有喜庆、热闹的象征意义,这一点与东方文化相同(胡蓉,2020)。但多数情况下,红色在西方文化中被视为暴怒、纵欲、暴力、牺牲的象征。西方文化认为红色是血液的颜色,会引起人们对暴虐与屠杀的联想(张利景,2008)。中世纪时,西方对红色的宗教含义进行加强,认为红色是地狱之火,代表着邪恶和破坏(Evans,2017)。与中国文化中红色代表财运和吉祥的含义截然相反,红色在英文中常常代表着亏损和危机,如"in the red""red ink"都表示财政赤字和负债。

由此可见,东西方文化对同一种色彩的解读可能有较大差异,甚至截然相反。这种不同的解读可能影响国家之间对彼此色彩形象的正确解读,也可能会给跨文化的色彩政治学交融带来一定的阻碍。基于此,本研究提出以下问题,探讨色彩是否给国家带来影响。

Q3:色彩形象是否会给国家带来积极或消极的影响?不同国家的影响是否相同?

三、研究方法与数据

(一)谷歌图书大数据语料库

本文数据来源于2020版的谷歌图书(Google Books)大数据语料库,该语料库汇集了近五百年的全球图书语料,并按照语言(英语、汉语、法语、意大利语等)和图书种类(综合书籍、文学小说)分成若干个子语料库。已有多项研究利用谷歌图书大数据库进行了文化学、语言学、传播学相关的研究。如米歇尔等人为代表的谷歌研究团队(Michel et al.,2011)利用2009年版本的初代语料库,量化呈现了五百年来人类文化发展史的趋势和现象,并带动起一个国际上的新兴领域"文化组学"(culturomics)的发展。在国内,陈云松(2015)基于该数据库追踪了社会学150年的发展;陈云松、吴青熹等人(2015)基于该数据库分析了中国各大城市近三百年的知名度;在传播学领域,曾凡斌等人(2018)通过在该数据库检索传播学相关理论名词,描绘了传播学发展的百年趋势。

这个大数据图书语料库的难得之处不仅在于其横跨年限长、包含语种多,更重要的是谷歌公司使用了自然语言处理技术中的N-Gram算法,提取并统计了N元词组在图书大数据中出现的频次,并将这些数据公开,以供更多的学者下载分析。随着技术的不断提高,谷歌图书又在近几年增加了对于语法的搜索,例如在搜索"甜点⇒好吃的"(dessert⇒tasty)这样一组带有"依赖性"(dependency)语法的词组时,谷歌图书技术已经将"好吃的冰甜点"(tasty frozen dessert)、"好吃的、但是很贵的甜点"(tasty yet expensive dessert)等例子涵盖在搜索结果中。这一新技术为本研究进一步刻画色彩与国家之间的关系提供了非常重要的技术支撑。

本研究基于谷歌图书大数据语料库中的英文语料库,对国家和色彩、国家和积极消极词汇之间的依赖语法词组进行检索统计,获得这些词组在历年图书大数据中的词频和标准化后的比例。不同词组、同年的词频可以直接相互比较;不同词组、不同年的词频则需要对词频标准化加权处理,即该词组词频与样本图书中全体词组总量的比值。词频和比例越高,代表该词组在该年限的社会知名度、文化影响力越高。

(二)谷歌图书词向量数据

本研究还使用了斯坦福大学 William L. Hamilton 等教授开源提供的谷歌图书词向量 HistWords 数据集(Hamilton et al. ,2016)。HistWords 是一组基于谷歌图书英文词频语料库预训练的词向量数据集,多用于使用词向量嵌入分析语言变化。HistWord 数据集采用词向量嵌入技术中的 word2vec 模型训练了全英语词向量集(1800—1990,来自 Google N-Grams eng-fiction-all 语料库)、全英语小说词向量集(1800—1990,来自 Google N-Grams eng-fiction-all)、体裁平衡的美式英语词向量集(1830—2000,来自 Corpus of Historical American English 语料库)、类型平衡的美国英语词向量集(1830—2000,来自 Google N-Grams fre-all 语料库)、法语词向量集(1800—1990,来自 Google N-Grams fre-all 语料库)、德语词向量集(1800—1990,Google N-Grams ger-all 语料库)、简体中文词向量集(1950—1990,来自 Google N-Grams chi-sim-all 语料库)等。本研究所使用的向量集为全英语词向量集。

词嵌入技术是一种将自然语言表示的单词转换为计算机能够理解的向量或矩阵形式的技术,可用来挖掘词与词之间的关系(Karani, 2018;Mikolov et al. ,2013)。词嵌入技术将单词或者短语映射到一个 n 维的数值化向量,核心就是一种映射关系,主要分为 one hot encoding 和 word to vector (word2vec)两种方式。one hot encoding 模型对语料库中的每个单词都用一个 n 维的 one hot 向量进行表示(其中 n 为语料库中不同单词的个数)。但这种模型的缺点在于不同的单词都是独立的,不能展现词与词之间的关系。而 word2vec 模型则在 one hot encoding 模型上进行了改进,通过一种映射关系将一个 n 维的向量转化为一个 m 维的空间实数向量,这种方法可以理解为一种对单词 one hot 向量的降维处理。目前,word2vec 模型已被证实可成功用于情感分类、句法依存关系等领域,可以在大规模无监督文本语料上快速训练得到词向量。

本研究采用了余弦相似度函数对词与词之间的关系(如 China⇒red)进行语义集成,得到概念相似度矩阵。余弦相似度采用向量空间中两个向量夹角的余弦值作为衡量两个个体间差异的指标[公式(1)],常用于计算两个词语的相似程度。在归一化余弦相似度判断中,余弦值越接近 1,就表明两个向量的夹角越接近 0 度,也就表示这两个向量越相似。极端情况下,若两个向量的余弦夹角等于 0,则表示这两个向量相等。

$$\text{cosine\_similarity} = \frac{\sum_{i=1}^{n}(A_i * B_i)}{\sqrt{\sum_{i=1}^{n}(A_i)^2} * \sqrt{\sum_{i=1}^{n}(B_i)^2}} \quad (1)$$

$$= \frac{A * B}{|A| * |B|}$$

$$\text{normalized\_similarity} = \frac{(\text{cosine\_similarity}+1)}{2} \quad (2)$$

(三)国家、色彩等词汇选择

本文采用的色彩检索词为最基础的 11 种色彩单词(白色 white,黑色 black,棕色 brown,绿色 green,红色 red,灰色 gray/grey,橘色 orange,粉色 pink,紫色 purple,黄色 yellow,蓝色 blue)。这十一种颜色在英文中最常使用,且有较少的其他含义。本研究已考虑其他细化颜色词汇(如 navy blue、rose red 等),由于这些细化色彩词汇多有其他英文含义,为保证分析结果的准确率,本文并不将这些细化词汇包含在色彩检索词中。

研究采用的国家检索词为各个国家的英文单词(如法国 France)。对于部分国家存在多种常用词汇、缩略语表达的情况(如美国 the US/USA/America),本文将多种表达都进行了检索,在计算词频百分比时进行了加总统计,并在计算语义相似度时计算了平均数值。

此外,本文选取了语言心理特征工具 LIWC(Linguistic Inquiry and Word Count)词典(2001 版),用以提取描述积极和消极情绪的关键词汇。LIWC 词典是 Pennebaker 等人研究建立的,用以对英文文本进行描述性情绪分析研究(Pennebaker et al.,2001)。该工具词典包括约 4500 个从社会学、心理学方面挖掘的情绪和认知词汇,并广泛应用于文本分析中对积极和消极情绪影响的指标判定中。本研究在谷歌图书大数据的英文语料库中,对国家和积极消极词汇之间的依赖语法词组进行检索统计,获得这些词组在历年图书大数据中的词频。

在使用 LIWC 词典所提供的情绪词汇来衡量国家与积极、消极词汇共现变化的分析指标时,本研究采用 PCA(Principal Component Analysis)主成分分析法对这些分析指标进行了降维处理。PCA 主成分分析方法是一种构建综合指标的常用方法,其利用降维的思想,在损失较少信息的前提下把多个指标转化为较少的综合指标。PCA 主成分分析法所转化生成的综合指标即称为主成分,其中每个主成分都是原始变量的线性组合,且各个主成分互不相关。根据贡献度,我们保留了前 70% 的主成分,并在标准化为词频百分比后进行加总。最终,本研究生成了每个国家的积极形象词汇指标和消极形象词汇指标。

(四)二分网络分析方法

二分网络分析方法是社会网络分析方法中的一个分支(Easley & Kleinberg,2012)。二分网络由两类节点和节点之间的连接组成,而同类节点内部不产生任何连接关系。现实世界中很多网络结构都呈现出二分性质,如用户与感兴趣的话题类别、演员与拍摄的电影等。二分网络不仅具有普遍性,而且是复杂网络结构中的一种重要表现形式。近年来,二分网络逐渐被引入各个领域,为社交网络研究分析带来新的视角。

网络中心度是常用的计算节点在网络结构中影响力的指标,常见的网络中心度有度中心度(degree centrality)、紧密中心度(closeness centrality)、间接中心度(betweenness centrality)以及特征向量中心度(eigenvector centrality)等。本文采用的度中心度和紧密中心度是分别通过计算节点度数和最短路径之和来衡量节点的中心地位,度中心度和紧密中心度可以反映出国家和颜色在二分网络中由于连边密度和网络结构位置带来的影响力。具体来说,度中心度DC的计算方法如公式(3)所示,其中k_i为i节点的度数,N为总节点数。紧密中心度CC的计算方法如公式(4)所示,其中d_{ij}为ij两节点之间的最短路径长度。

$$\mathrm{DC}_i = \frac{k_i}{N-1} \qquad (3)$$

$$\mathrm{CC}_i = \frac{1}{\sum_{i \neq j} d_{ij}} \qquad (4)$$

(五)格兰杰因果检验分析

格兰杰因果关系检验是一种统计假设检验方法,用于确定一个时间序列是否可以用来预测另一个时间序列,由诺贝尔奖得主Granger于1969年提出(Granger,1969)。经过多年的发展,目前格兰杰因果检验已经是一种常用的时间序列统计研究方法。比起传统的相关性检验分析方法,格兰杰因果检验的核心是其将因果关系定义为"一个时间序列的先验值预测另一个时间序列的能力"。本研究试图剖析不同国家在不同时期呈现的色彩形象特征及其影响,而国家色彩形象对国家精神面貌的影响往往存在一定的滞后性。这个滞后性在格兰杰因果中表现为滞后期,当滞后期为T时,X是Y的格兰杰原因,则可以理解为X在T时间内的变化会影响Y进行相应的变化。

此外,为了避免虚假回归问题,本研究对所有需要进行格兰杰因果关系检验的指标都进行了单位根检验(ADF检验),以保证其时间序列具有平稳性。对于不平稳的时间序列数据,本研究对其进行了一阶差分,并使用差分后的数据进行进一步格兰杰检验分析。

四、研究结果

(一)国家与色彩二分网络分析

本研究采用二分网络分析法构建了色彩与国家之间的网络关系。二分网络是社会网络分析方法的一种,用以描述两个集合之间节点的联系。本研究包含色彩和国家两个集合,色彩节点集合包括11种常用色彩,国家节点集合包括90个主要国家(其他国家在数据库中未检索到与色彩有语法修饰关系的词组存在)。二分网络中的连接代表色彩节点与国家节点之间的共现,若两节点之间存在连边,则代表国家和色彩在谷歌图书英文语料库中存在依赖性语法修饰关系的共现。连边的权重为国家和色彩共同出现的词频百分比,共同出现次数越多,则网络中的连边越粗。

由图1所示,我们刻画出色彩与国家二分网络的示意图。为了让示意图简洁易懂,我们只截取了频次百分比靠前的连接关系,包括11种颜色和10个国家。该二分网络由色彩和国家两部分节点集合组成,每一条连边皆是色彩和国家之间的连边关系,不存在色彩集合和国家集合的内部连接。

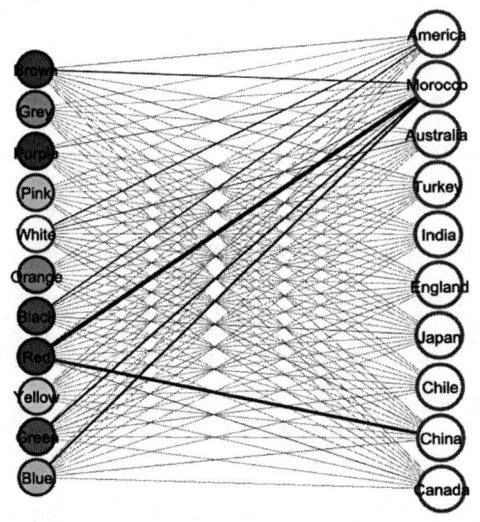

图1 色彩与国家二分网络示意图

通过计算色彩与国家在二分网络中的度中心度和紧密中心度，我们观察到不同色彩和国家对二分网络的集中性起到不同的作用(见表1)。在11种常用颜色中，白色是紧密中心度和度中心度最高的色彩，其后依次为黑色、棕色、红色、绿色。这代表这几种颜色在全网中与更多个国家存在着高权重的连边关系，是在国家形象描述中最重要的颜色。而紫色、粉色、黄色、灰色等颜色，在色彩与国家的网络中起到的中心度作用不大。在90个国家中，中国、美国、英国、摩洛哥和土耳其是中心度最高的国家，这意味着这几个国家常常在图书中与多种颜色一起被提及，是在色彩形象上比较突出的国家。

表1 色彩与国家二分网络的节点中心度(仅列出排名前11的国家)

色彩节点	色彩节点中文	紧密中心度	度中心度	国家节点	国家节点中文	紧密中心度	度中心度
White	白色	0.712	0.763	China	中国	0.5288	0.1089
Black	黑色	0.700	0.750	Morocco	摩洛哥	0.5288	0.1089
Brown	棕色	0.687	0.737	Turkey	土耳其	0.5288	0.1089
Red	红色	0.681	0.731	UK	英国	0.5288	0.1089
Green	绿色	0.627	0.667	USA	美国	0.5288	0.1089
Blue	蓝色	0.489	0.442	Canada	加拿大	0.5233	0.0990
Yellow	黄色	0.468	0.397	France	法国	0.5233	0.0990
Orange	橙色	0.466	0.391	Australia	澳大利亚	0.5179	0.0891
Gray	灰色	0.450	0.353	India	印度	0.5179	0.0891
Purple	紫色	0.387	0.173	Italy	意大利	0.5179	0.0891
Pink	粉色	0.376	0.135	Mexico	墨西哥	0.5179	0.0891

(二)描述性分析

本研究基于谷歌英文图书语料库的词频数据与词向量数据，描述了中国、美国、英国等国家在图书表达中与常见色彩的共现情况和语义相似度关系。

首先，本文分析了中国与不同色彩近两百年以来在英文书籍中的出现频率,研究发现红色是被提及最多的色彩。由图2可见,"中国"与"红色"搭配的词组在近两百年的发展中有一个显著的变化。1940年前,"中国红"词组的词频比例总体上保持在0.000001%上下,即千万分之一左右。1950年后,"中国红"词组的词频比例发生了大幅上涨,1961年达到顶峰的0.000248%,约为1940年前比例的二百倍。1980年后,该比例又恢复到四十年前。此外,我们发现"中国"与"白色"搭配的词组在近两百年也有值得注意的起伏,在1880年至1900年,"中国白"词组的词频比例在千万分之五左右波动,在1920年后逐渐降低。其他颜色的词组比例在近两百年一直相对较低。

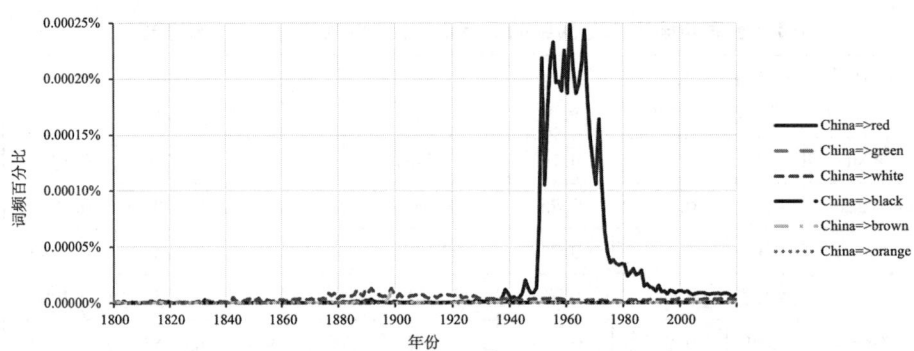

图2 谷歌英文图书语料库中的中国色彩词频百分比变化趋势

为了探究"中国红"与"中国白"不同发展趋势背后的原因,本文在谷歌图书搜索引擎中检索这两组词组。研究结果发现,1940年前后至1980年出版了大量书名中包含"红色中国"(Red China)的英文书籍,如《红星照耀中国》(*Red Star over China*)(Snow,1968)等。"红色"这一革命和传统文化相融合的色彩,在新中国成立后逐渐成为国际媒体对新中国的指代。根据已有的美国媒体的相关研究,美国主流媒体在新中国成立后使用"Red China""Communist China"等称呼来指代新中国(Chang,1988)。在1972年尼克松访华后,这种用法逐渐被更加标准的表达方式("PRC""China")所取代。至此,西方主流媒体对"红色中国"的使用也逐渐减少。

在对"中国白"相关图书的检索中,研究发现"中国白"一说主要与中国出产的白瓷器、商品、地标等相关,如"white china"白色瓷器(受到 china 多义词的影响)、"white China silk"中国产白茧丝、"Chinese insect white wax"中国虫蜡/白蜡、"Chinese white sugar"中国白糖、"white China goose"中国大白鹅、"China Long White Mountain"中国长白山等。这说明,20 世纪前,中国色彩形象在一定程度上受到中国出口的特色商品、动物等的影响。这一发现也与很多历史文献的记载相吻合,据近代早期相关历史研究称,16 世纪末至 19 世纪初,在近代早期全球化的推动下,中国出口商品如茶、瓷器、丝绸等在欧洲变得普遍,中国白瓷器一度惊艳欧洲,被喻为"white gold"白色黄金(De Zwart,2016;Po,2018)。

接下来,本研究描述并分析了美国与不同色彩近年来在英文书籍中共同出现的频率。研究结果发现,白色和黑色是主要被提及与美国相关的两种色彩,其他颜色的提及频率非常低。由图 3 可见,"美国"与"白色"搭配的词组在 1960 年后有一个大幅增长,在 1970 年达到顶峰的 0.000052%,约为同时期"黑色"词频比例的两倍,更为其他颜色的几百倍。1990 年后,"美国黑"反超"美国白"成为被提及最多的颜色词组,在 2009 年达到顶峰。随后在 2009 年到 2019 年期间,"美国白"与"美国黑"词组频率呈现明显下降的波动趋势。

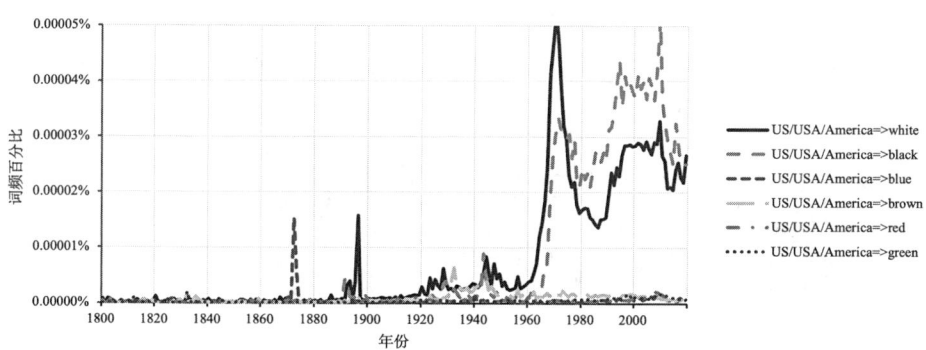

图 3　谷歌英文图书语料库中的美国色彩词频百分比变化趋势

通过在谷歌图书引擎中检索"美国白"与"美国黑"词组,本文发现,"美国白"与"美国黑"词组一直与美国国内种族事件相关。1960 年起,美国南部开始涌现黑人民权运动,1963 年美国民权运动领袖马丁·路德·金(Martin Luther King, Jr.)发表著名的演说《我有一个梦想》(I have a dream),将美国民权运动推向高峰。由于书籍出版存在一定的时间滞后性,本研究发现在谷歌图书词频大数据中,与该运动相关的书籍在1970年左右达到出版最高峰的0.000052%。此后的三十年里,美国依然发生了近百起不同规模的黑人骚乱运动。这一情况也反映在谷歌图书大数据的结果中,研究发现此后的二三十年"美国白"与"美国黑"词组一直居高波动,直到2010年后似有下降趋势。

然后,本研究描述并分析了英国与不同色彩近年来在英文书籍中共同出现的频率,发现绿色、白色和黑色是主要被提及的与英国相关的色彩。由图4可见,"英国"与"绿色"搭配的词组被提及的频率在1840年至1900年在亿分之一左右波动,"绿色"为同时期被提及的频率最高的色彩,在1940年逐渐降低并稳定在十亿分之五左右。"英国白"词组的比例在1980年前一直稳定在亿分之一左右,在1990年后逐渐增加,在2006年达到顶峰0.0000023%左右。而"英国黑"在1980年前一直稳定在十亿分之五左右,随后呈现剧增趋势,在2016年达到顶峰0.0000044%。

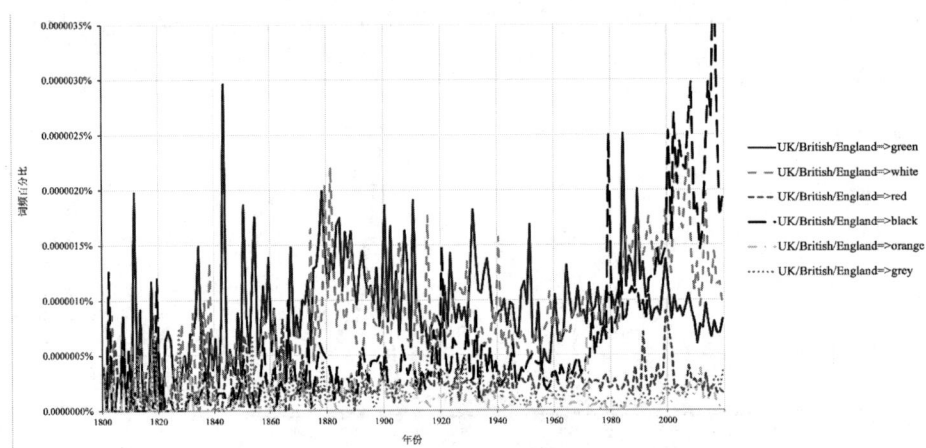

图4 谷歌英文图书语料库中的英国色彩词频百分比变化趋势

通过谷歌图书引擎检索,研究发现"英国绿"在不同时期的主要使用方法和含义不同。1970年前,"英国绿"主要出现在农作物、食品、传说故事人物等场景中,如英格兰绿色土地(green fields of England)、英国绿衣骑士(green knight of England)、英国农民的绿色农作物(British farmer's green crops)等。1970年后,英国绿不断涌现出英国绿色英镑(British green pound)、英国绿党(UK Green Party)等时政相关内容。

"英国白"主要用来描述英国人口种族问题与殖民相关问题,如 *White Britain and Black Ireland* (Lebow,1976)等书重点讲述爱尔兰人民抵抗英国殖民统治的相关历史内容,其中以"真正的白人"为主的英格兰常被称为"White Britain"。而"英国黑"在1980年前使用量较少,其后涌现大量讲述英国黑人的书籍,如 *Black and British: A Forgotten History* (Olusoga,2016)、*Staying Power: The History of Black People in Britain* (Fryer,1984)。这一发现也与英国近三十年不断出现的种族歧视事件(如1993年黑人青少年Stephen Lawrence被谋杀事件)、黑人抗议活动等时间点较为契合。

接下来,基于谷歌英文图书词向量Histwords数据,本研究进一步描述并分析了中国、美国、英国与不同色彩在语义相似度上的变化趋势。由图5、图6、图7可见,虽然语义相似度的指标范围在0到1之间,但大部分国家与色彩的语义相似度都在0.5左右波动。在三个国家中,中国与色彩的语义相似度随年代变化起伏较大,而英国和美国在计算了英文国家名称多种表达方式的平均值(美国计算了US和America、英国计算了Britain和England)后,与色彩的语义相似度随年代变化较为平稳。对比词频数据结果与词向量数据结果发现,两数据在中国红的变化趋势上较为一致。1950年后,中国与红色的词汇语义相似度有了明显的提高,在1980年后又逐渐落回原值,这与词频数据中"中国红"的大幅波动在时间范围上一致。而其他词频数据结果,如"美国白/黑""英国绿"等的词频波动,未在词向量数据中发现明显的对应变化。

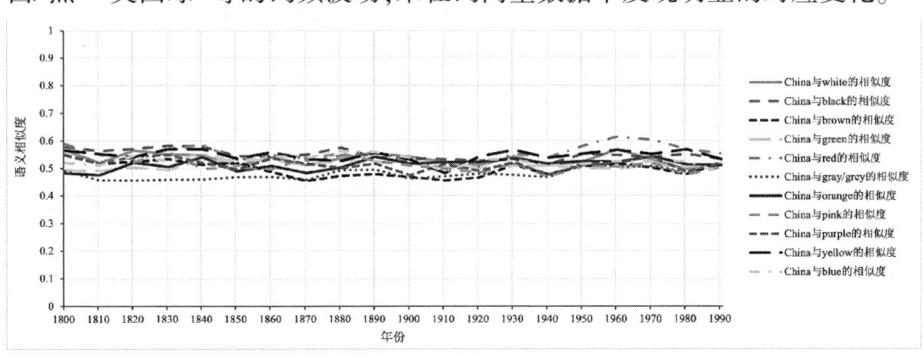

图5 基于谷歌英文图书词向量数据的中国与色彩词汇语义相似度变化

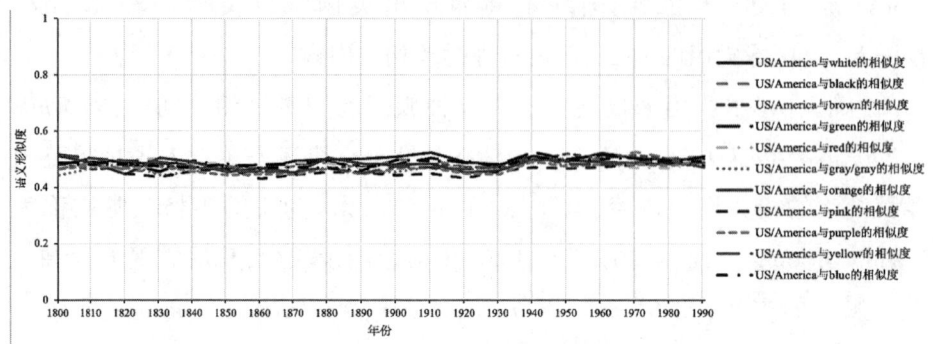

图6 基于谷歌英文图书词向量数据的美国与色彩词汇语义相似度变化

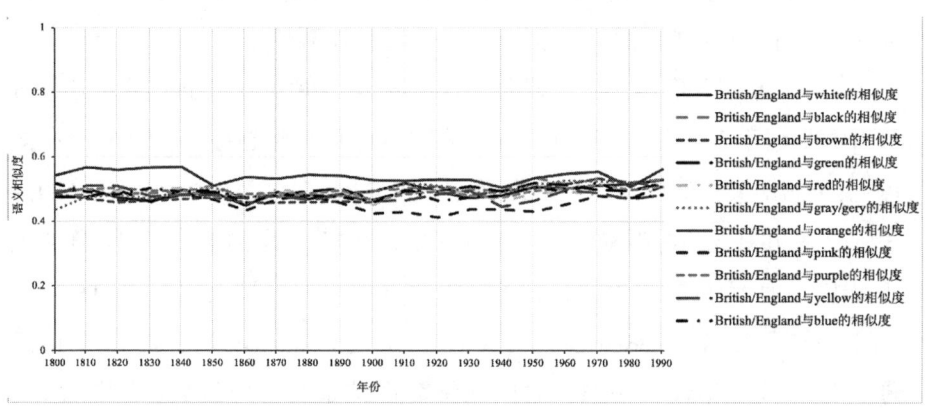

图7 基于谷歌英文图书词向量数据的英国与色彩词汇语义相似度变化

(三)格兰杰因果分析

表2 色彩与国家形象格兰杰因果关系检验结果

	中国	美国	英国	澳大利亚	加拿大	法国	德国	日本	韩国
红色->积极形象	0.773	2.159	2.563	0.508	0.798	0.094	0.468	0.311	1.689
绿色->积极形象	3.86*	1.434	1.981	1.157	1.583	0.638	0.283	7.74**	1.224
黄色->积极形象	0.571	2.077	0.066	2.411	0.457	0.182	2.985	0.908	1.235
白色->积极形象	1.329	0.966	5.97**	0.866	0.267	2.909	0.187	0.151	2.98*
黑色->积极形象	1.555	1.951	3.31*	0.749	2.637	5.16**	1.472	0.706	0.463
棕色->积极形象	2.641	0.821	2.563	1.790	1.455	1.817	0.529	1.765	2.762

续表

	中国	美国	英国	澳大利亚	加拿大	法国	德国	日本	韩国
蓝色->积极形象	0.620	0.698	0.105	1.505	0.597	0.721	3.45*	3.536	1.207
灰色->积极形象	4.009	10.27**	4.87*	2.92*	4.66*	0.617	1.897	1.726	3.217
橙色->积极形象	1.963	1.649	1.578	1.630	5.60**	3.62*	4.22*	0.980	-
粉色->积极形象	0.838	1.839	4.64*	2.98*	1.074	1.883	-	0.840	
紫色->积极形象	4.66*	1.611	1.583	-	1.509	2.065	-	1.221	
红色->消极形象	2.019	1.320	1.041	0.358	0.668	0.510	1.788	0.669	1.167
绿色->消极形象	4.78**	0.448	0.283	2.088	2.654	0.273	3.853	3.210	0.022
黄色->消极形象	0.821	1.128	0.662	1.488	0.533	2.417	1.951	1.217	0.911
白色->消极形象	1.875	3.41*	0.142	3.039	2.440	1.492	0.246	4.59*	2.385
黑色->消极形象	0.845	0.432	4.19*	0.470	0.580	2.005	0.910	2.74*	0.124
棕色->消极形象	7.60**	1.473	3.020	1.512	3.377	0.338	1.555	1.986	3.62*
蓝色->消极形象	2.251	4.080	1.043	3.355	1.205	0.827	1.781	6.58**	3.25*
灰色->消极形象	3.04*	2.500	3.85*	1.915	5.95*	0.611	8.84**	4.58**	4.09*
橙色->消极形象	2.136	1.249	2.477	0.893	2.106	0.936	1.951	1.883	-
粉色->消极形象	1.479	1.131	1.811	0.768	0.866	1.417	-	0.763	
紫色->消极形象	2.319	3.008	1.125	-	0.448	1.154	-	3.44*	-

注1: *$p<0.05$, **$p<0.01$, ***$p<0.001$

注2: -表示该组国家色彩和国家积极消极形象数据空缺

本研究分析了近四十年(1980年至2019年),中国、美国、英国、澳大利亚、加拿大、法国、德国、日本、韩国等9个国家色彩与国家积极、消极形象的关联度。研究发现,基于不同国家的文化背景,色彩对国家形象的影响存在较大的差异。

首先,橙色、绿色、白色、粉色、蓝色、紫色、黑色、灰色对部分国家的积极形象有显著影响。研究结果发现,橙色与加拿大($F=5.60, p<0.01$)、法国($F=3.62, p<0.05$)、德国($F=4.22, p<0.05$)的共现变化趋势构成这三个国家与积极形象变化趋势的格兰杰原因,绿色与中国($F=3.868, p<0.05$)、日本($F=7.74, p<0.01$)的变化趋势构成两国与积极形象变化趋势的格兰杰原因,白色与英国($F=5.97, p<0.01$)、韩国($F=2.98, p<0.05$)的变化趋势构成

两国与积极形象的格兰杰原因,粉色与英国($F=4.64, p<0.05$)、澳大利亚($F=2.98, p<0.05$)的变化趋势构成两国与积极形象的格兰杰原因,蓝色对德国($F=3.45, p<0.05$)积极形象的影响显著,紫色对中国($F=4.66, p<0.05$)积极形象的影响显著。此外,灰色对美国($F=10.27, p<0.01$)、英国($F=4.87, p<0.05$)、澳大利亚($F=2.93, p<0.05$)和加拿大($F=4.66, p<0.05$)积极形象的影响显著,黑色对英国($F=3.31, p<0.05$)和法国($F=5.16, p<0.01$)积极形象的影响显著。研究同时发现,近四十年来红色、棕色、黄色并没有对任何国家的积极形象构成显著格兰杰原因。

其次,研究发现,绿色、白色、棕色、蓝色、紫色、灰色、黑色对部分国家的消极形象构成格兰杰原因。其中,白色与美国($F=3.41, p<0.05$)、日本($F=4.59, p<0.05$)的变化趋势构成两国与消极形象的格兰杰原因,黑色与英国($F=4.19, p<0.05$)、日本($F=2.74, p<0.05$)的变化趋势构成两国与消极形象的格兰杰原因,棕色与中国($F=7.61, p<0.01$)、韩国($F=3.62, p<0.05$)的变化趋势构成两国与消极形象的格兰杰原因,蓝色对日本($F=6.58, p<0.05$)、韩国($F=3.25, p<0.05$)的消极形象影响显著,绿色对中国($F=4.79, p<0.01$)的消极形象影响显著,紫色对日本($F=3.44, p<0.05$)的消极形象影响显著,灰色对中国($F=3.04, p<0.05$)、英国($F=3.85, p<0.05$)、德国($F=8.84, p<0.01$)、日本($F=4.58, p<0.01$)、韩国($F=4.09, p<0.05$)的消极形象影响显著。而红色、黄色、橙色、粉色则不对任何国家的消极形象构成格兰杰原因。

从颜色角度看,同一种颜色对不同国家形象的影响存在较大差异。首先,同一种颜色对同一个国家的形象可以同时产生积极和消极影响,如中国与绿色的词频变化趋势既对国家积极形象($F=3.868, p<0.05$)有影响,也对消极形象($F=4.79, p<0.01$)有影响。其次,研究还发现,同一种颜色可能对某个国家产生积极影响,而对另一个国家产生消极影响,如紫色与中国的词频变化趋势对中国积极形象($F=4.66, p<0.05$)有影响,同时紫色与日本的词频变化趋势又对日本消极形象($F=3.44, p<0.05$)有影响。此外,颜色也有可能只单独对某些国家有积极或消极形象的影响,如橙色对加拿大($F=5.60, p<0.01$)、法国($F=3.62, p<0.05$)、德国($F=4.22, p<0.05$)都有积极

形象影响,而不对任何国家的消极形象构成格兰杰原因。

最后,从国家角度看,不同国家形象受到颜色的影响存在很大差异,较难总结相似的结论特点。对中国而言,绿色会同时带来积极($F=3.868, p<0.05$)和消极影响($F=4.79, p<0.01$),棕色($F=7.61, p<0.01$)和灰色($F=3.04, p<0.05$)会产生消极影响。对美国而言,灰色会对国家形象带来积极影响($F=10.27, p<0.01$),而白色会带来消极影响($F=3.41, p<0.05$)。对英国而言,黑色和灰色会同时带来积极($F=3.31, p<0.05;F=4.87, p<0.05$)和消极($F=4.19, p<0.05;F=3.85, p<0.05$)影响,白色($F=5.97, p<0.01$)、粉色($F=4.64, p<0.05$)会带来积极影响。澳大利亚、德国、法国等其他国家受到颜色的影响也都存在很大差异。

五、结论与讨论

利用谷歌图书大数据的词频和词向量数据,本研究分析了两百年来国家与色彩的网络特点,总结了不同国家的主要色彩随时代变化的趋势及对国家形象的影响。首先,本文构建了国家与色彩的二分网络,并初步刻画了其结构特点。结果发现,不同国家在书籍中与色彩词汇一同提及的词频差异很大,不同色彩在国家形象构建中发挥的作用各异。中国、美国、英国、摩洛哥、土耳其等国在国家与色彩网络中占有重要的位置,而白色、黑色、棕色、红色等颜色是在谷歌书籍中主要用来描绘国家的色彩。

其次,本文探讨了属于中国的形象色彩在二百年中的发展趋势及潜在的变化原因。与对中国色彩文化的常见理解一致,红色是中国国家形象的主色调,"红色中国"的称呼及其相关形象在新中国成立后得到海外的广泛关注。这一点与已有的研究结果一致。本研究观察到相似的变化趋势,"红色中国"词组的词频比例在新中国成立后出现大幅上涨,在1958年左右达到顶峰,在1980年后该比例降低并恢复到四十年前。此外,本研究还发现,属于中国的色彩相关形象,不仅部分来自意识形态、对外称呼等,还来自中国出口海外的特色商品、文化产品、标志性动物等。以往的政治经济研究发现,出口贸易有所谓的"来源国效应",即消费者会基于对某国的国家形象认知推断来自该国的产品属性,进而做出消费决策,国家形象会影响出口产品的种类、业绩(邓路、刘德学,2017)。而本研究的结论与以往的经典结论形成呼应,本研究发现,出口产品的种类和业绩也会反向塑造国家形象,"中国白瓷器""中国白丝绸"等特色出口文化及商品也会反向构建中国在海外的色彩形象。这一结论将给未来国家形象与出口方向的研究带来新的思路。

再次,本文探究了英美等西方国家的国家形象色彩在二百年中的发展趋势。受国内种族矛盾影响,除"英国绿"外,黑色和白色是英、美两国的主要色彩。美国的种族矛盾问题一直是研究美国国家形象的重要视角。冷战时期,国际社会对美国种族问题的持续关注,特别是苏联利用这一点推动反美宣传,使得美国一贯主打的民主形象在国际社会黯然失色(胡腾蛟,2020)。从本研究结果来看,一直到2010年左右,"美国白"与"美国黑"词组的词频比例一直居高波动,直到2010年后似有下降趋势。然而,2020年美国警察暴力执法致黑人弗洛伊德死亡事件,引发大规模黑人人权政治运动(Black Lives Matter),未来研究可以持续关注之后美国国家形象色彩的发展趋势。而近几十年在英国,黑人种族平权问题也在不断升温。英国黑人对社会阶级不平等的反抗逐渐强烈和激进,不断爆发黑人示威者在英国国会门前的示威游行活动(De Genova,2018)。从本研究结果看,"英国黑""英国白"的词频比例都在1990年左右得到增长,"英国黑"在近几年剧烈增长,这与1993年英国黑人青少年被谋杀事件、2016年"Black Lives Matter"在英国设立分支等时间点较为接近。由此可见,种族肤色问题不仅是色彩政治学中的热点研究问题,也是探究国家色彩形象构成的重要组成部分。英、美等国与黑、白色的关联,正是本研究对国家色彩形象探究的重点发现,即国家色彩形象不仅与政治、经济等维度相关,也可能与国家的种族、宗教等民族文化特征相关。

最后,本研究发现国家色彩可以对国家积极、消极形象构成一定潜在影响,但其影响力在不同国家之间存在较大的差异性。实际上,在色彩政治学、色彩心理学研究中也发现了类似的研究结论,即不同国家因为各国文化存在差异,对颜色的解读及赋予的含义也会有所不同。譬如紫色在中国传统文化中代表着祥瑞、尊贵之意,古有"紫气东来"之说表示吉祥的征兆,而紫色在日本近代文化中受佛教、神道影响,则代表着罪孽和悲伤(De Bortoli & Maroto,2001)。本研究也验证了这一结论,通过格兰杰因果检验发现,紫色可以对中国的积极形象产生影响,而同时紫色对日本的消极形象产生了显著的影响。该结论说明,色彩带来的国家形象影响在一定程度上会受到该国文化对颜色的不同理解的干扰。同时,在本研究中也发现,不是所有赋予文化内涵的色彩都可以对国家形象产生影响。如在东方文化中象征着高贵与权威、在德国政党中又象征着自由的黄色,如代表着中华民族精神内涵,在色彩心理学上代表着热血、革命的红色,都没有在近四十年检验到其对任何国家形象有显著的积极或消极影响。由于色彩自有的人文属性和历史文化随时代变化的复杂性,本文对色彩和国家形象关系的探讨仍处于浅层分析,仍待后人进行更深入的文化解读和质性分析。

本研究作为首篇对国家色彩形象的探索性研究,在理论和现实层面都具有意义和价值。从理论层面而言,本文在色彩政治学文献的基础上探讨了色彩与国家之间的关系。通过非介入性的大数据,本文客观描述了不同国家在不同时期呈现的色彩形象特征与时代变化。本研究的设计具有很强的独创性和启发性,研究结论为后续视觉传播研究和国家形象研究带来新的研究视角。

从现实意义而言,本研究发现国家色彩形象不仅受到意识形态、经济发展、时尚审美等要素的影响,同时还可能受到出口商品、种族肤色、宗教文化的影响。以上结论可以帮助理解国家色彩形象的组成,为讲好中国故事、推动中国色彩传统文化的国际传播提供重要的指导意见。同时,本研究还发现色彩会对国家正面或负面形象的海外传播产生一定影响,研究结论可以给未来的国家形象塑造和海外传播提供有价值的参考意见。

参考文献

陈云松,2015.大数据中的百年社会学:基于百万书籍的文化影响力研究[J].社会学研究(1):23-48.

陈云松,吴青熹,张翼,2015.近三百年中国城市的国际知名度基于大数据的描述与回归[J].社会,35(5):60-77.

邓路,刘德学,2017.国家形象与出口:基于引力模型的实证分析[J].国际贸易问题(7):63-73.

丁媛,2022.唐以前五色诊研究[J].中国中医基础医学杂志(01):36-40.

范红,2013.国家形象的多维塑造与传播策略[J].清华大学学报:哲学社会科学版(2):141-152.

郭浩,李健明,2020.中国传统色:故宫里的色彩美学[M].北京:中信出版集团.

胡蓉,2020."中国红"的美学意识演绎与演变[J].衡阳师范学院学报(04):142-150.

胡腾蛟,2020.冷战早期美国国家形象塑造研究综述[J].历史教学问题(04):118-127+167-168.

黄光文,朱龙凤,2008.红色旅游资源开发中的红色文化传承[J].求实(6):92-95.

吕瑛,2009.中国传统绘画简编[M].长春:吉林大学出版社.

吴烨言,2022.人类的阶梯:卡尔·林奈的人种学说及其涟漪[J].史学月刊(06):132-133.

余雯蔚,周武忠,2007.五色观与中国传统用色现象[J].艺术百家(05):138-140+28.

曾凡斌,陈荷,2018.基于谷歌图书语料库大数据的百年传播学发展研究[J].现代传播:中国传媒大学学报(3):135-145.

张利景,2008.红与白:试论中西方文化中颜色词的象征意义[J].安徽文学(下半月)(11):367-368.

Alisher T,2007. The color revolution phenomenon: From classical theory to unpredictable practices[J]. Central Asia and the caucasus,1(43):32-44.

Allison L,2000. Sport and nationalism[J]. Handbook of sports studies:344-355.

Chang T K,1988. The news and US-China policy: Symbols in newspapers and documents[J]. Journalism quarterly,65(2):320-327.

Dawson R,1967. The Chinese chameleon: An analysis of European conceptions of Chinese civilization[M]. New York: Oxford University Press.

DeBortoli M,Maroto J,2001. Colours across cultures: Translating colours in interactive marketing communications[J]. European languages and the implementation of communication and information technologies:1-27.

De Genova N,2018. The "migrant crisis" as racial crisis: Do black lives matter in Europe? [J]. Ethnic and racial studies,41(10):1765-1782.

De Zwart P,2016. Globalization in the early modern era: New evidence from the Dutch-Asiatic trade[J]. The journal of economic History,76(2):520-558.

Easley D, Kleinberg J,2010. Networks, crowds, and markets: Reasoning about a highly connected world[M]. Cambridge:Cambridge University Press.

Elliot A J, Maier M A,2014. Color psychology:effects of perceiving color on psychological functioning in humans[J]. Annual review of psychology,65(1):95-120.

Evans G,2017. The story of colour:An exploration of the hidden messages of the spectrum[M]. London:Michael O'Mara Books.

Foucault M, Hurley R,1990. The history of sexuality, Vol. 1:An introduction[M]. New York: Pantheon.

Fryer P,1984. Staying power:The history of black people in Britain[M]. Edmonton:University of Alberta.

Goldfield M,1997. The color of politics[M]. New York:New York Press.

Granger C W,1969. Investigating causal relations by econometric models and cross-spectral methods[J]. Econometrica:journal of the econometric society:424-438.

Hamilton W L, Leskovec J, Jurafsky D,2016. Diachronic word embeddings reveal statistical laws of semantic change[J]. arXiv preprint arXiv:1605.09096.

Karani D, 2018. Introduction to word embedding and word2vec. towards data science[EB/OL]. http://towardsdatascience.com/introduction-to-word-embedding-and-word2vec-652d0c2060fa.

Lebow R N,1976. White Britain and black Ireland:The influence of stereotypes on colonial policy[M]. Philadelphia:Institute for the Study of Human Issues.

Madden T J, Hewett K, Roth M S,2000. Managing images in different cultures:A cross-national study of color meanings and preferences[J]. Journal of international marketing,8(4): 90-107.

Martin I M, Eroglu S,1993. Measuring a multi-dimensional construct:Country image[J]. Journal of business research,28(3):191-210.

Marmo J,2010. The American flag and the body:How the flag and the body create an American meaning[J]. Kaleidoscope,9:45-64.

Michel J B, Shen Y K, Aiden A P, et al.,2011. Quantitative analysis of culture using millions of digitized books[J]. Science,331(6014):176-182.

Mikolov T, Sutskever I, Chen K, et al.,2013. Distributed representations of words and phrases and their compositionality[J]. Advances in neural information processing systems, 26(1): 3111-3119.

Olusoga D, 2016. Black and British: A forgotten history[M]. London: Pan Macmillan.

Pennebaker J W, Francis M E, Booth R J, 2001. Linguistic inquiry and word count: LIWC 2001 [J]. Mahway: lawrence erlbaum associates, 71(2001): 2001.

Philpot T S, 2004. A party of a different color? Race, campaign communication, and party politics[J]. Political behavior, 26(3): 249-270.

Po R C, 2018. Tea, porcelain, and silk: Chinese exports to the West in the early modern period[EB/OL]. http://oxfordre. com/asianhistory/view/10. 1093/acrefore/9780190277727. 001. 0001/acrefore-9780190277727-e-156.

Portisch H, 1966. Red China today(Vol. 1023)[M]. Chicago: Quadrangle Books.

Scupin R, 2013. South Thailand: Politics, identity, and culture[J]. The journal of Asian studies, 72(2): 423-432.

Stryker S, 2014. Biopolitics[J]. Transgender studies quarterly, 1(1-2): 38-42.

Tien J, 2022. Free schooling or freedom schooling? Negotiating constructivist learning and anti-racism in the Berkeley Experimental Schools[J]. Pedagogy, culture & society: 1-21.

Ware V, Back L, 2002. Out of whiteness: Color, politics, and culture[M]. Chicago: University of Chicago Press.

Yeh C, Yang H C, 2003. A cost model for determining dyeing postponement in garment supply chain [J]. The international journal of advanced manufacturing technology, 22 (1): 134-140.

新冠疫情中社交媒体使用对心理健康状况的影响:基于"压力—应变—结果"视角的分析

◇ 胡　杨　吴碧影*

摘要:在新冠疫情的社交限制条件下,人们对社交媒体的依赖加剧。基于一项针对香港地区大学生的有代表性的抽样调查(N=399),本研究应用"压力—应变—结果"(SSO)模型分析了社交媒体使用对心理健康的影响。结构方程模型的结果显示:社交媒体上的新闻获取会显著降低用户的主观福祉,并且提升抑郁风险。社交媒体上的自我表露能够缓释新闻获取带来的负面健康后果。通过自我表露,新闻获取对主观福祉的影响由负向转为正向。获取更多的新闻会让用户更加遵从社交距离措施。尽管社交距离措施会降低主观福祉,但并不能在新闻获取和主观福祉的关系中起到中介作用。本文讨论了这些发现的理论和实践意义。

关键词:社交媒体;主观福祉;抑郁;网络调查;新冠疫情

一、引言

当新冠疫情在全球蔓延,大部分地区都采取了不同层级的社交距离措施来控制病毒传播,如限聚令、隔离、居家令等。在新冠所形塑的新的社会情境中,除了生理疾病,心理失调也是不容忽视的健康问题(Brooks et al.,

---

* 胡杨,澳门科技大学人文艺术学院助理教授;吴碧影,香港中文大学新闻与传播学院博士研究生,本文通讯作者。

2020)。疫情暴发以来,社交限制的例外状态成为常态,人们的生活方式和行为习惯都发生极大改变。在新冠肺炎疫情防控从应急状态转为常态化的策略下,如何关照人们的心理健康,成为当下亟须解决的问题。

媒介使用对心理健康的影响一直是重要的研究议题。媒介效果并非一成不变,而是受制于媒介本身、使用者和社会情境等多重因素。新冠疫情带来高度媒介化的社会生活状态,这给我们的讨论提供了新的条件:首先,在社交隔离状态下,线下交往被大幅压缩,线上社交是人们保持联结的主要渠道,这使得社交媒体的地位愈加重要。其次,社交媒体的使用时间大幅增加,沉迷现象更为普遍(刘洋,2020)。最后,用户对社交媒体的使用方式与动机表现出与常态情境不同的特征(Kaya,2020)。由于这些因素,社交媒体使用所带来的心理问题再度成为学界的讨论热点(Zhao & Zhou,2020)。

现有文献为我们理解疫情中社交媒体对心理健康的影响已经提供了大量有参考性的经验资料。但仍有一些未能充分回应的问题。第一,既有研究中社交媒体使用常常被定义为单一的行为变量。事实上,社交媒体使用包含了多重维度,它们可能带来不同甚至相反的效果(Kross et al.,2021)。因此,有必要对社交媒体使用做更精确的概念化定义和有效分类。第二,社交媒体对心理健康的影响包含复杂的机制,而非简单的线性关系(Keles et al.,2019)。因此,两者关系中的具体路径和心理过程(psychological processes)还有待更多的探索;此外,许多研究侧重描述变量间的联系,在中心理论模型的建构上着力较少。第三,基于操作性的考量,过去许多研究都采用了方便抽样或者滚雪球抽样,这容易受到研究者社交网络的限制,产生较大的抽样偏差(sample bias),从而无法产生具有推广性的结论。

为了进一步拓展该领域,本研究在香港第三轮本地疫情暴发的背景下,采集有代表性的大学生样本数据,基于"压力—应变—结果"(stressor-strain-outcome,SSO)模型探讨社交媒体使用如何影响主观福祉和抑郁情绪,以期为社交媒体效果的理论框架和危机情境下的心理干预提供参考。

二、社交媒体与新冠疫情

社交媒体日益普及,其服务和功能也愈加丰富。基于不同技术特征的社交平台为用户提供了多样化的可供性(affordances)。社交媒体已渗透到人们日常生活的各个领域,适应用户不同层面的需求。对社交媒体的使用行为并非相互排斥和彼此独立。事实上,社交媒体不是若干个分散和孤立的平台,而是可以在概念上被建构成复媒体环境(polymedia environment)。用户已经习惯在多个社交平台之间频繁切换(platform-swinging),在复合型的社交场景中充分利用平台的可供性实现日常通信、信息获取、自我呈现、人际关系管理等需求中的不同面向(Tandoc et al.,2019)。因此,我们考察社交媒体使用及其效果,既需要考虑到平台的多元性,又要注意到社交媒体使用动机的复杂性,以及社会情境变迁所带来的影响。

社交媒体一直在重大事件和危机中扮演关键的传播角色(Lovari & Bowen,2019;Oh et al.,2021)。危机情境中用户的社交媒体使用模式和常态时期有所不同(刘洋,2020)。作为用户对环境的调适,通过社交媒体获取新闻资讯已经极其普遍。新冠疫情暴发后,大量信息在社交媒体上涌现,并且获得极高的公众关注度(Zhao et al.,2020)。信息获取成为人们使用社交媒体的重要动机(Kaya,2020)。社交媒体为用户提供了追踪疫情动态、吸纳不同角度观点以及获取医疗信息的重要窗口,也是用户分享及评论疫情信息的便捷渠道(Chan et al.,2020)。

疫情中用户使用社交平台不仅为了寻找和分享疫情信息,也会频繁分享个人经历和感受(Wiederhold,2020)。这种分享成为缓解压力和建立社会支持的关键一环。一项在武汉进行的研究显示,社交媒体为身处疫情暴发中心的市民提供了信息和情感上的支持(Zhong et al.,2021)。疫情中,在社交媒体上的自我表露(self-disclosure)也受到越来越多的关注。自我表露是指同他人分享个人情绪、思考和经历的行为(Taylor et al.,1973)。作为一种情绪性的社交媒体使用,自我表露成为同他人保持联结的重要途径(Nabity-Grover et al.,2020)。由此可见,在新冠情境中信息需求和情绪需求是用户使用社交媒体的两个关键动因。

三、社交媒体使用的心理健康后果

社交媒体如何影响心理健康(psychological well-being)是包括传播学在内的诸多学科共同关注的经典问题。对这一议题的研究已经产生了丰硕成果。由于心理健康是一个含义较广的构念(construct),为了实证分析的可行性,本研究选择社会心理研究中两个常见概念作为心理健康的指标:主观福祉(subjective well-being)和抑郁倾向(depression tendency)。主观福祉通常被定义为个体的愉快感受和对生活状态的良好评价,它帮助人们保持积极的生活态度(Reinecke & Oliver,2016)。对生活的满足感是主观福祉的重要元素。抑郁倾向是失去兴趣、悲伤、无活力、消沉、倦怠和无助等多种负向情绪汇集而成的心理状态(Hsiao,2020),抑郁症状常常由不利的生活环境或过度的压力引发,它和态度及信念上的失调紧密相关(Wasserman,2011)。医学和心理研究领域的学者也对上述两个概念的关系做了探索,研究普遍认为主观福祉和抑郁倾向呈现显著负向关联(Lagnado et al.,2017;Malone & Wachholtz,2018)。也有学者进一步指出,主观福祉是临床抑郁症状(clinical depression)的重要指标(Gargiulo & Stokes,2008)。一项长期性调查表明,在基线测量中较低的主观福祉会明显导致一段时间后抑郁的症状增多(Grant et al.,2013)。

关于社交媒体对心理健康带来正面或者负面影响的总体效果,现存文献并未形成统一的看法(Kross et al.,2021)。一项针对中国城市"新移民"的研究发现,在社交媒体上发布、转发、评论和分享信息能够显著提升该群体的主观福祉。社交媒体作为放松和舒缓负面情绪的"中介",在提升生活满意度和实现情感平衡(affective balance)上起到积极作用(Wei & Gao,2017)。也有学者发现,社交媒体使用能够通过提升社交网络异质性(network heterogeneity)对大学生的主观福祉带来积极影响(Kim & Kim,2017)。

社交媒体和抑郁等心理健康问题的关联是社会心理学和传播学研究的一个重要问题(Keles et al.,2019;Lin et al.,2016)。许多研究都是采用截面数据(cross-sectional data)得出社交媒体使用和抑郁之间的显著性关系,Prinack 等学者(2021)的研究证实了社交媒体使用和抑郁之间的时序性关联:基线时间点上的社交媒体使用和后续6个月时间里抑郁状况的发展强相关,但它和基线时间上的抑郁状况并无关联;同时,社交媒体使用没有在抑郁状况出现后增加。这一发现说明了社交媒体使用和抑郁之间关系的方向性。Hunt 等学者(2018)对143位大学生的跟踪研究亦报告了相似的结果。除了抑郁,使用社交媒体也可能带来其他的负向健康后果,如情绪管理失调(Rasmussen et al.,2020)、快乐感减少(Brooks,2015)以及主观福祉的降低等(Kross et al.,2013)。但需注意,这些结论是基于特定的研究对象、根植于具体的情境而成立的。

事实上,对社交媒体效果的研究脉络从初期对其巨大益处的肯定逐渐演变到对其潜在伤害的警惕。更多的经验研究开始指向两种影响并存的状态(Bekalu et al.,2019),并且着重关注社交媒体对心理健康影响的形成机制(mechanism),如作用于这一过程的中介和调节变量(Keles et al.,2019)。此外,对社交媒体消极影响的关注不应模糊一个基本事实:社交媒体满足了人们广泛和深层次的需求(Allcott et al.,2020;Bowman et al.,2012)。社交媒体对心理健康究竟带来正向还是负向的效果,很大程度上取决于用户如何及为何使用社交媒体、使用者自身的特征及媒介使用的情境(Kross et al.,2021)。差异化的使用动机和多元的情境,都可能对使用者的心理健康指标带来不同的效果(Shensa et al.,2018)。因此,相较于对总体效果的诊断,探究不同的心理过程如何导致差异化的社交媒体效果,将会得出更有理论和现实意义的研究结论(Kross et al.,2021)。

因此,本研究在拟定研究框架时有以下三个考量:第一,我们避免将社交媒体使用界定为单一的行为变量,而是将其划分为两个具体维度,即新闻获取和自我表露;第二,我们将考察解释变量之间的关联,探究媒介效果的间接路径;第三,考虑新冠蔓延所致的情境变迁,尤其是疫情带来的不确定性以及线上线下失衡的社交模态。接下来我们具体阐释本研究的分析框架。

四、压力—应变—结果模型

"压力—应变—结果"模型是理解压力因素(stressor/stress)对健康后果(health outcome)影响的一个重要概念框架(Koeske & Koeske,1993)。在SSO模型中,压力(stressor)通常指代在人们认知中具有困扰性的环境刺激(environmental stimuli);中介因素应变(strain)被定义为因应情境刺激产生的情绪或者生理上的状态,结果(outcome)是指由压力和应变因素引发的持续性心理或行为上的后果。

虽然"压力—应变—结果"模型来源于心理学范畴,但近十年的社交媒体研究开始将其应用于传播学领域(Zheng & Ling,2021)。该模型对理解社交媒体的压力源如何影响个人应变以及心理健康后果提供了重要理论支持(Lee et al.,2016)。研究发现,社交媒体的过度使用作为压力源,会引发一系列的心理反应,如恐惧、愤怒、厌倦等(Dhir et al.,2018;Yu et al.,2019)。具体来说,由于社交媒体承担了过量信息和人际交流活动,经历压力的用户会因此产生相应的应激反应,从而影响心理健康(Zhao & Zhou,2020)。

上述理论背景也为本文选择SSO模型提供了依据:首先,SSO的视角适合本研究的分析路径——在疫情这样一个刺激性的环境中考察作为技术性压力(technostress,Lee et al.,2016)的社交媒体使用的健康后果;其次,SSO模型是一个较为简洁的整合模型,且能够为我们关注的现象提供有效的解释框架。在本研究中,我们将社交媒体上的新闻获取概念化定义成一种压力情境,将用户通过社交媒体的自我表露行为和对社交距离措施的遵守视为对于压力的反应状态,进而考察这些压力和响应状态导致的主观福祉和抑郁倾向的变化。

(一)压力:社交媒体上的新闻获取(下文简称新闻获取)

社交媒体在用户的新闻相关行为中扮演越来越重要的角色(Hermida et al.,2012)。疫情暴发后,人们每天都会通过社交媒体接触到大量疫情资讯,普遍处于信息过载的状态。因此,在高度媒介化的危机情境中,新闻信息构成了一种重要的环境刺激。许多研究都发现频繁接触灾难信息会带来负向的心理健康后果(Hopwood & Schutte,2017)。Zhao 和 Zhou(2020)的研究指出,新冠疫情期间人们在社交媒体上接触更多的灾难新闻,将更有可能出现抑郁症状。相较之下,对传统媒体的使用不会明显损伤心理健康(Chao et al.,2020)。李晓静等人指出(2021),在一个由疫情所导致的封闭环境中,用户接触到海量的疫情资讯,容易产生更大的心理压力和情绪焦虑。而夹杂在海量资讯中过载的谣言和虚假信息会加深受众的焦虑、担忧和不安(Kumar & Nayar,2021)。因此,针对疫情期间的社交媒体环境,我们提出如下研究假设:

H1:新闻获取负向预测用户的主观福祉(H1a)及正向预测抑郁倾向(H1b)。

再根据前文论述的抑郁倾向和主观福祉之间的关系,我们提出如下假设:

H2:主观福祉负向预测抑郁倾向。

(二)应变一:社交媒体上的自我表露(下文简称自我表露)

人际传播常常是信息获取的一种后续行为(consequential behavior, Southwell & Yzer,2016)。在获取新闻后,许多用户通过社交媒体在他们的人际圈里传递、分享、评论和讨论信息(Beam et al.,2016;Weeks et al.,2017)。在疫情中,人际传播成为促进防疫意识和提供社会支持的一种形式(Saud et al.,2020)。但疫情期间在社交媒体上的分享和讨论不单是信息的传递,亦包含了情绪性和个人化的动机,如表达关切和支持、抒发负面情绪、保持活跃状态等(Saud et al.,2020)。因此,我们选择自我表露这一概念来代表疫情中这类特殊的分享形态,并假定:

H3:新闻获取正向预测自我表露。

在疫情中,用户的自我表露增加了一层关注他者的视角,即对他人可能会带来实际帮助的披露。而这一层面披露的增多源自疫情下人们对信息公共价值认知的转变(Nabity-Grover et al.,2020)。研究指出,因为分享的过程能体现出自身的社会价值,社交媒体用户的分享意愿有助于提升他们的主观福祉(Ma et al.,2018)。心理治疗领域的研究指出自我表露具有压力缓冲(stress-buffering)的作用(Zhang,2017),能够帮助人们释放压力并积极思考,同时增加对自我的接受度。自我表露的这一机制有助于减轻抑郁倾向(Zhen et al.,2018)。综上,本研究假定:

H4:自我表露正向预测主观福祉(H4a),负向预测抑郁倾向(H4b)。

H5:自我表露在新闻获取和主观福祉的关系中起到中介作用(H5a);自我表露在新闻获取和抑郁倾向的关系中起到中介作用(H5b)。

(三)应变二:对社交距离措施的遵守(下文简称社交距离)

在传染性疾病暴发时,社交媒体能够提升用户个体及社会层面的风险感知,从而促使他们采取预防措施及遵从政府的防疫指引(Oh et al.,2021;Yoo,2019)。不少健康传播模型也指出,社交媒体上翔实的疫情信息能够提升疾病防护的意识。在疫情期间,社交媒体的使用频率越高,越有可能改变他们的健康行为(Zhong et al.,2021)。因此,我们预计在社交媒体上获取新闻资讯越多,用户越倾向于遵守社交距离措施(如戴口罩、勤洗手、减少聚集性活动等)。

社交距离措施也引发了众多负面的心理健康后果。在巴西进行的一项纵贯性(longitudinal)调查显示,在当地政府推行社交限制措施之后,中度到重度抑郁症状的报告增长了6.6倍,而且值得注意的是,相较于更年长的群组,18岁到30岁的年轻人群有更大概率出现抑郁情绪(Feter et al.,2021)。另一项基于奥地利的研究得出了相似的结论:新冠疫情后抑郁症状的出现率比疫情前增长了5倍,同时,35岁以下群体的心理健康更易受到疫情的影响(Pieh et al.,2020)。

在个体层面,遵守社交距离措施能够降低感染风险,但也可能引发抑郁、焦虑、孤独和紧张等负面情绪。具体而言,社交限制措施下,社交接触的大幅减少、对生活状态变化的感知都会引发更糟糕的心理健康状态(Benke et al.,2020);另一方面,因应防疫措施,人们的身体活动(physical activity)大幅减少,较低频次的身体活动与更高程度的抑郁和焦虑显著相关(Puccinelli et al.,2021;Stanton et al.,2020)。由此我们假定:

H6：社交距离负向预测主观福祉(H6a)，正向预测抑郁倾向(H6b)。

H7：社交距离在新闻获取和主观福祉的关系中起到中介作用(H7a)；社交距离在新闻获取和抑郁倾向的关系中起到中介作用(H7b)。

综合本文之研究假设，基于SSO模型，我们的研究框架如图1所示，其中"+"和"-"分别代表正负相关。

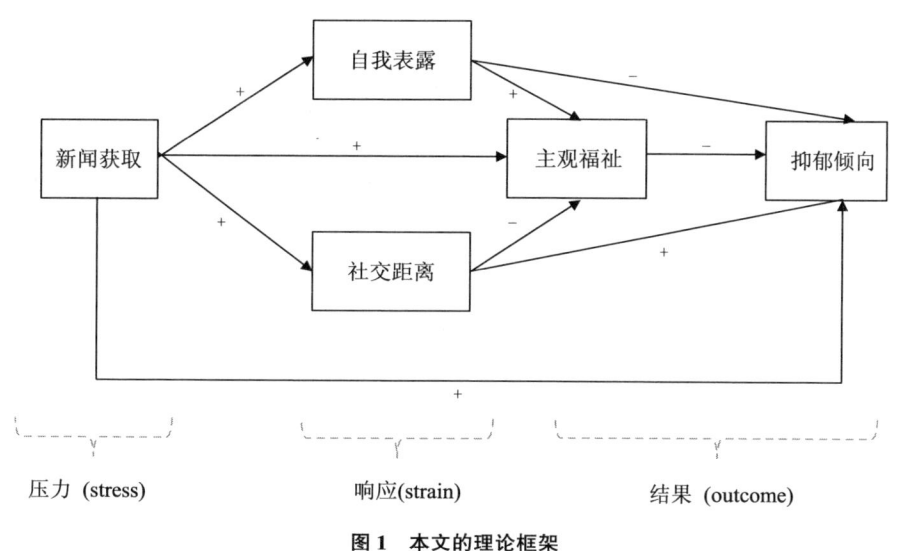

图1 本文的理论框架

五、研究方法

(一)抽样与调查

本研究使用的数据来自2020年10月至11月进行的一项针对香港高校本科生的抽样调查。调查通过Qualtrics在线问卷平台分发。笔者所属机构的调查和行为研究伦理委员会审核并且批准了此项研究。

我们选择大学生样本是因为：作为社交媒体上最活跃的用户群，大学生群体通常被认为更容易受到社交媒体平台负面效应的影响(Shi et al.,2020)。另外，在线上教学期间，大学原有的校园状态被打破，其日常社交模式发生巨大改变。他们缺乏来自线下的同辈支持(peer support)，对社交媒体的依赖程度更加明显。因而,关注疫情中大学生群体社交媒体使用和心理健康之间的关联,既有理论显著性又有现实迫切性。

我们采用多步分层抽样(multistage stratified sampling)的方法来提高样本的代表性。我们随机选择了三所香港的大学,然后依次在每个大学中随机选择三个学部,在学部中随机选择三个学系。我们从选定学系的课表列表中抽选四门课程,并且联络相应的任课老师请其协助发放问卷。如果任课老师没有准许请求,我们会继续从课程列表中随机选择一个新的课程。发放问卷的方式由我们和任课老师协商确定——任课老师在授课过程中邀请学生在指定时间内填写问卷或者通过电邮将问卷链接发送给所有注册的同学,请他们在课后时间填写。在手动剔除无效问卷后,最终的数据集由399份回复[1]构成。研究样本包括31%的男生和69%的女生,参与者的平均年龄为20.2岁,参与者来自人文社科、理工、管理学等不同专业。

(二)研究情境

此处需要说明本研究所处的技术与社会情境。香港是一座数字基础设施建设和互联网服务高度发达的城市。根据香港特别行政区立法会在2019年12月发布的报告,香港居民的社交媒体参与率在2018年达到了83%,其中10岁到24岁这一年龄组别的社交媒体参与率高达95%;此外,香港居民使用社交媒体的平均时间也逐年增多。报告同时指出,年轻人是社交媒体中最活跃的用户,他们使用社交媒体的时间较其他组别更多(Research Office of the Legislative Council Secretariat, 2019)。同时,社交媒体是香港市民获取新闻的主要来源。路透新闻研究所2020年的《数字新闻业报告》显示,66%的香港居民通过社交媒体获取新闻(Newman et al., 2020)。香港亦拥有高

---

[1] 为了得到有代表性的样本,我们选择分层随机抽样的策略。香港的大学名录、院系设置和课程编码为我们提供了可及的抽样框。同时,由于我们关注的总体(香港大学生)内部分层明显(分为不同的学校、院系),分层抽样能够提升样本的代表性。另外,由于疫情严峻,在我们发放问卷期间,香港所有大学均通过网络形式进行教学活动。而这种线上派发问卷的方式在一定程度上降低了我们的应答率和样本规模。根据 Schonlau 等学者(2002)提出的应答率标准,线上应答率会低于线下或电话访问,但20%以上的应答率均属可接受的范畴,因此本研究的抽样结果有一定代表性。

度繁荣的社交媒体市场。2020年第三季度的数据显示,在香港最受欢迎的五个社交媒体是YouTube、WhatsApp、Facebook、Instagram 和 Facebook Messenger(We Are Social,2021)。

我们收集数据的阶段恰好处在香港"第三波疫情"的尾端。从2020年7月初开始,香港出现社区感染,疫情大幅反弹,高峰时期每日新增100宗以上的本地确诊个案,导致医疗资源过载。政府采取了严格的社交限制措施,如限聚令、居家工作、堂食管制和关停娱乐场所等。香港高校也取消了面授安排,改为网上授课。

新冠疫情给香港市民的生活带来了极大的影响,也使市民产生了忧虑、抑郁等负向情绪(Choi et al.,2020)。2003年"非典"疫情的惨痛记忆使得香港市民对新冠疫情具有更高的公共意识和风险感知(Chen et al.,2020;Lei & Klopack,2020)。关注、讨论和分享疫情信息,较早在全民范围采取个人防护措施,重视心理健康问题,寻求社会支持等行为,都成为香港市民适应新冠疫情的重要方式(Lau et al.,2020)。同时,社交媒体成为疫情期间香港市民工作、学习和日常交往极为重要的渠道。因此,作为疫情的暴发高峰期,香港"第三波疫情"构成我们考察社交限制条件下社交媒体使用和心理健康之间联结的合适契机。此次疫情在2020年9月开始放缓,但感染人数始终维持低位增长,并未清零,直至是年11月再度暴发。我们在问卷的题项中将语境设置为过去三个月,即距离填答时间最近一轮本地疫情暴发的时期。

(三)变量测量

研究所涉及变量的测量方式说明如下,所有量表的内部一致性系数(Cronbach's alpha)均高于0.7,符合对测量信度的要求。

新闻获取。考虑到用户对多种社交平台的复合型使用(poly-social media-use)以及香港用户的社交媒体使用现状,问卷分别询问了受访者过去三个月平均每天使用(1)YouTube;(2)WhatsApp;(3)Facebook;(4)Instagram;(5)Facebook Messenger 等平台获取新闻的时间。受访者回答的选项包括"从不"(编码为1)"30分钟以下""30分钟到1小时""1至2小时"和"2至4小时"(编码为6)。我们将受访者在不同平台上的使用时间计算平均值,最终构成社交媒体上的新闻获取变量($M=2.01, SD=0.80$, Cronbach's $\alpha=0.74$)。数值越大意味着受访者使用社交媒体获取新闻的时间越多。

自我表露。我们参考了既有研究中有关亲密性自我表露的量表(Schouten et al.,2007;Valkenburg & Peter,2009),对社交媒体上的自我表露进行操作化定义。受访者需要回答过去三个月在使用社交媒体时有多经常与他人分享(1)个人感受;(2)担心或害怕的事情;(3)你的秘密;(4)感受到爱;(5)让你感到羞耻的事情;(6)很幸福的事情。回答的选项皆为五级李克特量表,从"从不"(编码为 1)到"总是"(编码为 5)。本研究将此六项加和取均值,作为代表社交媒体自我表露的量表($M=2.45, SD=.80$, Cronbach's $\alpha=0.87$),数值越高代表受访者通过社交媒体进行的自我表露越多。

社交距离。新冠疫情暴发后,公共卫生专家均呼吁公众采取适当的社交距离措施来降低感染风险。此时关于新冠疫情期间社交距离措施的测量并没有发展出成熟的量表,而且这些措施具有很强的情境因素。我们基于对香港社会的观察建构了一种较为可行的测量方式——询问受访者在过去三个月一些具体行为活动相较于疫情前的改变。这些活动包括(1)佩戴口罩;(2)洗手;(3)和亲友聚会;(4)参与室外文体活动;(5)参与室内文体活动。受访者需要在"大幅减少"(编码为 1)和"大幅增加"(编码为 5)之间选择一项来指示自己的行为频率变化。主成分分析(Principal Component Analysis,简称 PCA)的结果显示单一因子(特征值=3.1)能够解释 62% 的总变异。五个题项的因子负载均介于 0.76 到 0.83 之间,都可以保留。我们将受访者对五个题项的回复做平均计算,指代遵守社交距离措施的程度($M=4.08, SD=0.82$, Cronbach's $\alpha=0.85$),数值越高代表受访者采取了越严格的社交距离措施。

主观福祉。本研究使用 Diener 等学者(2009;2010)提出的心理幸福感量表(Psychological Well-Being Scale,简称 PWBS)来测量受访者的主观福祉。该量表反映个体对自身在人际关系、自尊心、人生目的和意义、乐观程度等重要领域上表现的自我认知,其信度、效度和在中文语境中的有效性都得到了验证(Lin,2015)。我们分别询问了受访者在过去三个月多经常有如下的感受:(1)我过着有目的而有意义的生活;(2)我的社会关系是有益的;

(3)我对自己的日常活动很感兴趣;(4)我积极为他人的幸福作出贡献;(5)我有能力从事对我重要的活动;(6)我是一个好人,过着美好的生活;(7)我对自己的未来感到乐观;(8)人们尊重我。受访者的回答选项为五级李克特量表,从"几乎没有"(编码为1)到"总是"(编码为5)。本研究使用的主观福祉变量由以上八项的回复取均值构成($M=2.80, SD=0.90$,Cronbach's $\alpha=0.94$)。数值越大意味着主观福祉越高。

抑郁倾向。CES-D量表(Center for Epidemiological Studies Depression Scale)由Radloff(1977)编制,是目前最常用的抑郁诊断量表之一。CES-D量表在中国情境中也被广泛使用,如中国家庭追踪调查。(骆为祥、武玲蔚,2014)。完整版的CES-D量表包含20个题项,考虑到操作性的问题,本研究采用8个题项版的简化量表(CES-D8)(Briggs et al.,2018)。CES-D8的测量信效度在不同国家的数据中得到检验(Van De Velde et al.,2010),并且被认为和CES-D20具有测量的恒等性(measurement equivalence,Van de Velde et al.,2009;Yang et al.,2018)。借用这一量表,问卷询问受访者过去三个月经历消极或积极情绪的频率,具体包括(1)我感到情绪低落;(2)我觉得做任何事都很费劲;(3)我的睡眠不好;(4)我感到愉快;(5)我感到孤独;(6)我生活快乐;(7)我感到悲伤难过;(8)我觉得生活无法继续。回答选项为CES-D标准式"0至3点"评分:几乎没有(0)、有些时候(1)、经常有(2)、大多数时候有(3)。相较于通过临界值对受众进行抑郁或者未抑郁的二元划分,对CES-D量表的加和处理能够有效地反应受众的抑郁倾向(Van De Velde et al.,2010)。CES-D量表得分介于0和24之间,分数越高说明受访者抑郁倾向越重。我们对测评积极情绪的第4和第6项作反向赋分,从而使得8个题项的总和能够形成统一的抑郁指标($M=9.78, SD=3.14$,Cronbach's $\alpha=.85$,最小值$=3$,最大值$=21$)。

控制变量。为了更准确地评估研究社交媒体使用对心理健康的影响,我们在数据分析中加入了9个协变量。除了基本的社会人口学变量(性别、年龄、月开销),我们还纳入了自评健康状况、感情状态、身边是否有人曾感染新冠病毒、外向程度、居住地是否采取严格的社交限制措施和社交媒体的一般性使用等变量。由于篇幅限制,我们省去对控制变量的操作化定义。

六、研究发现

(一) 描述性统计

在检验研究假设前,我们首先使用 SPSS 25 对数据做描述性分析。表 1 总结了各研究变量和控制变量的描述性数据。控制所有 9 个协变量后,对研究变量的净相关分析(partial correlation)如表 2 所示。从相关分析表格我们可以看出,社交媒体上的新闻获取同自我表露、社交距离和抑郁倾向都呈现较强的正相关关系,同主观福祉呈现负相关关系。社交媒体上的自我表露同主观福祉和抑郁情绪均表现为正相关关系。主观福祉和抑郁倾向两个心理变量之间表现为负相关。

表 1 研究所涉变量的描述性统计结果

变量	M	SD
研究变量		
新闻获取	2.01	.80
自我表露	2.45	.80
社交距离	4.08	.82
主观福祉	2.80	.90
抑郁倾向	9.78	3.14
社会人口变量		
性别		
%男性	31%	
年龄	20.2	2.70
月开销[i]	2.08	1.20
其他控制变量		
自评健康状况[ii]	3.57	.89
感情状态		
%在一段关系中	24%	
身边是否有人曾感染新冠		
%是	4%	
外向程度[iii]	2.90	.62

续表

变量	M	SD
居住地是否采取严格的社交限制 %是	79%	
社交媒体的一般性使用[iv]	2.46	.94

注:[i] 取值范围为1—5,2代表2000—4000港元,3代表4000—6000港元;
[ii] 取值范围为1—5,1代表非常不健康,5代表非常健康;
[iii] 数值越大,代表越外向;Cronbach's α=.81;
[iv] 数值越大,代表使用频次越多;Cronbach's α=.74。

表2 研究变量的净相关分析

	(1)	(2)	(3)	(4)	(5)
(1)新闻获取	—				
(2)自我表露	.15**	—			
(3)社交距离	.11*	-.02	—		
(4)主观福祉	-.12*	.15**	-.13*	—	
(5)抑郁倾向	.18***	.13*	.03	-.12*	—

注:*$p<.05$, **$p<.01$, ***$p<.001$,双尾检验。

(二)结构方程模型

接下来,我们使用 Mplus 8 建立结构方程模型(Structural equation modeling,SEM)来检验各研究假设。与传统的回归分析相比较,结构方程允许研究者将模型中所有观测变量的误差考虑在内,能够在单次分析中包含多个预测自变量及应变量,分析研究概念间的全局性关联(Kline,2011)。鉴于研究变量同时存在直接和间接的影响,故相对于传统的回归分析,采用结构方程模型是更合适的数据分析方法。

为了检验图1提出的研究模型与数据间的契合度(goodness of fit),本文选择基于路径分析的结构方程模型[①],并在控制所有9个协变量所致的变异

---

① 根据 Bentler 和 Chou(1987)的观点,样本量应该是自由估计参数的5倍以上。我们的模型中有63个自由参数,这说明我们至少需要315个样本量,这比我们的样本量(399)低,所以数据可以进行建模。

性后,基于极大似然估计法(maximum likelihood estimation)进行统计分析。模型显示出很好的拟合度:$\chi^2(1) = .20, p > 0.05$;$CFI = 1.00$;$TLI = 1.08$;$RMSEA = .00$;$SRMR = .00$。为了进一步完善模型,本研究将未显著变项删除($p > 0.05$),进行模型修正。修订后的模型拟合度轻微提升:$\chi^2(2) = 0.21$,$p > 0.05$;$CFI = 1.00$;$TLI = 1.09$;$RMSEA = .00$;$SRMR = .00$。测量模型的拟合优度检验情况的概览如表3所示。表格显示,以上检验指标均满足模型检验统计量,表明该模型具有良好的拟合度。

表3 测量模型的拟合优度检验

拟合度指标	修正前模型	修正后模型	推荐标准
χ^2	.20 ($p = .65$)	.21 ($p = .90$)	较小 χ^2 ($p > .05$)
χ^2 / df (Normed Chi-sqr)	.20	.21	< 3
CFI	1.00	1.00	> .95
TLI	1.08	1.09	> .95
SRMR	.00	.00	< .08
RMSEA	.00	.00	< .06

注:χ^2/df(Normed Chi-sqr):卡方/自由度;CFI:Comparative Fit Index(相对拟合指标);TLI:Tucker-Lewis 指数;SRMR:Standardized Root Mean-Square Residual(标准化残差均方根);RMSEA:Root Mean-Square Error of Approximation(近似误差均方根)。详情参见 Hu 和 Bentler(1999)。

结构方程指出了研究变量之间的全面关系,也可以指出模型中具体路径的直接或间接效果是否显著,以判断研究假设在模型中是否成立。本研究中我们假定了两个"应变"因素——自我表露和社交距离分别在新闻获取和主观福祉的关系中起到中介作用。Mplus 进行路径分析的结果和假设检验的决定如表4所示。

表4 有关假设在结构方程模型中是否成立的总结

假设	直接和间接效应	系数	决定
H1a	新闻获取 → 主观福祉	-.14*	支持
H1b	新闻获取 → 抑郁倾向	.18**	支持
H2	主观福祉 → 抑郁倾向	-.16**	支持

续表

假设	直接和间接效应	系数	决定
H3	新闻获取 → 自我表露	.20**	支持
H4a	自我表露 → 主观福祉	.13**	支持
H4b	自我表露 → 抑郁倾向	.14**	不支持#
H5a	新闻获取 → 自我表露 → 主观福祉	.03*	支持
H5b	新闻获取 → 自我表露 → 抑郁倾向	.03*	支持
H6a	社交距离 → 主观福祉	-.09*	支持
H6b	社交距离 → 抑郁倾向	-.08	不支持
H7a	新闻获取 → 社交距离 → 主观福祉	-.01	不支持
H7b	新闻获取 → 社交距离 → 抑郁倾向	-.01	不支持

注：表中系数为标准化系数；* $p < .05$，** $p < .01$，双尾检验。
变量关系与我们假定的方向相反。

最终模型如图 2 所示，删除的路径（社交距离到抑郁倾向）用虚线表示。

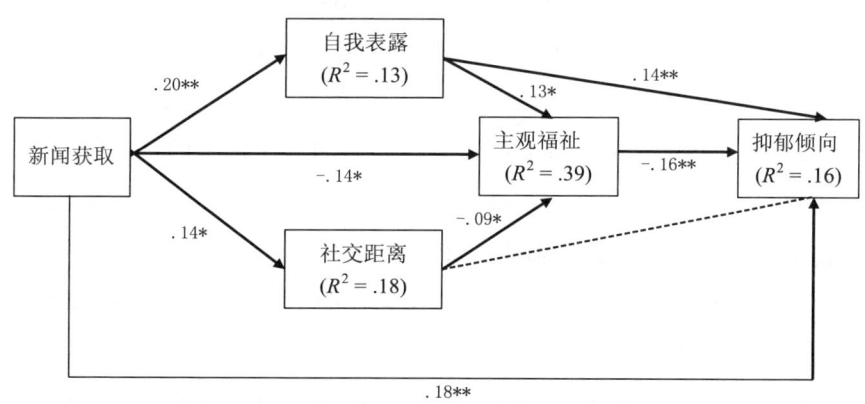

图 2 修正后的模型

注：$N = 399$，图中系数已经过标准化处理；* $p < .05$，** $p < .01$，双尾检验。

从表 4 和图 2 可以看出，在结构方程模型的直接效应中，社交距离与抑郁倾向的关系（H6b，$p = .11$）未能获得数据的支持，其他路径所代表的关系都是显著的。具体而言，我们的数据支持以下研究结论：社交媒体上的新闻获取能够带来负向的心理健康影响，即主观福祉的降低和抑郁倾向的增强（H1）；主观福祉和抑郁风险呈现显著负相关关系（H2）。同时，在社交媒体上新闻获取的增多会导致更多的自我表露（H3）；而自我表露的效果则是两面的,作为一种情绪性的社交媒体使用,自我表露一方面会增强主观福祉(H4a),但另一方面亦会增加而非减少抑郁风险(H4b,$\beta=.14, p<.01$);最后,个体层面采取社交距离措施会降低主观福祉(H6a)。

至于间接效应:自我表露能够中介新闻获取对主观福祉的影响(H5a,$\beta=.03, p<.05$),而且需要注意的是,这一间接效应表现为正向关联,即自我表露在一定程度上削弱了社交媒体新闻使用对主观福祉的负面影响。自我表露同样能够中介新闻获取对抑郁倾向的影响(H5b,$\beta=.03, p<.05$),社交距离的中介效应则均不显著(H7a,$p=.13$;H7b,$p=.19$)。

七、讨论与结论

(一)主要发现与解释

基于SSO模型,本研究探讨了在新冠疫情的背景下社交媒体使用的心理健康后果。我们的主要发现可以概括为以下三个方面:第一,和预期相符,社交媒体上的新闻获取会显著降低用户的主观福祉,并且提升抑郁风险。第二,社交媒体上的自我表露能够缓冲新闻获取带来的负面健康后果。通过自我表露,新闻获取对主观福祉的作用方向发生变化。但需要注意,自我表露仍会增加用户的抑郁倾向。第三,获取更多的新闻会让用户更加遵从社交距离措施。而对社交距离的遵守会降低主观福祉,但对抑郁倾向没有显著影响。

虽然关于新冠病毒的新闻资讯能够提升公众的风险感知,促使人们配合防疫措施,但在新冠报道中新闻叙述往往采用较负面的框架关注疫情的蔓延、持续、确诊数和死亡数攀升、社会秩序的失常等(Olagoke et al.,2020)。疫情报道也出现高度政治化和极化的现象,可能对科学传播环境带来不利影响(Hart et al.,2020)。也有学者关注"信息疫情"(infodemic)的扩散——社交媒体上大量流言、虚假信息、阴谋论的传播(van der Linden et al.,2020)。显然,疫情信息具有心理学意涵(psychological implication)。社交媒体用户沉浸在大量疫情信息中可能会产生倦怠、焦虑、不安等情绪。这些负向情绪会降低用户的生活满意度,加重其抑郁倾向。

不同于新闻获取的影响,社交媒体上的自我表露会增强用户的主观福祉,并且提供了显著的中介路径,能够使新闻获取对主观福祉的负向作用变成积极影响。同时,也减弱新闻获取对抑郁倾向的倾向(效应值显著降低)。这一发现并非疫情情境所独有,而是呼应了既有的自我表露理论——自我表露能够促进社会联结,帮助用户建立亲密关系及获取社会支持,进而增强个体的主观福祉(Ko & Kuo,2009;Sloan,2010;Wu-Ouyang & Hu,2022)。

但与我们的期待不同的是,结果不仅展示了基于两种不同动机的社交媒体使用的效果差别,也同时指出了自我表露单一维度的二元效果——既增强了主观福祉(正面的健康效果)又加重了抑郁倾向(负面的健康效果)。这种"悖论"的出现可能有以下几个原因:第一,主观福祉侧重于个体关于生活状况的主观认知与评价,而抑郁倾向则反映了经历抑郁相关症状(如情绪低落、失眠、无法专注)的频率;主观福祉能够预测抑郁倾向[1],但两者的概念范畴和解释机制并非完全一致。抑郁所包含的心理要素要多于主观福祉。第二,自我表露本身包含了不同的维度,这些维度的内涵及社会心理影响也有所差别。例如,有研究发现,自我表露可以分成正面和负面的披露,在Facebook上的负面披露和抑郁症状具有显著的正相关性(Landauer,2014)。另一项研究指出,在社交媒体上更多的情绪投入(emotional investment)会增加用户的抑郁倾向(Woods & Scott,2016)。所以自我表露是否具有对压力的适应性,很大程度取决于表达的内容、对象和方式(Kennedy-Moore & Watson,2001)。对自我表露的具体效果的认知,还有待更多的检验和探讨。第三,我们在研究中关注的是通过社交媒体的自我表露。线上的自我表露尽管能够让用户获取社会支持,在一定程度上提升生活满意度,但无法完全替代线下的社会支持对改善心理失调症状的作用(Meshi & Ellithorpe,2021)。而用户对线下支持的需求无法在一个高度媒介化的社交状态中得到满足。

---

[1] 我们也对自我表露经主观福祉到抑郁倾向的间接效应做了检验。结果显示,主观福祉能够中介自我表露到抑郁倾向的关系:$\beta=-.02$, $p<.05$。与直接效应不同,该间接效果为负向。这说明自我表露能够通过提升主观福祉来减轻抑郁症状,亦说明自我表露到抑郁倾向之间还存在其他具有较强正向效果的间接路径。

这种失衡的社交模式(更多的线上支持及较少的线下支持)会使得线上的自我表露引发更多的抑郁症状(Yeh et al.,2008)。第四,自我表露和抑郁倾向之间可能具有双向的因果性,即存在抑郁型的披露(depression disclosures,Whitehill et al.,2013),有抑郁倾向的个体会更加注意生活中的负面情绪,并且通过表达消极感受来寻求他人的关注和支持。但我们的数据缺少时序分析的条件。因此,还需要更多经验资料来厘清自我表露和抑郁倾向之间的因果关系。

综上所述,由于使用方式、使用情境的差异,社交媒体会同时产生负向和正向的健康效果。这些发现与许多学者所强调的社交媒体混合效果相一致(Kross et al.,2021)。

我们的数据未能支持社交距离措施在新闻获取和心理变量之间的中介作用。一种可能的解释是:随着新冠疫情的持续,公众对防疫措施的接受程度逐渐提高。佩戴口罩等个人防护行为已经成为一种社会规范,进一步促进了社会团结(social solidarity),使大家更加遵守社交距离措施的规范(S. Z. Zhao et al.,2020)。因此,它所产生的负向健康效果相对较弱。接触更多新闻资讯虽然会提升社交距离的意识,但并不会进一步影响主观福祉和抑郁倾向。另外值得注意的是,在新闻获取到主观福祉或抑郁倾向的关系中,可能还存在其他具有较强解释力的"应变"因素,例如信息过载(information overload)、新闻倦怠(news fatigue)、情绪耗竭(emotional exhaustion)等。

(二)理论及实践意义

本研究的发现具有三个层面的理论意义。第一,本研究主张讨论社交媒体效果需要考虑具体条件,例如使用者本身的特征、使用动机以及使用场景等因素。这也是我们建立研究框架的重要基础。关于社交媒体健康效果的研究已经极为丰富,对有条件的社交媒体效果(conditional social media effect)的深入探讨会进一步丰富我们对此议题的认识。第二,不同于许多关注社交媒体总体性效果的研究,我们考察了两种不同维度的社交媒体使用及其效果差异性,以及它们对心理健康的影响机制。事实上,结合具体的社会情境对社交媒体使用进行明确的概念化定义,是有效分析社交媒体差异化效果的必要前提。第三,由于社交媒体使用的不同维度并非相互独立,我们应用 SSO 模型将不同维度的使用整合在同一个解释框架中。社交媒体既可能成为"压力"变量,也可能成为"应变"因素。这一研究框架适用于深入理解社交媒体的健康效果,而且可以延展到新冠疫情以外更广阔的情境中。

此外,本研究也具有一定的实践意义。第一,我们揭示了自我表露对阅览新闻所致负向情绪的缓冲作用,它可以成为人们接收和处理信息的一种策略。在大规模的危机情境中,自我表露有助于社会支持的实现。鼓励受众在接收负面信息后同他人倾诉或分享个人感受,会提升人们的主观福祉。第二,大学生是社交媒体的重度用户,也是社交媒体负向效果的易感人群。在本研究对抑郁倾向的测量中,如果我们以 CES-D 得分大于 9 作为是否具有诊断意义上的抑郁状态的标准(Briggs et al.,2018),48%的调查参与者可能正在经历抑郁状态。虽然这只是描述性的参照,但可以提醒学校和教育工作者充分考虑网络教学可能带来的负面影响,对疫情期间大学生的心理健康问题给予更多关注。

(三)研究局限与未来研究方向

最后需要说明本研究的不足之处。第一,由于疫情的背景,我们仅考虑了新闻获取和自我表露这两种社交媒体使用的维度。实际上社交媒体的使用过程会更加复杂。后续研究可以通过质性方法(如深度访谈、焦点小组)总结出危机情境中人们的媒介实践,进而深入探讨这些实践可能带来何种健康后果。第二,我们采用的有关社交媒体使用的测量工具还有改进的空间。前文提到,社交媒体可被理解成一个复媒体环境,对社交媒体使用的测量需要充分考虑复媒体环境的特征,例如,如何更好地量化用户在不同平台之间的切换行为。精准的操作化定义将帮助我们得出更可靠的解释。第三,由于疫情影响,本研究通过在线平台进行数据收集。因此,样本的回答率和代表性可能会受到这种在线分发的影响。例如,最终样本的构成可能由课程导师允许的问卷分发方式(电子邮件或在线课程分发)等因素决定。线下派发问卷应该能提升应答率和进一步增加样本的代表性。第四,尽管 SSO 理论模型和 SEM 数据模型为本研究考察变量间的关系提供了依据,但截面数据由于缺乏时序关系,很难确证因果,也无法排除反向因果的可能性。因此,纵贯数据或者实验研究在未来的研究中仍是非常必要的。第五,本研究关注了作为内在压力源的新闻获取如何影响人们的社交媒体使用行为和心理健康,未来研究也应关注直接的外在情境因素(如疫情对人际交往的影响)。这些因素可能会成为影响新闻获取的前置变量,并通过新闻获取等媒介变量进一步影响人们的心理健康。第六,我们的结论也为自我表露研究提供了参考。过去的传播学研究(Valkenburg & Peter,2009;Nabity-Grover et al.,2020)都较为支持自我表露是在社交媒体上同他人保持联结、增强心理健康的重要途径,而本研究则指出了自我表露的二元效果。我们认为正向或者负向的自我表露可能对心理健康后果带来差异化的影响。未来的研究可以考虑将自我表露的内容进行正向、负向划分,更具体地讨论不同表露内容对心理健康的作用。

参考文献

刘洋,2020.使用动机、错失焦虑与社交媒体沉迷:常态社会与危机情境中的比较研究[J].新闻与写作(10):57-67.

李晓静,付强,王韬,2021.新冠疫情中的媒介接触、新闻认知与媒介信任:基于中外大学生的焦点小组访谈[J].新闻记者(3):76-86.

骆为祥,武玲蔚 2014.中国家庭追踪调查2012年心理健康量表[EB/OL]. http://www.isss.pku.edu.cn/cfps/docs/20180927132710591651.pdf.

Allcott H,Braghieri L,Eichmeyer S,et al.,2020. The welfare effects of social media[J]. American Economic Review,110(3):629-676.

Beam M A,Hutchens M J,Hmielowski J D,2016. Clicking vs. sharing:The relationship between online news behaviors and political knowledge[J]. Computers in human behavior,59:215-220.

Bekalu M A,Mccloud R F,Viswanath K,2019. Association of social media use with social well-being,positive mental health,and self-rated health:Disentangling routine use from emotional connection to use[J]. Health education & behavior,46(2_suppl):69-80.

Benke C,Autenrieth L K,Asselmann E,et al.,2020. Lockdown,quarantine measures,and social distancing:Associations with depression,anxiety and distress at the beginning of the

COVID-19 pandemic among adults from Germany[J]. Psychiatry research, 293: Article 113462.

Bentler P M, Chou C-P, 1987. Practical issues in structural modeling[J]. Sociological methods & research, 16(1):78-117.

Bowman N D, Westerman D K, Claus C J, 2012. How demanding is social media: Understanding social media diets as a function of perceived costs and benefits: A rational actor perspective [J]. Computers in human behavior, 28(6):2298-2305.

Briggs R, Carey D, O'halloran A M, et al., 2018. Validation of the 8-item Centre for Epidemiological Studies Depression Scale in a cohort of community-dwelling older people: Data from The Irish Longitudinal Study on Ageing (TILDA)[J]. European geriatric medicine, 9(1): 121-126.

Brooks S, 2015. Does personal social media usage affect efficiency and well-being?[J]. Computers in human behavior, 46:26-37.

Brooks S K, Webster R K, Smith L E, et al., 2020. The psychological impact of quarantine and how to reduce it: Rapid review of the evidence[J]. The Lancet, 395(10227):912-920.

Chan A K M, Nickson C P, Rudolph J W, et al., 2020. Social media for rapid knowledge dissemination: Early experience from the COVID-19 pandemic[J]. Anaesthesia, 75(12): 1579-1582.

Chao M, Xue D, Liu T, et al., 2020. Media use and acute psychological outcomes during COVID-19 outbreak in China[J]. Journal of anxiety disorders, 74: Article 102248.

Chen H, Paris C, Reeson A, 2020. The impact of social ties and SARS memory on the public awareness of 2019 novel coronavirus (SARS-CoV-2) outbreak[J]. Scientific reports, 10 (1): Article 18241.

Choi E P H, Hui B P H, Wan E Y F, 2020. Depression and anxiety in Hong Kong during COVID-19[J]. International journal of environmental research and public health, 17 (10):3740.

Dhir A, Yossatorn Y, Kaur P, et al., 2018. Online social media fatigue and psychological well-being: A study of compulsive use, fear of missing out, fatigue, anxiety and depression[J]. International journal of information management, 40:141-152.

Diener E, Wirtz D, Biswas-Diener R, et al., 2009. New measures of well-being[M]//Assessing Well-Being: The collected works of Ed Diener. Dordrecht Springer.

Diener E, Wirtz D, Tov W, et al., 2010. New well-being measures: Short scales to assess flourishing and positive and negative feelings[J]. Social indicators research, 97(2): 143-156.

Feter N, Caputo E L, Doring I R, et al., 2021. Sharp increase in depression and anxiety among Brazilian adults during the COVID-19 pandemic: Findings from the PAMPA cohort[J]. Public health, 190: 101-107.

Gargiulo R A, Stokes M A, 2008. Subjective well-being as an indicator for clinical depression [J]. Social indicators research, 92(3): 517-527.

Grant F, Guille C, Sen S, 2013. Well-being and the risk of depression under stress[J]. PLoS One, 8(7): e67395.

Hart P S, Chinn S, Soroka S, 2020. Politicization and polarization in COVID-19 news coverage [J]. Science communication, 42(5): 679-697.

Hermida A, Fletcher F, Korell D, et al., 2012. Share, like, recommend: Decoding the social media news consumer[J]. Journalism studies, 13(5-6): 815-824.

Hopwood T L, Schutte N S, 2017. Psychological outcomes in reaction to media exposure to disasters and large-scale violence: A meta-analysis[J]. Psychology of violence, 7(2): 316-327.

Hsiao I H, 2020. A sociological analysis of depression in China[M]. Dordrecht: Springer.

Hu L T, Bentler P M, 1999. Cutoff criteria for fit indexes in covariance structure analysis: Conventional criteria versus new alternatives[J]. Structural equation modeling: a multidisciplinary journal, 6(1): 1-55.

Hunt M G, Marx R, Lipson C, et al., 2018. No more FOMO: Limiting social media decreases loneliness and depression[J]. Journal of social and clinical psychology, 37(10): 751-768.

Kaya T, 2020. The changes in the effects of social media use of Cypriots due to COVID-19 pandemic[J]. Technology in society, 63: Article 101380.

Keles B, Mccrae N, Grealish A, 2019. A systematic review: The influence of social media on depression, anxiety and psychological distress in adolescents[J]. International journal of adolescence and youth, 25(1): 79-93.

Kennedy-Moore E, Watson J C, 2001. How and when does emotional expression help? [J]. Review of general psychology, 5(3): 187-212.

Kim B, Kim Y, 2017. College students' social media use and communication network heterogeneity: Implications for social capital and subjective well-being[J]. Computers in human behavior,73:620-628.

Kline R B,2011. Principles and practice of structural equation modeling (3 ed.)[M]. New York:Guilford Press.

Ko H -C,Kuo F-Y,2009. Can blogging enhance subjective well-being through self-disclosure? [J]. CyberPsychology & behavior,12(1):75-79.

Koeske G F,Koeske R D,1993. A preliminary test of a stress-strain-outcome model for reconceptualizing the burnout phenomenon[J]. Journal of social service research,17(3-4):107-135.

Kross E,Verduyn P,DEMIRALP E V P,2013. Facebook use predicts declines in subjective well-being in young adults[J]. PLoS one,8(8):e69841.

Kross E,Verduyn P,Sheppes G,et al.,2021. Social media and well-being:Pitfalls, progress, and next steps[J]. Trends in cognitive sciences,25(1):55-66.

Kumar A,Nayar K R,2021. COVID 19 and its mental health consequences[J]. Journal of mental health,30(1):1-2.

Lagnado A M,Gilchrist K,Smastuen M C,et al.,2017. Is subjective wellbeing associated with depression? A cross-sectional survey in southeast England:Anjum Memon[J]. European journal of public health,27(suppl_3):ckx187.719.

Landauer D B. Depression, negative self-disclosure, and the response of others on Facebook [D]. Grand Forks,USA:The University of North Dakota,2014.

Lau B H P,Chan C W,Ng S -M,2020. Resilience of Hong Kong people in the COVID-19 pandemic:Lessons learned from a survey at the peak of the pandemic in Spring 2020[J]. Asia pacific journal of social work and development,31(1-2):105-114.

Lee S B,Lee S C,Suh Y H,2016. Technostress from mobile communication and its impact on quality of life and productivity[J]. Total quality management & business excellence,27(7-8):1-16.

Lei M-K,Klopack E T,2020. Social and psychological consequences of the COVID-19 outbreak:The experiences of Taiwan and Hong Kong[J]. Psychological trauma:Theory, research,practice,and policy,12(S1):S35.

Lin C-C,2015. Validation of the psychological well-being scale for use in Taiwan[J]. Social behavior and personality:an international journal,43(5):867-874.

Lin L Y,Sidani,J E,Shensa A,et al.,2016. Association between social media use and depression among U. S. young adults[J]. Depress anxiety,33(4):323-331.

Lovari A,Bowen S A,2019. Social media in disaster communication:A case study of strategies, barriers,and ethical implications[J]. Journal of public affairs,20(1):e1967.

Ma L,Zhang X,Yan Ding X,2018. Social media users' share intention and subjective well-being[J]. Online information review,42(6):784-801.

Malone C,Wachholtz A,2018. The relationship of anxiety and depression to subjective well-being in a mainland Chinese sample[J]. Journal of religion and health,57(1):266-278.

Meshi D,Ellithorpe M E,2021. Problematic social media use and social support received in real-life versus on social media:Associations with depression, anxiety and social isolation [J]. Addictive behaviors,119:Article 106949.

Nabity-Grover T,Cheung C M K,Thatcher J B,2020. Inside out and outside in:How the COVID-19 pandemic affects self-disclosure on social media[J]. International journal of information management,55:Article 102188.

Newman N,Fletcher, R, Schulz A, et al. ,2020. Reuters Institute Digital News Report 2020 [EB/OL]. http://www. digitalnewsreport. org/survey/2020/.

Oh S H,Lee S Y,Han C,2021. The effects of social media use on preventive behaviors during infectious disease outbreaks:The mediating role of self-relevant emotions and public risk perception[J]. Health communication,36(8):972-981.

Olagoke A A,Olagoke O O,Hughes A M,2020. Exposure to coronavirus news on mainstream media:The role of risk perceptions and depression[J]. British journal of health psychology,25(4):865-874.

Pieh C,Budimir S,Probst T,2020. The effect of age,gender,income,work,and physical activity on mental health during coronavirus disease (COVID-19) lockdown in Austria[J]. Journal of psychosomatic research,136:Article 110186.

Primack B A,Shensa A,Sidani J E,et al. ,2021. Temporal associations between social media use and depression[J]. American journal of preventive medicine,60(2):179-188.

Puccinelli P J,Da Costa T S,Seffrin A,et al. ,2021. Reduced level of physical activity during COVID-19 pandemic is associated with depression and anxiety levels:An internet-based survey[J]. BMC public health,21(1):Article 425.

Radloff L S,1977. The CES-D Scale:A self-report depression scale for research in the general population[J]. Applied psychological measurement,1(3):385-401.

Rasmussen E E, Punyanunt-Carter N, Lafreniere J R, et al., 2020. The serially mediated relationship between emerging adults' social media use and mental well-being[J]. Computers in human behavior, 102:206-213.

Reinecke L, Oliver M B, 2016. Media use and well-being: Status quo and open questions[M]// The Routledge handbook of media use and well-being: international perspectives on theory and research on positive media effects. Oxfordshire: Taylor & Francis Group.

Research Office of the Legislative Council Secretariat, 2019. Social media usage in Hong Kong [EB/OL]. http://www.legco.gov.hk/research-publications/english/1920issh15-social-media-usage-in-hong-kong-20191212-e.pdf.

Saud M, Mashud M I, IDA R, 2020. Usage of social media during the pandemic: Seeking support and awareness about COVID-19 through social media platforms[J]. Journal of public affairs, 20(4):e2417.

Schonlau M, Fricker R D, Elliott M N, 2002. Conducting research surveys via e-mail and the web[M]. Santa Monica: RAND Corporation.

Schouten A P, Valkenburg P M, Peter J, 2007. Precursors and underlying processes of adolescents' online self-disclosure: Developing and testing an "Internet-attribute-perception" model[J]. Media psychology, 10(2):292-315.

Shensa A, Sidani J E, Dew M A, et al., 2018. Social media use and depression and anxiety symptoms: A Cluster Analysis[J]. American journal of health behavior, 42(2):116-128.

Shi C, Yu L, Wang N, et al., 2020. Effects of social media overload on academic performance: A stressor-strain-outcome perspective[J]. Asian journal of communication, 30(2):179-197.

Sloan D M, 2010. Self-disclosure and psychological well-being[M]//Social Psychological Foundations of Clinical Psychology. New York: The Guilford Press.

Southwell B G, Yzer M C, 2016. The roles of interpersonal communication in mass media campaigns[J]. Annals of the international communication association, 31(1):420-462.

Stanton R, To Q G, Khalesi S, et al., 2020. Depression, anxiety and stress during COVID-19: Associations with changes in physical activity, sleep, tobacco and alcohol use in Australian adults[J]. International journal of environmental research and public health, 17(11):4065.

Tandoc E C, Lou C, Min V L H, 2019. Platform-swinging in a poly-social-media context: How and why users navigate multiple social media platforms[J]. Journal of computer-mediated communication,24(1):21-35.

Taylor D A,Wheeler L,Altman I,1973. Self-disclosure in isolated groups[J]. Journal of personality and social psychology,26(1):39-47.

Valkenburg P M,Peter J,2009. The effects of instant messaging on the quality of adolescents' existing friendships:A longitudinal study[J]. Journal of communication,59(1):79-97.

Van De Velde S,Bracke P,Levecque K,2010. Gender differences in depression in 23 European countries:Cross-national variation in the gender gap in depression[J]. Social science & medicine,71(2):305-313.

Van De Velde S,Levecque K,Bracke P,2009. Measurement equivalence of the CES-D 8 in the general population in Belgium:A gender perspective[J]. Archives of public health,67(1):15-29.

Van Der Linden S,Roozenbeek J,Compton J,2020. Inoculating against fake news about COVID-19[J]. Frontiers in psychology,11:Article 566790.

Wasserman D,2011. Depression (2 ed.)[M]. Oxford:Oxford University Press.

We Are Social, 2021. Hong Kong:social network penetration 2020[EB/OL]. http://www.statista.com/statistics/412500/hk-social-network-penetration/.

Weeks B E,Lane D S,Kim D H,et al,2017. Incidental exposure,selective exposure,and political information sharing:integrating online exposure patterns and expression on social media[J]. Journal of computer-mediated communication,22(6):363-379.

Wei L,Gao F,2017. Social media,social integration and subjective well-being among new urban migrants in China[J]. Telematics and informatics,34(3):786-796.

Whitehill J M,Brockman L N,Moreno M A,2013. "Just talk to me":Communicating with college students about depression disclosures on Facebook[J]. Journal of adolescent health,52(1):122-127.

Wiederhold B K,2020. Social media use during social distancing[J]. Cyberpsychology,behavior,and social networking,23(5):275-276.

Woods H C, Scott H, 2016. #Sleepyteens:Social media use in adolescence is associated with poor sleep quality,anxiety,depression and low self-esteem[J]. Journal of adolescence,51:41-49.

Wu-Ouyang B, Hu Y, 2022. The effects of pandemic-related fear on social connectedness through social media use and self-disclosure[J]. Journal of media psychology,35(2):

63-74.

Yang W, Xiong G, Garrido L E, et al., 2018. Factor structure and criterion validity across the full scale and ten short forms of the CES-D among Chinese adolescents[J]. Psychological assessment, 30(9): 1186-1198.

Yeh Y-C, Ko H-C, Wu J Y-W, et al., 2008. Gender differences in relationships of actual and virtual social support to internet addiction mediated through depressive symptoms among college students in Taiwan[J]. Cyber Psychology & Behavior, 11(4): 485-487.

Yoo W, 2019. How risk communication via Facebook and Twitter shapes behavioral intentions: The case of fine dust pollution in South Korea[J]. Journal of health communication, 24(7-8): 663-673.

Yu L, Shi C, Cao X, 2019. Understanding the effect of social media overload on academic performance: A stressor-strain-outcome perspective[C]//Proceedings of the 52nd Hawaii International Conference on System Sciences. Hawaii: Scholarspace at University of Hawaii at Monica: 2657-2666.

Zhang R, 2017. The stress-buffering effect of self-disclosure on Facebook: An examination of stressful life events, social support, and mental health among college students[J]. Computers in human behavior, 75: 527-537.

Zhao N, Zhou G, 2020. Social media use and mental health during the COVID-19 pandemic: Moderator role of disaster stressor and mediator role of negative affect[J]. Applied psychology: health and well-being, 12(4): 1019-1038.

Zhao S Z, Wong J Y H, Wu Y, et al., 2020. Social distancing compliance under Covid-19 pandemic and mental health impacts: A population-based study[J]. International journal of environmental research and public health, 17(18): Article 6692.

Zhao Y, Cheng S, Yu X, et al., 2020. Chinese public's attention to the covid-19 epidemic on social media: Observational descriptive study[J]. Journal of medical internet research, 22(5): e18825.

Zhen R, Quan L, Zhou X, 2018. How does social support relieve depression among flood victims? The contribution of feelings of safety, self-disclosure, and negative cognition[J]. Journal of affective disorders, 229: 186-192.

Zheng H, Ling R, 2021. Drivers of social media fatigue: A systematic review[J]. Telematics and informatics, 64: Article 101696.

Zhong B, Huang Y, Liu Q, 2021. Mental health toll from the coronavirus: Social media usage reveals Wuhan residents' depression and secondary trauma in the COVID-19 outbreak[J]. Computers in human behavior, 114: Article 106524.

应急科普中的多元行动者:使用微博数据分析应急科普主体间的议程设置*

✿ 李媛媛 闫丽涵 姜新雅 任 磊 王成军**

摘要:面对突发公共卫生事件的强制属性给议程设置带来的挑战,应急科普多元主体间如何进行有效的议程设置?聚焦于这一核心困惑,本研究将政府、媒体、团体机构、名人和普通用户视为社交媒体的应急科普主体,使用时间序列和网络分析方法分析了2020年1月至4月第一波COVID-19疫情期间的2000万条微博数据。研究发现可以通过以下途径增强议程设置效果:(1)根据格兰杰因果检验的结果,相比于其他主体,团体机构和名人在应急科普主体间的网络议程设置中发挥了更加重要的作用;(2)信源网络相关性检验显示,通过影响名人进而引导公众关注核心信源有助于对公众进行议程设置;(3)核心议题随着疫情阶段的变化发生变化,对于建议科普类议题的关注集中于疫情暴发期和持续期;(4)议题间存在相互推动作用,可以通过关联议题推动对目标议题的设置。综上,抓住关键时期、发挥团体机构和名人的主体优势、引导公众关注核心信源、用关键议题引导关注目标议题有助于加强社交媒体多元主体间的议程设置。

关键词:应急科普;网络议程设置;多元主体;机器学习;微博

---

* 本文系中国科协2020年度研究生科普能力提升项目"重大突发公共卫生事件中微博应急科普传播对防疫效果的影响机制"(项目号:kxyjs202033)阶段性成果。

** 李媛媛,南京大学新闻传播学院硕士生;闫丽涵,南京大学新闻传播学院博士生;姜新雅,南京大学新闻传播学院硕士生;任磊,中国科普研究所副研究员;王成军(通讯作者),南京大学新闻传播学院副教授、博士生导师。

一、问题的提出

当突发公共卫生事件暴发时,对疫情认知不足往往会导致公众产生风险感知偏差,快速普及关于疫情的信息和知识是应急科普的重要任务。正确感知风险并采取恰当的应对行为是降低损失的关键(Funk et al.,2009;Reluga,2010;Rogers,1983;Weinstein,1988;Leung et al.,2003;Brewer et al.,2007;Burns & Slovic,2012)。然而,诸多研究表明公众往往会高估或低估实际的风险(Kasperson et al.,1988;Slovic,2000;周忻,2012)。

议程设置是降低公众风险感知偏差的重要手段。例如,危机与应急风险沟通模型强调通过政府与媒体和团体机构之间的合作保持信息一致性,即增强媒体间的议程设置;而根据风险沟通的评估模型,保持信息的一致性可以提高公众对于信源和信息的信任(Seeger et al.,2018)。因此,媒体间议程设置可以提高公众的信任、减少公众对于疫情的认知不足,并降低公众风险感知偏差。

然而,应急科普的议程设置效果受到两种相反力量的影响。一方面,突发公共卫生事件的公共属性提升议程设置的效果。议题的公共属性有利于吸引公众注意力并改变其行为方式(石国进,2009)。另一方面,突发公共卫生事件的强制属性会削弱议程设置的效果。在《议程设置》一书中,McCombs将议题分为强制性议题和非强制性议题。强制性议题是指那些不容商量地进入公众的日常生活和直接经验的议题(例如突发公共卫生事件);非强制性议题指的是仅出现在新闻报道中、远离公众直接经验的议题。对于突发公共卫生事件等强制性议题,公众往往直接受到日常生活经验的影响,反而不容易受到媒体议程设置的影响(麦库姆斯,2018)。因此,本研究提出以下核心困惑:面对突发公共卫生事件的强制属性给议程设置带来的挑战,应急科普多元主体间如何进行有效的议程设置?

在突发公共卫生事件中运用大数据进行应急科普的网络传播研究有其重要性和必要性。首先,为了抑制突发公共卫生事件中的病毒扩散,社会往往采取居家隔离的政策,这减少了人与人面对面的直接交流,使网络传播在应急科普中的作用愈发重要;其次,突发公共卫生事件的扩散速度快、影响范围广,而采用大数据可以快速追踪疫情的发展。微博等社交媒体平台保存了各类主体海量的即时文本,能更加细颗粒度地反映疫情期间的人类行为,为应急科普的实证研究提供了新思路。

本研究运用大数据分析了应急科普的网络传播,发现媒体在应急科普中发挥的作用相对有限,而名人、公众和社会团体发挥了更加重要的作用。首先,基于2020年1月—4月第一波COVID-19疫情期间抓取的2000万条微博数据,本研究将政府、媒体、团体机构、名人和普通用户视为应急科普主体;其次,根据疫情发展,将应急科普的网络传播分为四个阶段,并测量不同阶段的重点议题;最后,通过格兰杰因果检验和QAP算法检验了应急科普主体间的议程设置关系及强度,总结了议题间的彼此推动关系以及不同议题上应急科普主体间的议程设置。本研究的理论价值在于从"传播格式塔"的系统视角分阶段分析应急科普主体间的网络议程设置,回应了关于多元主体间议程设置的理论困惑,对应急科普的现实实践具有启发意义。

二、文献综述

(一)作为应急风险沟通核心环节的应急科普

Covello(1992)将风险沟通定义为利益相关方之间关于风险的性质、大小、重要性或可控性的信息交换。Frewer(2004)等人的研究进一步指出,有效的风险沟通是所有相关的风险信息都可以公开、及时地呈现和分享给风险沟通过程中的参与者,旨在纠正信息发起者和信息接收者之间的知识差距,并调整风险沟通过程中的参与者之间的关系。应急风险沟通(Emergency Risk Communication,ERC)在传统风险沟通的研究成果上吸纳了危机传播的相关理念和原则,利用了危机事件生命周期中的风险沟通和危机传播要素,针对突发风险进行沟通,侧重于在危机发生后及时满足公众对危机事件的信息需求,警示公众,提供有效规避风险的备选方案,引导舆论,避免恐慌蔓延,等等(Covello & Sandman,2001)。

应急科普是应急风险沟通的核心。突发公共卫生事件中,社会缺乏对新发疫情的知识是让公众正确感知风险、采取行动的最大阻碍,因此,让知识被快速传播就成为突发公共卫生事件应急风险沟通的核心环节,而知识的传播过程即是科普(Science Communication)的过程。针对突发公共卫生事件中的紧急状态下的科普,中国学者在2003年"非典"疫情之后率先提出了应急科普的概念(国际医药卫生导报,2004)。在突发公共卫生事件频发的背景下,国际上也开始关注危机状态下的紧急科普(Davies,2022)。

对于应急科普的边界及作用范畴,学界还存在较大的争议。董泽宇(2014)、刘彦君(2017)等人主张应急科普应当是事件发生前对于应急方法和科学知识的常态化科普,主要起预防和应对作用;石国进(2009)、褚建勋(2011)等人主张应急科普是事件发生后为应对紧急情况展开的科普,应当与常态化的科普相区别。本研究主张采用石国进等学者的视角,认为应急科普是紧急事件发生后进行的,为使公众更好地应对紧急情况而开展的科普。

在应急科普的具体定义上,前人将目标、主体、内容三个方面综合起来,将应急科普定义为"为了有效应对突发公共卫生事件,媒体、政府部门、科学共同体面向公众群体而展开的有关突发公共卫生事件基本科学概念、应对方法、相关政策法规等内容的科学普及和传播,目的是提高突发公共卫生事件应对成效和公众科学素养"(胡翠莲,2016)。其中,目标、内容基本没有太大变化,但在应急科普的主体方面,需要根据社交媒体时代的传播特点进行重新界定。从应急科普概念的提出至今已近20年,传播环境已经发生了重大变化,伴随着社交媒体发展的,是公众表达能力的提升、社交媒体意见领袖话语权和影响力的逐渐崛起。本文从现代科学传播"平视"的视角出发,结合社交媒体时代的传播的新变化,将意见领袖和公众纳入应急科普的主体,将突发公共卫生事件中的应急科普的主体确定为政府、媒体、团体机构、意见领袖、公众。基于以上对于应急科普主体的重新界定,借鉴石国进(2009)、胡翠莲(2016)、刘彦君(2017)等人对于突发公共卫生事件中应急科普的定义,本文将突发公共卫生事件中的应急科普定义修正为"为了有效应对突发公共卫生事件,政府部门、科学共同体和媒体面向公众群体而展开的,意见领袖和普通公众广泛参与的有关突发公共卫生事件基本科学概念、应对方法、相关政策法规等内容的科学普及和传播,以提高突发公共卫生事件应对成效和公众科学素养"。

从应急科普研究成果来看,由于发展时间较短,现有研究相对不充分,但新冠疫情显著推动了应急科普相关研究的发展。自2004年应急科普概念提出至今,知网仅有458篇应急科普相关文献,其中新冠疫情以来发表的就有266篇,占比60%。已有研究主要集中在现象或特征描述(汤书昆、樊玉静,2020;尚甲、郑念,2020)、组织间协作机制和体系梳理(王明、郑念,2020;徐凌 等,2020)以及根据现象结合自身思考提出策略建议(胡俊平 等,2021;赵辰伟,2021;杨家英,2020;季良纲,2020)。其中基于实证的应急科普传播模式研究相对不充分,对于突发公共卫生事件的相关研究还有待进一步发展。

以阶段性视角思考应急科普是很多学者的共识。阶段性视角来源于危机传播的阶段分析理论(Fink,1986),指出突发事件的发展具有阶段性,并需要针对不同阶段采取不同的沟通策略,这一理论被广泛应用在应急风险沟通中,同样适用于应急科普。褚建勋(2011)等人针对"511"火灾将突发事件分为三阶段,梳理了应急科普在突发事件中每一阶段的重点任务以及科普效果。突发公共卫生事件应急科普需要在内容上、渠道上加重体现"应急"二字,以公众科普需要为导向,具有针对性、分时段地提供各种科普知识,包括与事件密切相关的基本科学概念与原理、事件应对方法、事件相关政策法规以及科学理性态度等的科普。基于以上逻辑,有几个问题需要研究:

RQ1:在本次COVID-19疫情中,每一阶段应急科普的核心议题是什么?

公众注意力总是在议题间流动,使议题间存在着演化关系。公众注意力的产物——舆情,往往伴随着突发事件而生,通过转发评论而扩散,最终也会因事件热度的降低而消亡。议题在某种程度上反映了公众注意力,而对于不同类型的问题,公众注意力的演变模式有很大不同,并且对于某一种类型的问题由于发展阶段的不同,公众注意力也会随之改变(Neuman,1990)。

RQ2:在突发公共卫生事件的应急科普中,集体注意力如何在议题间流动?

(二) 媒体间网络议程设置

McCombs(2012)在 Civic Osmosis:The Social Impact of Media 一文中指出,互联网时代,随着人们触媒方式的多样化,人们时时刻刻徜徉在新闻与信息的汪洋大海之中,不同媒体之间往往存在媒体间议程设置效果,"公民渗透"与"传播格式塔"业已普遍存在。"或者是这些渠道同声齐唱,千部一腔,鲜有差别;或者是其中一两个渠道在影响力方面明显地超越了其他渠道;一种情况与另一种情况之间,形式相当不同。即使在差异的确存在的地方,多数渠道也都对这种议程设置的效果有所贡献。我们是在一片新闻与信息的汪洋大海中游泳,传播渠道的格式塔意味着总体效果大于部分之和"(McCombs,2018)。

应急科普中存在政府、媒体、团体机构、意见领袖、公众等多种主体,他们基于各自的生产结构和主导能力进行相应的应急科普信息的生产与传播活动,形成应急科普独特的传播格式塔。考虑到"传播格式塔"1+1>2的效果,有必要摒弃孤立的、静止的视角,而将应急科普的多主体看作媒介集体进行分析,研究应急科普媒介集体内部的媒体间议程设置。

议程设置是传播学领域的一个经典理论。早期的议程设置研究聚焦于第一层次的议程设置。McCombs 和 Shaw 于1972年提出大众媒体可以告诉人们想什么,这是第一层次议程设置的内涵。经过十几年的发展,McCombs 在1996年西班牙大选的研究中又提出了第二层次议程设置,也即"属性议程设置"(McCombs et al.,2000),第二层次议程设置进一步提出:大众媒体不仅影响了公众"想什么",还影响了他们"如何去想"——也就是说,大众媒体不仅为公众设置了对象,还设置了对象的主题、议题、人物等各种属性。

第一层次议程设置和第二层次议程设置在研究方法上相似。研究者先对大众媒体报道中的议程进行编码,然后进行民意调查,获取公众议程数据。确定媒体议程和公众议程的相关程度,以此来证明是否存在议程设置。但是,第一层次议程设置和第二层次议程设置所关注的仍然是单个元素,没有考察元素与元素之间的关系,也就没有触及大众媒体是如何将外部世界的整个图景反映给公众这一问题。社交网络分析这一研究方法的出现使研究议程之间的关系和联系成为可能。2011 年,郭蕾和 McCombs 在传统议程设置理论的基础上提出了第三层次议程设置(Guo & McCombs,2011)。

第三层次议程设置,也叫网络议程设置(Network Agenda Setting,NAS),吸收了认知网络模型(Cognitive Network Model)理论中对于人类获取信息和形成认知的过程的理解,认为人类认知结构并非线性的,而是一种由不同节点相互连接构成认知图谱的网络结构(Vu,Guo & McCombs,2014)。这一视角的引入丰富和完善了传统议程设置理论,更深入地理解了媒体的议程设置过程,即并非通过线性排列影响公众"想什么"和"怎么想",而是可以将议题与属性之间组成的认知网络传递给公众,进而影响公众建立议题与议题、议题与属性之间的关系(Guo,2012)。需要强调的是,网络议程设置中的"网络议程"指的并非是"网络(Internet)上的议题",而是"议题组成的网络(Network)"。

具体而言,网络议程设置模型在方法论上运用社会网络分析这一定量研究方法(Guo,2012),将每一个议题作为一个节点,将两个议题之间的共现次数作为两个节点间连边数,以此构建矩阵网络,进而探索媒体在传递信息的时候,是将哪些议题作为密切联系的整体一起传递的。在媒体—公众的网络议程设置研究中,分别确定媒体议程网络(media agenda networks)和公众议程网络(public agenda networks)之后,运用 QAP 检验检查两个议程网络之间的相关性,这个相关性系数就反映了媒体议程在多大程度上设置了公众议程。另外,议程设置效果不仅局限于媒体与公众之间,媒体与媒体之间也可能存在相互影响。因此,媒体间议程设置(IAS)关注的是不同媒体之间相互设置对方议程的互动模式(Vargo et al.,2018)。

目前已有应用最新的网络议程设置的研究方法检验媒体间议程设置效果的研究,但总体而言成果仍然较少。Vargo 和 Guo(2017a)用网络议程设置的研究方法对美国精英传统媒体、通讯社、党派网络媒体、非党派网络媒体、其他传统媒体在 2015 年全年的新闻报道进行了议题网络分析,指出媒体之间普遍存在媒体间议程设置,且媒体议程设置效果因媒体类型、问题类型和时间段而异。例如在后续的一系列研究中,他们检验到核心国家对外围国家的新闻媒体更强的议程设置(Guo & Vargo,2017b)、报道虚假新闻的媒体相比于事实核查的媒体具有更强的议程设置能力等(Vargo & Guo,2018);Stern(2020)等人使用网络检验媒体间的议程设置,发现媒体间议程设置的影响力很大程度上取决于主题,同一新闻源在某些主题充当议程设置者(即中心节点),在其他主题中则充当追随者(即外围节点)。基于此,提出研究问题:

RQ3:在突发公共卫生事件当中,应急科普主体间如何针对不同的议题进行议程设置?

三、研究方法

(一) 数据

本研究原始数据来自清博智能提供的4000余万条新浪微博数据。在数据获取阶段,以 COVID-19、新冠肺炎、李兰娟、李文亮、武汉、钟南山、雷神山等26个关键词进行爬取,时间跨度为2020年1月1日至4月16日,覆盖了国内第一轮新冠疫情从暴发到趋于结束的全部过程。全量数据4000余万条,剔除了内容为空、未报告位置及位置在海外的微博,最终数据集为2000万条微博数据。

(二) 测量

1. 应急科普主体类别

以微博官方用户认证类型为依据,参照应急科普研究中对于主体的范围界定,本文选取普通用户、名人、政府、媒体、团体机构这五类应急科普主体用户类别进行研究。

2. 微博文本的议题分类

首先,借鉴前人研究(Li et al.,2018)及观察总结,本研究将文本分为"建议科普""公益捐助""对外求助""政府政策""疫情态势""疫情影响""公众态度""人物故事""无效信息"9类议题,每类议题各编码1000条作为训练集,3名编码员试编码一致性达到88%,具有一定信度;之后,对2000万条微博文本进行了清洗,使用jieba工具对微博内容文本进行分词,使用word2vec训练生成词向量后进行机器学习,在对比不同类型算法的准确性后,以议题分类效果最好的模型为逻辑回归模型对2000万条微博文本进行自动化议题分类。

3. 疫情阶段划分

对于COVID-19疫情,学者普遍采用标志性事件作为划分依据,将其划分为三至六个阶段(王萌 等,2020;祝哲 等,2020;万垚 等,2021;Hou,2021)。标志性事件各有不同,其中,武汉封城和武汉解封是被普遍采用为暴发阶段和恢复阶段的标志事件。借鉴前人的划分标准,本研究主要采取经典的四阶段说,以武汉封城(1月23日)、新增治愈人数首次超过新增确诊人数(2月18日)、第一批援鄂医疗队撤出武汉(3月18日)、武汉解封(4月8日)为标志性事件,将疫情划分为预警期(1月1日—1月22日)、暴发期(1月23日—2月18日)、持续期(2月19日—3月18日)、恢复期(3月19日—4月8日及以后)。

4. 议程设置效果

(1)议程设置强度

在议程设置的强度上,使用议题一致性和信源一致性作为议程设置强度的衡量指标。主要步骤为首先从微博文本中提取议题和信源:在议题方面,通过人工编码结合机器学习对微博进行议题分类;在信源方面,用数据集中所有发布微博的用户名构建初始字典,并添加"钟南山""张文宏""李兰娟"等重要信源名称进入字典,以此提取微博文本中提及的信源。之后,将本研究五类应急科普主体的议题网络和信源网络分别表达为一个矩阵,运用QAP检验两两主体间议题、信源网络之间的相关性,以此获知A在多大程度上设置了B的议题、信源。

QAP(quadratic assignment procedure,二次指派程序)检验是一种对两个方阵中各个元素的相似性进行比较的方法,即它对方阵的各个元素进行比较,给出两个矩阵之间的相关系数,同时对系数进行非参数检验,它以对矩阵数据的置换为基础(刘军,2014)。在本研究中,通过对属性关键词共现矩阵的分析,可以研究矩阵之间是否存在显著相关性。

(2)议程设置主导作用

在议程设置的主导作用检验方面,使用格兰杰因果检验(Glodberg,1980)作为依据。格兰杰因果检验基于以下公式:

$$x_t = \sum_{i=1}^{\infty} \alpha_i x_{t-i} + \sum_{i=1}^{\infty} \beta_i y_{t-i} + \varepsilon_t$$

Xt 与 Yt 都是时间序列,自变量 Y 的过去值 $Yt-i$ 有助于预测因变量 X。如果格兰杰因果关系检验结果显著,表明 Yt 对 Xt 有格兰杰因果关系,即 Yt 是引起 Xt 的原因。通过格兰杰因果检验,如果某一应急科普主体对该议题的参与讨论是另一主体对该议题讨论的格兰杰原因,则该指标能指示前者对后者存在议程设置。用 lag 滞后阶数判断议程设置的"起效时间"。

四、研究发现

(一)微博讨论的用户参与度

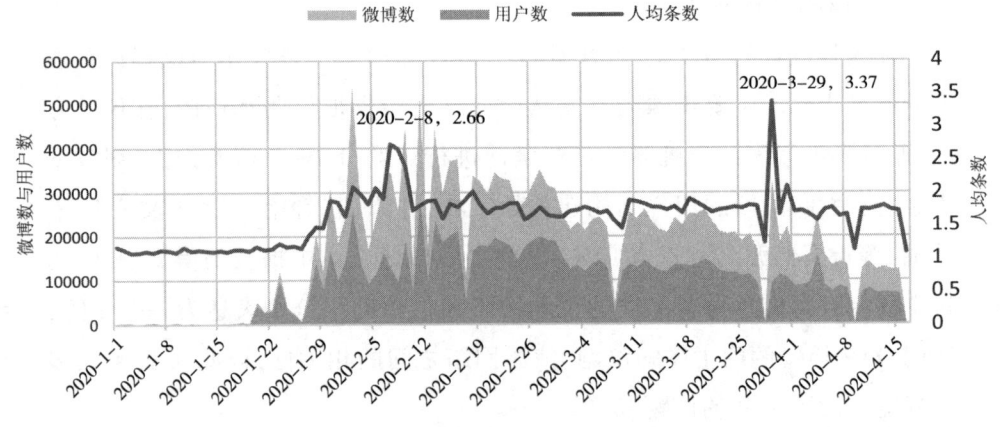

图1　用户微博讨论参与情况

总体而言,公众参与微博讨论与疫情进展密切相关,参与疫情相关讨论的总体微博数与用户数、人均发微博条数基本呈现同步变动的趋势。2020年2月7日,李文亮医生去世的消息传出后,微博人均发文达到第一个峰值;2020年3月28日,武汉疫情以来首次通航通车,标志着城市开始重启。人均发文条数在2020年3月29日出现第二个峰值。

将公众参与程度与疫情进程的指标——新增确诊、新增死亡、新增出院数进行斯皮尔曼相关性检验,各类型用户的总微博数、用户数、人均条数上均表现出与新增指标的正相关,而条均词数则与其他参与指标相反,与各新增指标呈现出负相关。其中,(1)总微博数、人均条数两项与新增死亡正相关性更强,这也许说明新增死亡更加能够牵动用户的神经,促使用户更加频繁地发微博进行讨论;(2)用户数一项则与新增出院高度正相关,这可能说明微博拥有大量的沉默用户,随着社会风险状态的长期延续,卷入了更多的沉默用户参与疫情讨论;(3)条均词数与新增出院负相关性更强,在各个用户类型上均达到了0.5以上的负相关,可能由于公众随着疫情持续好转、信息充分掌握而减少注意力的投入,表达逐渐碎片化。

表1 各类型用户参与度与疫情风险相关性

自变量	用户类型	新增确诊数	新增死亡数	新增出院数
微博数	总体	0.58***	0.78***	0.76***
	普通用户	0.57***	0.77***	0.75***
	名人	0.57***	0.75***	0.74***
	政府	0.66***	0.79***	0.73***
	媒体	0.68***	0.8***	0.71***
	团体机构	0.66***	0.81***	0.76***
用户数	总体	0.56***	0.77***	0.77***
	普通用户	0.56***	0.77***	0.77***
	名人	0.53***	0.75***	0.77***
	政府	0.61***	0.74***	0.72***
	媒体	0.59***	0.73***	0.74***
	团体机构	0.55***	0.75***	0.81***

续表

自变量	用户类型	新增确诊数	新增死亡数	新增出院数
人均条数	总体	0.52***	0.63***	0.57***
	普通用户	0.43***	0.57***	0.57***
	名人	0.45***	0.53***	0.51***
	政府	0.66***	0.77***	0.69***
	团体机构	0.65***	0.73***	0.63***
	媒体	0.69***	0.79***	0.69***
条均词数	总体	−0.3***	−0.53***	−0.68***
	普通用户	−0.37***	−0.56***	−0.67***
	名人	−0.06	−0.23**	−0.5***
	政府	−0.19**	−0.41***	−0.7***
	媒体	−0.09	−0.28***	−0.62***
	团体机构	−0.17*	−0.43***	−0.67***

注：$p<0.01$***，$p<0.05$**，$p<0.1$*

查看不同类型用户随疫情新增指标变化的拟合趋势，可以更加直观地查看各个类型用户的参与特点。(1)总微博数和用户数就数量而言基本是普通用户>名人>政府>媒体>团体机构，且就趋势而言在各主体上均表现出随疫情新增指标增加而上升的特点。(2)人均条数就数量而言，媒体一骑绝尘，后为政府和团体机构，往下依次为名人、普通用户，体现出媒体、政府、团体机构在应急科普中的主体作用。在趋势上，新增出院数表现为更加清晰的拟合线——新增出院人数的增多，普通用户和名人的人均条数掉头向下，而媒体政府、团体机构则保持了向上的态势，说明各主体间对于持续风险关注度的差异。(3)条均词数在数量上媒体最多，接着是团体机构，而后为政府、名人，普通用户条均词数最少，与不同类别用户的成文习惯和规范相符——媒体一般承担详论事实的重要任务，因此词数使用最多；而政府主要发布通知公文，要保证文字简洁、长度适中；而普通用户主要记录零散的情绪，随手发布，词数最少。

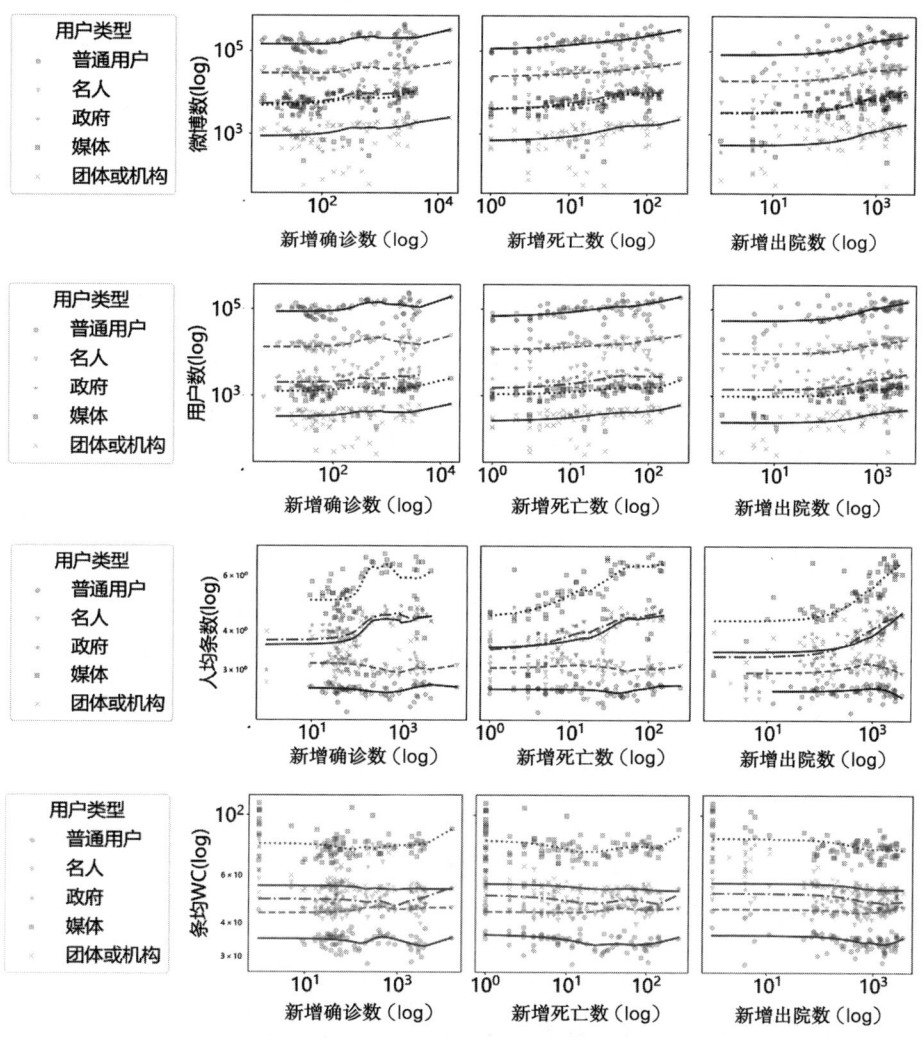

图2 不同主体微博参与随疫情风险指标变化趋势

在本节中,通过描述性分析和简单的相关性检验呈现了公众参与随疫情新增数据的变化而变化的基本情况,简要分析了不同应急科普主体的参与特点。

(二)集体注意力流动推动议题演化

议题重要性随着疫情发展阶段的变化而发生变化,本文将不同议题上的总发文数看作公众注意力的大小指标,该议题下发文数越多,说明议题越重要。其中较为特别的是,通过检验九类议题在不同疫情发展阶段的总发文数,发现公众态度始终是疫情期间的重要议题之一,在任何阶段始终处于前两位,并在疫情进入持续期后占据绝对主导地位,这由微博本身作为公众意见表达平台的性质决定,下文重点关注除公众态度类议题外的其他议题的重要性随疫情阶段的变化而产生的变化。

预警期。除公众态度(N=84284)外,预警期最核心的、关注数量最多的议题是疫情态势(N=109336)和建议科普(N=47301)类议题。两个均为风险信号的传递议题,在风险沟通冷启动中发挥最核心的作用。

暴发期。建议科普类议题仍然非常重要(N=725616),公益捐助类议题一跃成为最核心的议题之一(N=1281717)。医疗系统受到冲击,口罩等医疗资源储备不足,以及为应对高风险疫情而采取的隔离政策带来的物资短缺,种种因素叠加起来构成推动公益捐助类议题发展的原动力。

持续期。公益捐助类议题(N=800042)的重要性延续到疫情的持续期,在这一时期,社会进入突发公共卫生事件后的重建阶段,作为凝聚社会共识、重建社会信心的重要举措,人物故事(N=687216)的宣传议题开始占据主要位置。

恢复期。疫情基本稳定,社会进入复盘阶段,疫情影响(N=360256)和政府政策类(N=344654)议题成为重要一环。

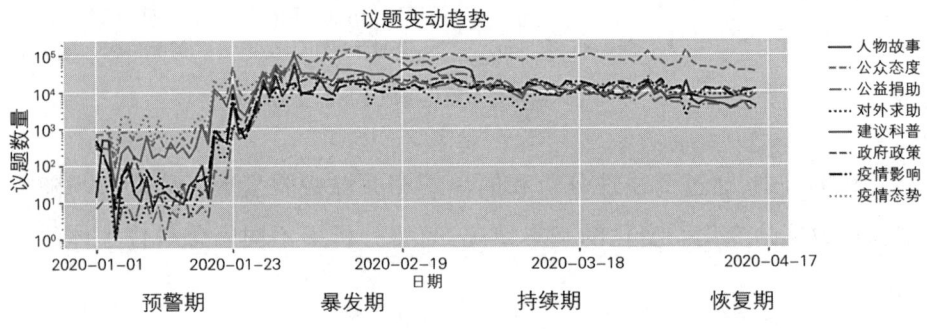

图3 议题变化趋势

表 2 不同阶段议题数量及排名

阶段	建议科普	疫情态势	疫情影响	公益捐助	对外求助	政府政策	人物故事	公众态度
预警期	(3) 47301	(1) 109336	(4) 12249	(8) 1442	(7) 2742	(6) 8127	(5) 8222	(2) 84284
暴发期	(3) 725616	(4) 640847	(8) 220392	(2) 1281717	(7) 276137	(5) 430837	(6) 342902	(1) 1566937
持续期	(7) 394370	(5) 425689	(6) 420781	(2) 800042	(8) 224042	(4) 524334	(3) 687216	(1) 2440224
恢复期	(6) 239273	(4) 321924	(2) 360256	(8) 160464	(5) 251416	(3) 344654	(7) 222743	(1) 1837067

以上分析回答了 RQ1 所提出的每一阶段应急科普的核心议题为何的疑问。然而，仅仅知道集体注意力的阶段性特点仍然是一个相对静止的视角，集体注意力却是流动的，从一个议题流向另一个议题的过程促进了议题的演化，使一个议题的出现可以推动其他议题的产生和发展。对于议题间推动作用的格兰杰因果检验如表 3 所示：

表 3 议题间的格兰杰因果检验结果

格兰杰关系	F 值	显著性	滞后阶数	结论
人物故事→建议科普	4.83	0.09	2	存在格兰杰因果关系
公众态度→建议科普	6.72	0.03	2	存在格兰杰因果关系
公益捐助→建议科普	9.09	0.01	2	存在格兰杰因果关系
对外求助→建议科普	5.89	0.05	2	存在格兰杰因果关系
政府政策→建议科普	14.02	0.00	2	存在格兰杰因果关系
疫情影响→建议科普	5.46	0.07	2	存在格兰杰因果关系
人物故事→疫情态势	6.60	0.04	2	存在格兰杰因果关系
公众态度→疫情态势	7.44	0.02	2	存在格兰杰因果关系
公众态度→疫情影响	13.25	0.00	2	存在格兰杰因果关系
人物故事→公益捐助	6.24	0.04	2	存在格兰杰因果关系
公众态度→公益捐助	7.58	0.02	2	存在格兰杰因果关系
对外求助→公益捐助	10.29	0.01	2	存在格兰杰因果关系
建议科普→公益捐助	10.55	0.01	2	存在格兰杰因果关系

续表

格兰杰关系	F 值	显著性	滞后阶数	结论
政府政策→公益捐助	4.78	0.09	2	存在格兰杰因果关系
公益捐助→对外求助	6.06	0.05	2	存在格兰杰因果关系
疫情影响→对外求助	7.84	0.02	2	存在格兰杰因果关系
公众态度→政府政策	9.55	0.01	2	存在格兰杰因果关系
公益捐助→政府政策	11.92	0.00	2	存在格兰杰因果关系
疫情影响→政府政策	7.90	0.02	2	存在格兰杰因果关系
对外求助→人物故事	6.59	0.04	2	存在格兰杰因果关系
政府政策→人物故事	5.05	0.08	2	存在格兰杰因果关系
对外求助→公众态度	4.74	0.09	2	存在格兰杰因果关系

根据表3的格兰杰因果检验,议题间关系整理如图4所示:

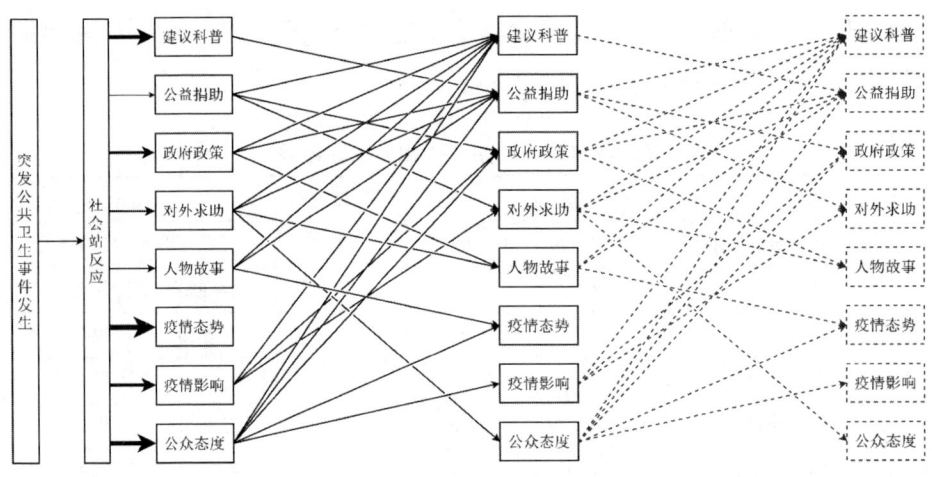

图4 议题间推动作用关系图

结果显示,公众态度类议题在推动其他议题出现方面的作用最显著,可以显著推动公益捐助、建议科普、政府政策、疫情影响、疫情态势类议题的发展。对外求助可以撬动建议科普、公益捐助、人物故事和公众态度议题的发展。公益捐助类议题可以推动建议科普、政府政策、对外求助议题的发展,政府政策可以推动建议科普、公益捐助、人物故事议题的发展。人物故事可以推动建议科普、公益捐助、疫情态势议题的发展。疫情影响可以推动建议科普、政府政策、对外求助议题的发展。建议科普类议题对于其他议题的推动作用有限,仅对公益捐助类议题呈现议程设置的作用。而疫情态势的议题本身并不会影响其他议题。通过以上分析,本文回答了 RQ2 中集体注意力如何在议题间流动的问题。

(三)不同疫情阶段主体间议程设置强度

本节首先构建了数据时间范围内不同主体每一天的议题网络和信源网络,之后通过 QAP 算法检验了每天各主体间议题网络和信源网络的相似程度,认为两个主体间议题、信源网络相似程度越高意味着当天两者间议程设置强度越强。显著性标准采用 $p<0.1$,未通过显著性检验的图中表现为相关性=0,相关性为 0 指向的是两者之间不存在显著相关性。

1. 议题一致性水平检验

箱线图结果显示,政府—媒体、媒体—团体机构、政府—团体机构、普通用户—名人之间保持了较高的一致性水平,106 天的 QAP 相关性系数中位数在 0.78 以上,然而媒体—普通用户、政府—普通用户、团体机构—普通用户则表现出更低的议题一致性水平(中位数<0.4),更离散,这意味着政府、媒体、团体机构对于普通用户的议程设置效果不尽如人意。其中,名人可能是一个关键主体,政府—名人、媒体—名人、团体机构—名人的议题网络一致程度均高于 0.5,而名人—普通用户之间的议题一致性约为 0.8,是否可以通过设置名人的议程带动普通用户的议题参与? 这为有效设置公众议程提供了一条有益思路。

分阶段查看,主体间议题一致性水平在预警期均更加分散,暴发期后更加集中,表现出了突发公共卫生事件的暴发对于集体注意力的聚焦作用。但不同主体之间议题一致性水平的阶段性特征却存在较为显著的差别。(1)政府—媒体、政府—团体机构的议题一致性随着疫情发展从暴发期到恢复期逐渐降低,并且逐渐分散,表现出政府对媒体、团体机构议程设置的逐步放松,从应激水平逐步恢复常态;(2)而在名人—团体机构、政府—普通用户、媒体—普通用户、名人—普通用户、团体机构—普通用户上,却表现出了

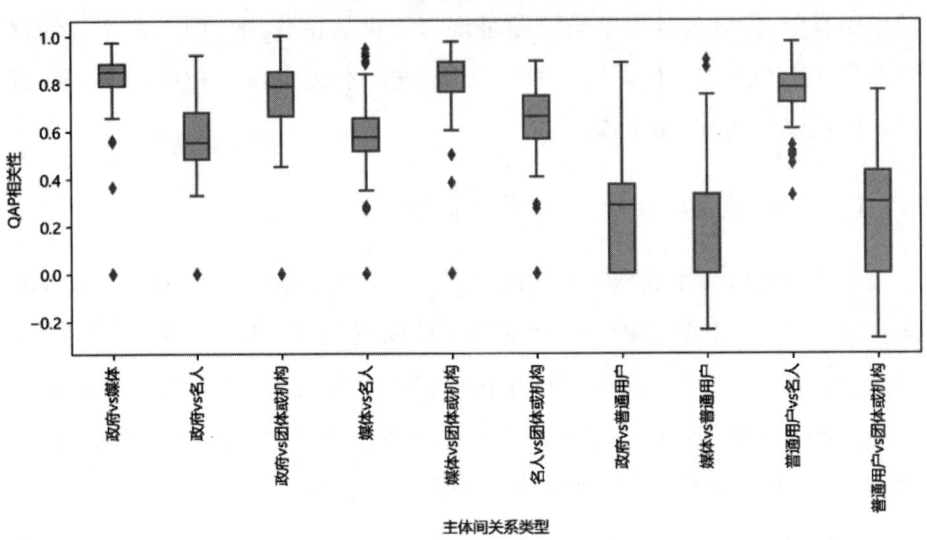

图 5 主体间议题网络 QAP 相关性箱线图

从暴发期到恢复期逐渐增加、逐渐集中的趋势，其中，主要是其他主体与普通用户之间的议题网络一致性的增加和集中，这可能意味着对普通用户议程设置的努力随着疫情发展阶段而逐渐起效，体现了公众与其他主体间共识的凝聚过程。

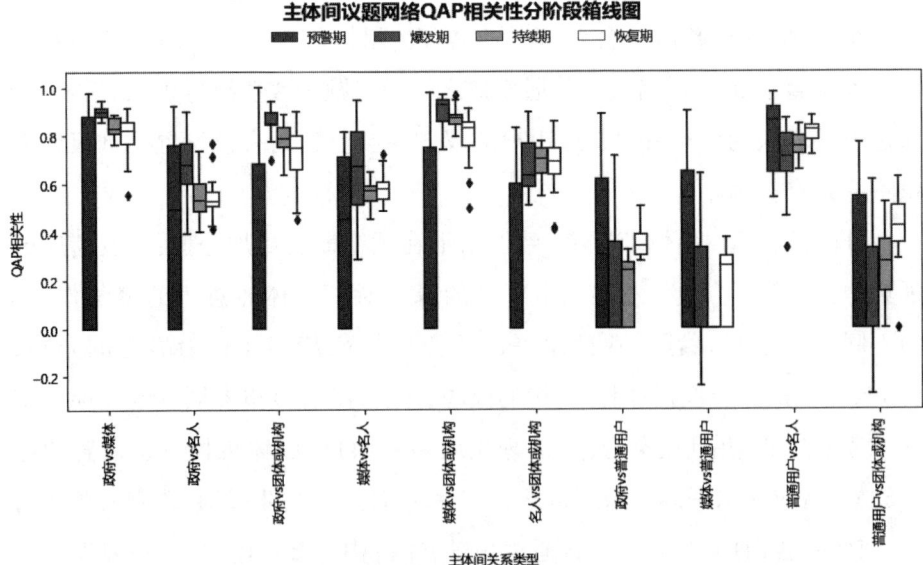

图 6 主体间议题网络 QAP 相关性分阶段箱线图

2. 信源一致性水平检验

信源网络相关性在大部分主体间基本符合正态分布,但偏向不同。根据分布不同可以将主体间关系粗略地分为两组,高信源一致性组:政府—名人、政府—媒体、媒体—名人、普通用户—名人;低信源一致性组:政府—团体机构、媒体—团体机构、名人—团体机构、政府—普通用户、媒体—普通用户和团体机构—普通用户。名人更多地出现在高信源一致性组中,且名人与普通用户的信源一致性较高,因此通过引导名人采纳权威信源进而引导公众采纳权威信源是促进正确科普信息传递的另一条进路。

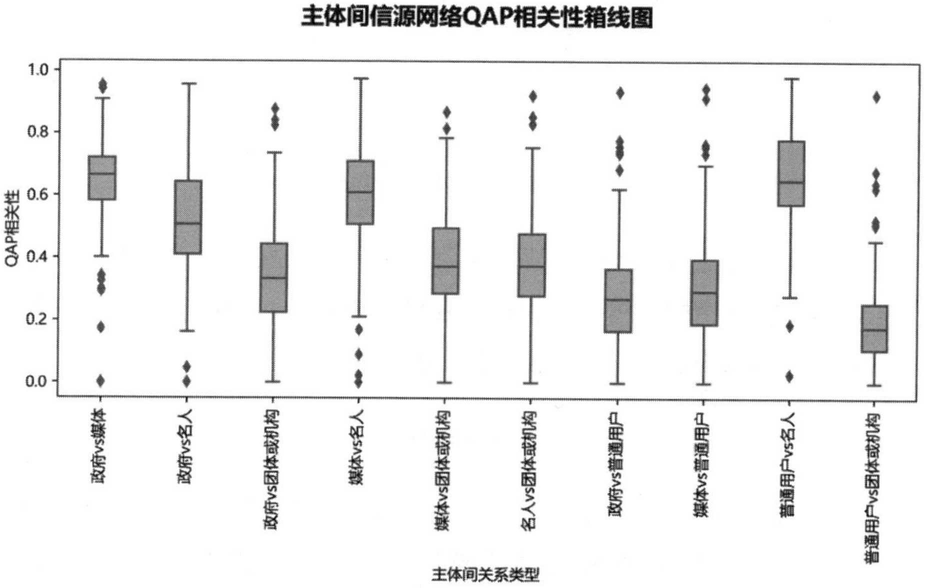

主体间信源网络QAP相关性箱线图

图7 主体间信源网络 QAP 相关性箱线图

分阶段来看,与议题一致性检验部分一样,对比暴发期前后,可以发现疫情暴发对于集体注意力、信源采纳的集中作用,除普通用户—团体机构外,基本呈现出随疫情阶段发展信源一致性逐渐降低的特征,但暴发期、持续期、恢复期之间的信源一致性集中的程度变化(箱线长短)总体来说并不明显。

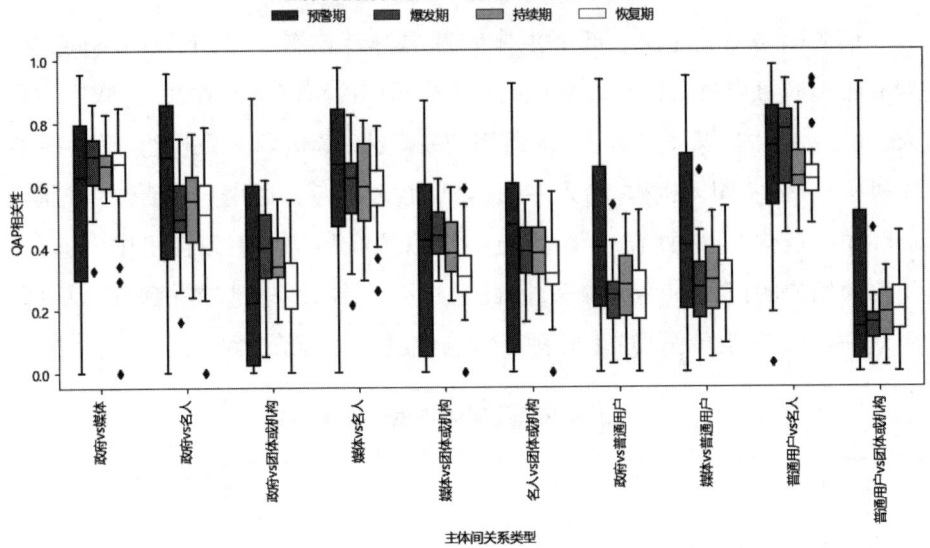

图8 主体间信源网络 QAP 相关性分阶段箱线图

本节中通过检验主体间议题网络、信源网络的 QAP 相关性，呈现了第一波 COVID-19 疫情中主体间议程设置强度的概貌，并发现了名人在引导公众关注议题和核心信源方面可能存在一些优势。

(四)各议题上的应急科普主体间议程设置模式

为了回答 RQ3 应急科普主体间如何针对不同的议题进行议程设置的问题，本文接下来检验了同一议题上不同应急科普主体间的格兰杰因果关系。

表4 不同议题主体间格兰杰因果检验结果

检验议题	格兰杰关系	F 值	显著性	滞后阶数	结论
建议科普	名人→政府	5.84	0.02	1	存在格兰杰因果关系
建议科普	团体机构→政府	12.17	0.00	2	存在格兰杰因果关系
建议科普	媒体→政府	8.50	0.00	1	存在格兰杰因果关系
建议科普	团体机构→普通用户	6.18	0.05	2	存在格兰杰因果关系
建议科普	媒体→普通用户	8.10	0.02	2	存在格兰杰因果关系
建议科普	政府→普通用户	6.70	0.04	2	存在格兰杰因果关系

续表

检验议题	格兰杰关系	F值	显著性	滞后阶数	结论
建议科普	团体机构→名人	3.77	0.05	1	存在格兰杰因果关系
建议科普	媒体→名人	8.24	0.02	2	存在格兰杰因果关系
建议科普	团体机构→媒体	3.19	0.07	1	存在格兰杰因果关系
疫情态势	团体机构→政府	13.26	0.00	2	存在格兰杰因果关系
疫情态势	媒体→政府	10.07	0.01	2	存在格兰杰因果关系
疫情态势	名人→团体机构	5.00	0.03	1	存在格兰杰因果关系
疫情态势	媒体→团体机构	8.76	0.01	2	存在格兰杰因果关系
疫情态势	政府→团体机构	9.73	0.01	2	存在格兰杰因果关系
疫情态势	团体机构→普通用户	3.11	0.08	1	存在格兰杰因果关系
疫情态势	团体机构→名人	3.98	0.05	1	存在格兰杰因果关系
疫情态势	团体机构→媒体	9.91	0.01	2	存在格兰杰因果关系
疫情影响	名人→政府	11.18	0.00	2	存在格兰杰因果关系
疫情影响	普通用户→政府	12.33	0.00	2	存在格兰杰因果关系
疫情影响	媒体→名人	4.65	0.10	2	存在格兰杰因果关系
疫情影响	政府→名人	5.05	0.08	2	存在格兰杰因果关系
疫情影响	名人→媒体	7.24	0.03	2	存在格兰杰因果关系
疫情影响	政府→媒体	8.23	0.02	2	存在格兰杰因果关系
公益捐助	名人→政府	50.59	0.00	2	存在格兰杰因果关系
公益捐助	团体机构→政府	15.27	0.00	2	存在格兰杰因果关系
公益捐助	媒体→政府	18.42	0.00	2	存在格兰杰因果关系
公益捐助	普通用户→政府	38.56	0.00	2	存在格兰杰因果关系
公益捐助	名人→团体机构	36.06	0.00	2	存在格兰杰因果关系
公益捐助	媒体→团体机构	9.02	0.01	2	存在格兰杰因果关系
公益捐助	普通用户→团体机构	12.94	0.00	2	存在格兰杰因果关系
公益捐助	名人→普通用户	25.83	0.00	2	存在格兰杰因果关系
公益捐助	媒体→普通用户	25.48	0.00	2	存在格兰杰因果关系
公益捐助	政府→普通用户	33.74	0.00	2	存在格兰杰因果关系
公益捐助	团体机构→名人	7.05	0.03	2	存在格兰杰因果关系
公益捐助	媒体→名人	54.21	0.00	2	存在格兰杰因果关系

续表

检验议题	格兰杰关系	F 值	显著性	滞后阶数	结论
公益捐助	政府→名人	22.44	0.00	2	存在格兰杰因果关系
公益捐助	名人→媒体	23.92	0.00	2	存在格兰杰因果关系
公益捐助	普通用户→媒体	10.24	0.01	2	存在格兰杰因果关系
对外求助	团体机构→政府	7.10	0.03	2	存在格兰杰因果关系
对外求助	普通用户→政府	5.00	0.08	2	存在格兰杰因果关系
对外求助	普通用户→团体机构	5.69	0.06	2	存在格兰杰因果关系
对外求助	团体机构→普通用户	11.07	0.00	2	存在格兰杰因果关系
对外求助	普通用户→名人	12.38	0.00	2	存在格兰杰因果关系
对外求助	名人→媒体	7.80	0.02	2	存在格兰杰因果关系
对外求助	普通用户→媒体	14.82	0.00	2	存在格兰杰因果关系
政府政策	团体机构→政府	11.72	0.00	2	存在格兰杰因果关系
政府政策	媒体→政府	9.21	0.01	2	存在格兰杰因果关系
政府政策	普通用户→团体机构	4.71	0.09	2	存在格兰杰因果关系
政府政策	名人→普通用户	11.50	0.00	2	存在格兰杰因果关系
政府政策	团体机构→名人	7.46	0.02	2	存在格兰杰因果关系
政府政策	媒体→名人	7.51	0.02	2	存在格兰杰因果关系
政府政策	政府→名人	5.88	0.05	2	存在格兰杰因果关系
政府政策	普通用户→名人	8.05	0.02	2	存在格兰杰因果关系
政府政策	团体机构→媒体	5.12	0.02	1	存在格兰杰因果关系
人物故事	团体机构→政府	17.70	0.00	2	存在格兰杰因果关系
人物故事	媒体→政府	19.25	0.00	2	存在格兰杰因果关系
人物故事	政府→团体机构	4.72	0.09	2	存在格兰杰因果关系
人物故事	媒体→名人	3.03	0.08	1	存在格兰杰因果关系
公众态度	名人→政府	24.70	0.00	2	存在格兰杰因果关系
公众态度	团体机构→政府	5.56	0.06	2	存在格兰杰因果关系
公众态度	媒体→政府	4.76	0.09	2	存在格兰杰因果关系
公众态度	普通用户→政府	15.42	0.00	2	存在格兰杰因果关系
公众态度	普通用户→团体机构	10.00	0.01	2	存在格兰杰因果关系
公众态度	名人→媒体	17.57	0.00	2	存在格兰杰因果关系
公众态度	普通用户→媒体	17.05	0.00	2	存在格兰杰因果关系

根据以上格兰杰因果检验结果,将不同议题的媒体间议程设置模式总结如下：

建议科普类议题应急科普主体间议程设置模式

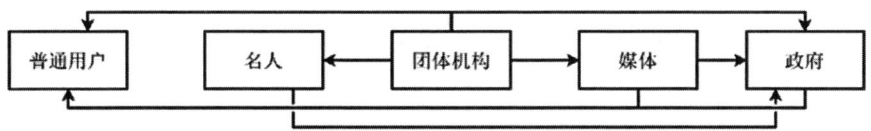

疫情态势类议题应急科普主体间议程设置模式

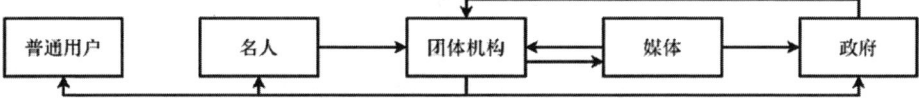

疫情影响类议题应急科普主体间议程设置模式

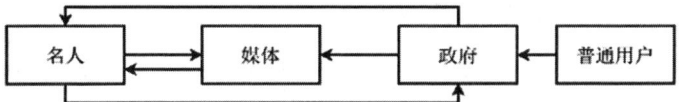

公益捐助类议题应急科普主体间议程设置模式

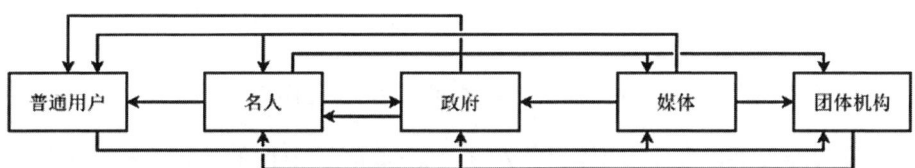

对外求助类议题应急科普主体间议程设置模式

政府政策类议题应急科普主体间议程设置模式

人物故事类议题应急科普主体间议程设置模式

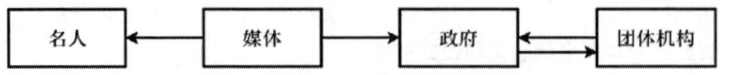

公众态度类议题应急科普主体间议程设置模式

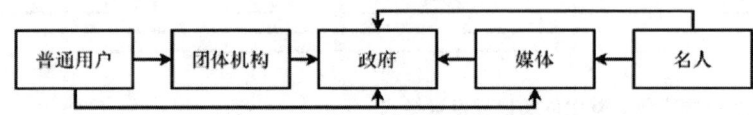

图9　不同议题上应急科普主体间议程设置模式

1. 建议科普类议题应急科普主体间议程设置模式

建议科普类议题以团体机构为主要议程设置者，其直接设置了其他四类主体的建议科普类议题，同时，通过团体机构—名人—政府、团体机构—媒体—政府的路径间接设置了政府的议程，通过团体机构—政府—普通用户、团体机构—媒体—普通用户间接设置了普通公众的议程；名人、媒体、政府均为建议科普信息的"转运站"，即既被设置议程也设置议程，只有普通用户为单方面接受者。

2. 疫情态势类议题应急科普主体间议程设置模式

疫情态势类议题上，团体机构承担了一个信息中枢的角色，既是链入最多的（edge=3），也是链出最多的（edge=4）。通过团体机构，政府—团体机构—媒体—名人四类应急科普主体彼此联通，形成了一个疫情态势议题的大循环圈，构建了一个疫情态势的议题的循环促进通路。但就普通用户而言，疫情态势议题的主要来源是且仅是团体机构，这更凸显了团体机构在突发公共卫生事件疫情态势议题的应急科普中不可或缺的重要作用。

3. 疫情影响类议题应急科普主体间议程设置模式

对于疫情影响类议题，团体机构似乎缺乏兴趣。在格兰杰因果检验结果当中，团体机构既不设置议程也不被设置议程，因此在这个议题的应急科普主体间议程设置模式上，没有团体机构的身影。在疫情影响类议题中，普通用户单向设置政府议程,而不接受其他主体对其的议程设置,这一点在前面对于普通用户的议程设置接受情况中有所讨论,即疫情影响对于普通用户属于"强制性议题",他们更多地关注现实生活经验中观察到的疫情影响而不是其他主体容易设置的更加宏观层面的疫情影响。名人—政府—媒体彼此联通,其中,政府和名人的出度(out-degree)更多,各有两条链出路径,媒体的入度(in-degree)更多,有两条来自政府和名人的链入路径。这意味着政府和名人在这个议题上具有更强的议程设置能力。而普通用户和名人在疫情影响类议题上对政府具有议程设置作用,而媒体没有,这反映的是政府最关注的是疫情对民生的影响。

4. 公益捐助类议题应急科普主体间议程设置模式

公益捐助类议题的应急科普主体间议程设置模式较为复杂,总体而言,公益捐助类议题实现了应急科普主体间议题传播链路的完全互通。其中,媒体是主要的议程设置者,具有4个出度,分别设置了其他4个应急科普主体的公益捐助议程,而其主要的议程入度是普通用户和名人;名人是入度最多的,也是除媒体外出度最多的节点,具有最强的联通性,体现出名人利用其影响力动员社会进行公益捐助的巨大能量;政府、团体机构、普通用户均为3个入度、2个出度,表现更强的接受议程设置的倾向,其中普通用户更倾向于接受名人、政府、媒体的直接议程设置,政府更倾向于接受名人、媒体和团体机构的直接议程设置,团体机构更倾向于接受普通用户、名人、媒体的直接议程设置。由于整个链路互通形成议题传播的循环,因此这之中存在多重间接议程设置作用。

5. 对外求助类议题应急科普主体间议程设置模式

对外求助类议题应急科普主体间议程设置的核心设置者为普通用户,具有3个出度、1个入度。普通用户首先直接设置了政府、团体机构和名人的议程,又通过普通用户—名人—媒体的路径间接设置了媒体议程,通过普通用户—团体机构—政府的路径间接设置了政府议程,普通用户—团体机构之间形成对外求助议题的小循环,并且通过这个小循环,团体机构得以联通名人、媒体的信息通路,成为对外求助类议题的次要议程设置者。

6. 政府政策类议题应急科普主体间议程设置模式

与一般直觉不同的是，政府政策类议题并不由政府政策的颁发者——政府为核心议程设置主体，而是由团体机构为核心议程设置主体。在政府政策类议题应急科普主体间议程设置通路中，团体机构具备3个出度，分别直接设置名人、媒体和政府的议程；同时仅有普通用户1个入度，即被普通用户设置团体机构的政府政策类议题。这条路径的打通使包括普通用户在内的所有的主体间得以互相联通，并反作用于政府，产生政策议程设置（Policy Agenda Setting）的互动。

政府政策类议题有且仅有名人可以直接设置普通公众的议程，政府、媒体、团体机构都只能通过设置名人议程间接设置公众议程，特别地，政府仅仅可以设置名人这一个应急科普主体的政府政策类议题，可能的原因是，名人掌握了政策的再编码的解释权利，通过对政府政策进行解读，引发公众对于政府政策的关注。

7. 人物故事类议题应急科普主体间议程设置模式

人物故事这一议题具有一定的特殊性。人物故事类议题在突发公共卫生事件中通常被用来树立典型、凝聚社会共识，而人物故事的讲述往往诉诸情感，重点在于唤起公众的情感共鸣。因此，从人物故事议题的生产端到公众的接收端往往会发生变形，会产生更多的情感态度的碎片化表达而非对于人物故事的叙述和理性讨论。因此，在人物故事类议题上，普通公众并未接受议程设置，也未设置其他应急科普主体的议程，出现普通用户的缺席。

媒体是人物故事类议题的生产者和核心议程设置者，直接设置了名人和政府的议程，如前文所述，政府需要利用人物故事来树立典型、凝聚共识，由于政府与团体机构间更强的组织间联系，在议程设置的表现上即政府与团体机构设置了彼此的议程，而媒体也通过政府这个中间节点设置了团体机构的议程。

8. 公众态度类议题应急科普主体间议程设置模式

公众态度类议题的议程设置模式表现为从普通用户和名人向政府传

递,普通用户和名人为主要议程设置者,政府为单方面议程设置接受者。其中,存在普通用户—政府、名人—政府两条直接路径,普通用户—媒体—政府、普通用户—团体机构—政府、名人—媒体—政府三条间接路径。

普通用户与名人间接议程设置路径的差异可以被这两种用户的影响力范围所解释。团体机构往往是本地生活账号,更容易接受本地普通用户的态度议题,而名人由于影响力范围更广,则更多地被媒体所关注到,进而进入媒体议题。

五、结论与讨论

当发生紧急事件时,公众对处理紧急事件的有效手段的科学性要求更加严格(石国进,2009),这对科普传播工作提出了更高的要求,也是应急科普相比于一般情形下的科普的独特性所在。减少公众的风险感知偏差需要通过更强的议程设置进行应急科普。针对突发公共卫生事件中的强制属性和公众属性对于议程设置效果的双面作用,本研究基于社交媒体大数据,综合运用机器学习、时间序列回归等方法,根据社交媒体信息对应急科普如何有效进行主体间议程设置进行了描绘。

本研究的核心发现为:(1)团体机构在应急科普中具有议程设置的优势。针对议程设置过程的格兰杰检验显示,团体机构在建议科普类、疫情态势类、政府政策类、对外求助类议题中表现出更强的议程设置能力和更核心的作用。(2)名人在应急科普议题和信源的引导上具有较大优势。格兰杰因果检验显示,在政府政策类等议题中,名人是联通普通用户的关键节点,在疫情影响类等议题中,名人相比其他主体表现了更强的议程设置能力;在议题网络和信源网络的 QAP 检验中,名人往往和政府、媒体、团体机构保持较高的议题和信源一致性,同时又天然地与普通用户所关心的议题保持一致,这使名人在应急科普中的优势更加明显。(3)普通用户在疫情影响类、人物故事类议题上很难接受其他主体的议程设置,本文认为,相比于其他议题,这两个议题对于普通公众来说强制属性更强,因此,人们更多地从日常经验中获取信息,而非依赖媒体。(4)媒体在各个议题上均有广泛参与,但在大部分议题下往往起到了信息通路的作用,仅仅在人物故事类议题上发挥了核心的议程设置作用,直接设置了名人和政府的议程。(5)从数据结果来看,政府在应急科普网络传播中并非"冲锋在前"地直接设置公众议程,而是通过媒体、团体机构、名人发挥作用,但在本次应急科普中,政府在公众态度、人物故事议题上接受了名人和普通用户、媒体的议程设置,表现出了较好的双向互动,是一次较为成功的应急管理。值得一提的是,在公益捐助类议题方面,各个应急科普主体间表现出了较强的彼此议程设置的能力,建立了完整的通路,呈现集中关注和高效联通的特点,实现了较好的社会捐赠动员。以上核心发现表明,若要实现更好的应急科普议程设置效果,需要在应急科普中更加重视利用团体机构和名人发挥优势作用。

此外,本文通过数据描述回答了 RQ1 和 RQ2,指出除公众态度类议题外的各阶段核心议题——预警期为疫情态势和建议科普类议题,暴发期为建议科普和公益捐助类议题,持续期为公益捐助类和人物故事类议题,恢复期为疫情影响和政府政策类议题。并且不同的议题至今由于疫情发展和集体注意力的流动而演化,出现议题间彼此推动的现象,应急科普类议题可以"借力打力",利用目标议题的关联议题引导公众注意力。

综上,抓住关键时期、发挥团体机构和名人的主体优势、引导公众关注核心信源、用关键议题引导公众关注目标议题,有助于加强社交媒体多元主体间的议程设置,这也回答了本研究的核心问题。

然而,本研究仍然有很多不足之处。到目前为止,我们仅仅解决了应急科普议程设置的模式"是什么"的问题,还停留在就议程设置谈议程设置的阶段,那么接下来很自然地来到了下一个问题:议程设置之后是什么?即应急科普主体之间的议程设置产生了什么后果?正如本文在前文论述的那样,议程设置是风险沟通中保持信息一致性进而减少公众风险感知偏差的重要手段,因此议程设置是如何、在何种程度上减少公众风险感知偏差,这是未来研究需要进一步探讨的问题。

参考文献

本刊资料室,2004.非典启示录[J].国际医药卫生导报(Z1):5-8.

褚建勋,陆阳丽,2011.论科技工作者在应急科普中的作用缺失:以上海"11.15"重大火灾为例的危机三阶段分析[C]//中国科普研究所.中国科普理论与实践探索:公民科学素质建设论坛暨第十八届全国科普理论研讨会论文集.科学普及出版社:16-22.

董泽宇,2014.突发事件应急教育初探[J].中国减灾(19):48-50.

胡俊平,钟琦,武丹,2021.媒体应急科普能力的提升策略[J].青年记者(03):79-80.

胡莲翠,2016.突发公共卫生事件中应急科普作用研究[D].合肥:安徽医科大学.

环球网,2020.全国所有省市自治区启动一级响应[N].http://news.ifeng.com/c/7tUoW6aZsa8.

季良纲,2020.突发公共事件应急科普策略分析[J].科普研究(01):47-51+106.

刘军,2007.QAP:测量"关系"之间关系的一种方法[J].社会(04):164-174+209.

刘彦君,吴玉辉,赵芳,等.2017.面向突发公共事件舆论引导的应急科普机制构建的路径选择:基于多元主体共同参与视角的分析[J].情报杂志(03):74-78+85.

麦库姆斯,2018.议程设置:大众媒介与舆论(第二版)[M].郭镇之,徐培喜,译.北京:北京大学出版社:28-29.

尚甲,郑念,2020.新冠肺炎疫情中主流媒体的应急科普表现研究[J].科普研究(02):19-26+103-104.

石国进,2009.公共突发事件应对中的科学传播机制研究[J].科技进步与对策(14):23-25.

汤书昆,樊玉静,2020.突发疫情应急科普中的媒体传播新特征:以新冠肺炎疫情舆情分析为例[J].科普研究(01):63-69+108.

万垚,刘红,2021.基于政府责任的重大传染病5阶段管理模型构建:以中国新冠肺炎疫情为例[J].科技促进发展(09):1768-1774.

王萌,2020.抗疫语境下的微信公众号应急科普初探[J].学会(10):55-58+64.

王明,郑念,2020.重大突发公共卫生事件的政府应急科普机制研究:基于政府、媒介和科学家群体"三权合作"的分析框架[J].科学与社会(02),30-43.

新华网,2020.新型冠状病毒感染肺炎疫情:已确认存在人传人和医务人员感染[N].http://www.xinhuanet.com/politics/2020-01/20/c_1125487200.htm.

徐凌,周荣庭,童云,2020."村村响"农村广播系统应急科普体系的优化研究:以新冠肺炎疫情为例[J].科普研究(02):76-83+107.

杨家英,王明,2020.我国应急科普工作体系建设初探:基于新冠肺炎疫情应急科普实践的思考[J].科普研究(01):32-40+105-106.

张楠,潘琳,周荣庭,2020.社会资本理论视角下新冠肺炎疫情中的社区应急科普机制研究[J].科普研究(05):15-22+107.

赵辰玮,巩建宇,刘韬,2021.突发公共危机中科普宣传策略研究[J].出版广角(03):67-69.

周忻,徐伟,袁艺,等.2012.灾害风险感知研究方法与应用综述[J].灾害学(02):114-118.

祝哲,彭宗超,2020.突发公共卫生事件中的政府角色厘定:挑战和对策[J].东南学术(02):11-17.

Brantly A F,2019. From cyberspace to independence square:Understanding the impact of social media on physical protest mobilization during Ukraine's Euromaidan revolution[J]. Journal of information technology & politics,16(4):360-378.

Brewer N T,Chapman G B,et al.,2007. Meta-analysis of the relationship between risk perception and health behavior:The example of vaccination[J]. Health psychology,26(2):136-145.

Burns W J,Slovic P,2012. Risk perception and behaviors:Anticipating and responding to crises[J]. Risk analysis,32(4):579-582.

Covello V T,1992. Risk communication:An emerging area of health communication research[J]. Annals of the international communication association,15(1):359-373.

Covello V,Sandman P M,2001. Risk communication:evolution and revolution[J]. Solutions to an Environment in Peril:164-178.

Davies S R,2022. Science communication at a time of crisis:Emergency,democracy,and persuasion[J]. Sustainability,14(9):5103.

Epstein J M,Parker J,Cummings D,et al.,2008. Coupled contagion dynamics of fear and disease:Mathematical and computational explorations[J]. PLoS ONE,3(12):e3955.

Fink S,American Management Association,1986. Crisis management:Planning for the inevitable[R]. New York:Aamacom.

Frewer L,2004. The public and effective risk communication[J]. Toxicology letters,149(1-3):391-397.

Funk S,Gilad E,Watkins C,et al.,2009. The spread of awareness and its impact on epidemic outbreaks[J]. Proceedings of the national academy of sciences,106(16),6872-6877.

Goldberg R T,Bernad M,Granger C V,1980. Vocational status:prediction by the Barthel index and PULSES profile[J]. Archives of physical medicine and rehabilitation,61(12):580-583.

Guo L,2012. The application of social network analysis in agenda setting research:A methodological exploration[J]. Journal of broadcasting & electronic media,56(4),616-631.

Guo L,McCombs M, 2011. Network agenda setting:A third level of media effects[EB/OL]. http://www.leiguo.net/publications/guo_nas_2011_ica.pdf.

Guo L,Vargo C J,2017. Global intermedia agenda setting:A big data analysis of international news flow:global agenda setting[J]. Journal of communication,67(4):499-520.

Hou K,Hou T,Cai L,2021. Public attention about COVID-19 on social media:An investigation based on data mining and text analysis[J]. Personality and individual differences:175.

Kasperson R E,Renn O,Slovic P,et al.,1988. The Social Amplification of Risk:A Conceptual Framework[J]. Risk analysis,8:177-187.

Leung G M,Lam T H,Ho L M,et al.,2003. The impact of community psychological responses on outbreak control for severe acute respiratory syndrome in Hong Kong[J]. Journal of epidemiology & community health,57(11):857-863.

Li L,Zhang Q,Tian J,et al.,2018. Characterizing information propagation patterns in emergencies:A case study with Yiliang Earthquake[J]. International journal of information management,38(1):34-41.

McCombes M,Lopez-Escobar E,Llamas J P,2000. Setting the agenda of attributes in the 1996 Spanish General Election[J]. Journal of communication,50(2):77-92.

McCombs M,2012. Civic osmosis:The social impact of media[J]. Communication & society,25(1):7-14.

Neuman W R,1990. The threshold of public attention[J]. The public opinion quarterly,54(2):159-176.

Rogers R W,1983. Cognitive and psychological processes in fear appeals and attitude change:A revised theory of protection motivation[J]. Social pychophysiology:153-176.

Seeger M W,Pechta L E,Price S M,et al.,2018. A conceptual model for evaluating emergency risk communication in public health[J]. Health security,16(3):193-203.

Slovic P,2000. The perception of risk[M]. London:Earthscan Publications.

Stern S,Livan G,Smith R E,2020. A network perspective on intermedia agenda-setting[J]. Applied network science,5(1):1-22.

Vargo C J, Guo L, 2017. Networks, big data, and intermedia agenda setting: An analysis of traditional, partisan, and emerging online U. S. news[J]. Journalism & mass communication quarterly, 94(4):1031-1055.

Vargo C J, Guo L, Amazeen M A, 2018. The agenda-setting power of fake news: A big data analysis of the online media landscape from 2014 to 2016[J]. New media & society, 20(5): 2028-2049.

Vu H T, Guo L, McCombs, M. E. , 2014. Exploring "the world outside and the pictures in our heads": A network agenda-setting study[J]. Journalism & mass communication quarterly, 91(4):669-686.

Weinstein N D, 1988. The precaution adoption process[J]. Health psychology, 7(4):355-386.

质量还是位置？微信公众平台文章传播效果的双因素比较研究*

✦ 王国燕 黄培锋 罗 茜 金心怡**

摘要：微信公众平台在中国公众的信息传播中发挥着重要作用。本文尝试构建了一种微信公众号文章质量的计算方法，并且通过对五个不同类型的公众号发布的28454条文章数据进行分析，探究微信公众平台推送中，推送位置与文章质量这两个因素对传播效果的影响。研究发现，虽然位置与信息质量对阅读量的影响比重在不同类型的公众号之间稍有差异，但总体而言，公众号推送的文章安排在靠前的位置比文章本身拥有高质量更有利于阅读量的提升。对于每次最多发布8条信息的微信公众号而言，位置排在第6条是质量和信息差异的拐点，第7条和第8条信息的质量对阅读关注度的贡献更大。此外，不同类型的公众号之间也存在差异，体育类公众号用户的信息选择受位置影响最大，而科技类公众号用户受位置影响最小，复杂信息的理解需要更多的理性，可能在一定程度上削减了位置效应。总体而言，位置的这种议程设置效果对于每次同时发布多条信息的平台而言具有积极的指导意义。

关键词：微信公众平台；传播效果；评价指标；推送位置；信息质量

---

* 本文为国家自然科学基金"基于公众心理和行为混合大数据的流行病预测研究"（项目编号：82273744）和2019年度安徽省社科规划"新媒体驱动下科技新闻的生产及传播生态研究"成果（项目编号：AHSKF2019D044）。

** 王国燕（通讯作者），苏州大学传媒学院教授、博士生导师、数字传播系主任；黄培锋，苏州大学传媒学院硕士研究生；罗茜，苏州大学传媒学院讲师；金心怡，苏州大学传媒学院硕士研究生。

一、问题的提出

诞生于2011年的微信已成为国内最为广泛应用的移动社会化媒体平台（曾佳雯，2018）。目前，在移动社交成为网民生活常态的背景下，微信已有超过12.8亿个月活跃账号数（腾讯，2022），在公众娱乐、出行、购物、阅读等生活场景中不断渗透，已经成为一个"国民"应用。微信庞大的固定用户群体和强大的影响力，使其成为人们获取信息、发布信息的重要平台（匡文波、武晓立，2019）。

微信公众号的订阅信息推送已成为传统纸质报纸和后来电子报的重要替代性媒介。它保留并极大地丰富了报纸内容的同时，也为数字信息的位置效应赋予了新的内涵：传统的报纸排版以及门户网站的信息自由多变且阅读轨迹难以追踪，而微信公众号将文章的呈现序列与阅读关注度之间的关系发挥到了极致。微信公众平台的功能主要以收集、筛选、整理和推送信息为主；个人和企业均可注册微信公众号，并可以以文字、图片、视频、语音等多种形式推送消息；除此之外，用户还可以通过评论、点赞或是后台留言等方式和运营方实现交流互动。每天有超过3.6亿名用户阅读公众号文章，微信公众平台已经成为一个新兴的信息源（Wei，Huang & Zheng，2018），依托微信群、朋友圈等其他微信功能还可以实现基于人际关系网络的多级传播。微信公众号不但已经成为各种组织机构和自媒体进行信息发布、宣传推广和用户服务的重要平台，同时也成为中国用户进行移动阅读的重要入口（郭顺利、张向先、李中梅，2016）。

在信息过载和信息茧房效应同步存在的情况下，包括阅读在内的用户的信息选择行为也呈现碎片化、偶然性、情绪化、社交化等特点。信息选择行为是指用户对大量原始信息或经过加工的信息、材料进行筛选和判别，选取所需要的内容，内化入其知识结构的行为。这种行为综合了判断、评价与决策，包含着感知、注意、记忆、思维和情感等复杂的心理过程及特征（胡秀梅，2012）。现有研究探究了信息选择行为的影响因素。影响因素主要包括个体差异与信息特征。个体差异主要包括个体的心理价值（Audrin et al.,2018)、目标与动机(Visschers,Hess & Siegrist,2010)和知识结构(Kuusela,Spence & Kanto,1998)。在信息特征之中,信息质量(Wang et al.,2018)和信息呈现次序(Agarwal,Hosanagar & Smith,2011)是影响用户信息选择的重要因素。此外,品牌认同、态度、媒体特性等多个因素也对用户行为有着不同程度的影响(宋维翔、贾佳,2019)。本研究主要考察微信公众号文章发布时所处位置及文章质量对微信公众号用户信息选择行为的影响。

(一)序列位置效应

信息选择判断结果因信息呈现次序的不同而导致差异,这在心理学中被称为"次序效应"或者序列位置效应(the serial position effect)(Sigelman,1981)。关于序列位置效应的机制,最早是由 Murdock(1962)及 Postman 等人(1967)提出的前摄抑制(Proactive interference)及后摄抑制(Retroactive interference)假说所形成的,这两种抑制分别指先前的学习记忆对后继学习记忆的干扰作用以及后学习的内容对先学习的内容的干扰作用,而中间部分受到两种抑制的影响,故而中间部分的记忆效果低于开始和末尾部分。到现在,已有大量研究通过实证分析对序列位置效应进行了深入探索。序列位置效应主要包括首因效应、近因效应和赌注效应(胡秀梅、邓小昭,2010),首因效应与近因效应分别对应前摄抑制与后摄抑制。首因效应是指最初接触到的信息所形成的印象对我们以后的行为活动和评价的影响(Noguchi,Kamada & Shrira,2014),也被叫作首次效应、优先效应或第一印象效应。首因效应本质上是一种优先效应,实验心理学研究表明,外界信息输入大脑时的顺序在决定认知效果的作用上是不容忽视的,而最先输入的信息作用最大(马燕,2009)。关于序列位置效应的研究揭示了信息呈现顺序对态度和意向的影响(Arnaud et al.,2020),并且关于序列位置效应的多数研究都不约而同地指出了首因效应的重要性,刘凤军等人(2021)与王阳等人(2018)的研究发现,当浏览产品的评论信息时,即使负面评论只占全部评论的很少一部分,但若位于靠前位置,便可能产生首因效应,影响浏览者的态度。亦有研究者通过对照实验探究了关于汽车正面与负面两种信息的先后呈现顺序对消费者态度的影响,发现消费者对一开始就呈现出积极属性的汽车有着明显的偏好(Rey et al.,2020)。近因效应是另一种重要的次序效应,指的是新近获得的信息比先前获得的信息影响更大的现象(金盛华,2005)。例如,人们更倾向于判断是最后一个进球而不是第一个进球使球队赢得了篮球比赛(Paul et al.,2021)。相较于一开始播放的广告,电视观众更容易回忆起最后播放的广告(Duncan & Murdock,2000)。

微信公众平台的信息呈现形式与序列位置效应中信息呈现次序:一方面,以往研究中讨论的呈现次序是时间上的次序,即看到第一条时尚未推送第二条,而微信公众号推送信息是同时推送,但信息的排序不同;另一方面,用户在使用微信公众平台获取推送信息时,单一公众号推送一次的前三条信息一般同时出现,而超过三条的信息会被折叠,用户在点击"余下 X 篇"的按钮后,剩余的推送会同时展开。但由于用户的阅读习惯一般为从上至下阅读,因此序列位置效应在这样的推送机制下仍然存在。例如 Franz(2021)通过研究发现,人们在面对多个选项时也会受到首因效应的影响,倾向于选择先出现的选项,多选题中正确答案所处的位置会直接影响题目的难度,答案碰巧出现在最后一个位置,会使答题人处于明显的不利地位。Aaker 等人(1986)与 Wang 等人(2019)的研究也发现,在诸如赞助搜索的广告模式下,位置会对人们关于广告的记忆产生影响,尤其是位于顶部与底部位置的广告,相对于处于中部的广告,更容易使人们记住。由此可见,在过往的研究中,类似同时呈现的信息中,序列位置效应同样存在。而微信公众平台推送机制下的信息呈现次序又有所不同,存在头条配图以及折叠机制,因此对微信公众平台上序列次序效应展开研究有一定的价值。

现有研究已经多次证明了"首因效应"在微信公众平台推送中存在,即"头条放大效应","头条放大效应"指的是推送列表中的第一条内容更容易引起用户的关注和阅读(赵文青、宗明刚,2016)。例如,有关于微信公众平台健康传播效果的研究发现,头条文章的平均阅读量远高于其后其他文章的阅读量,并认为文章发布的位置越靠前,其阅读量越高(匡文波、武晓立,2019)。王国燕等人(2022)的研究发现,所有公众号中"位置 1"至"位置 3"的文章的阅读指数显著高于"位置 4"至"位置 8"的文章,同时位置效应并非是线性的,前四篇文章的阅读指数比例约为 100∶40∶13∶11。李晓蔚(2016)

通过研究图书馆微信公众号发现:在内容性质处于同一取值水平的情况下,头条受欢迎程度的平均值远远高于第二条和第三条。可见在微信公众平台上,文章是否处于头条是影响该文章传播效果的重要因素之一。不过,目前关于公众号文章发布的位置如何影响用户信息选择行为的研究基本局限于"头条放大效应",仅仅比较头条文章与处于其他位置的文章的阅读量,而缺少对其他位置之间的探索。本文将采用定量的方法,就选定的公众号的头条到第八条的每个位置展开研究,尝试更深入、更细致地探究微信公众平台的位置效应。

(二)信息质量

信息质量最初是测量数据精确度以及衡量数据是否存在错误的重要指标(Ballou & Pazer,1985)。目前,信息质量的定义不存在统一的结论,不同学者在不同角度下对其有多种理解,这些定义在特定环境中均有一定适用性,目前主流的定义是从用户、数据还有产品三个角度出发的,但其中最具有代表性的是质量管理专家Juran(1988)针对信息质量所提出的"适合于使用"(fitness for use)。基于此,Strong等人(1997)从信息使用的角度提出信息质量表示信息要满足用户期望或超出用户期望,这表示对于信息用户来说,信息必须是有用的、增值性的。作为一个多维概念,信息质量具有不随任务和用户而变化的客观方面(例如准确性和一致性等)以及与使用信息的用户的感知相关的主观方面(Watts,Shankaranarayanan & Even,2009)。具体的研究中,由于信息产生于不同领域,且信息质量与用户的主观判断相关度程度较高,因而信息质量的具体评价指标可能有所不同。

在新媒体环境中,用户经常要面对全新的、未经探索的数据集,信息质量的识别应当以用户为中心(Zhang,Indulska & Sadiq,2019)。如胡媛等人(2017)通过问卷调查形式获取用户群体认为的影响微博信息质量的相关指标因素,并以其影响性大小来进行排序。社交媒体上的"点赞"最早源于2009年Facebook推出的"Like"按钮,根据Facebook帮助中心的说法,"点赞"(Like)是一种用户与所关注的东西相联系并给予积极反馈的方式。点赞是人际交往与沟通最方便的形式,而且成本最低(周懿瑾、魏佳纯,2016)。

Chen 等人(2015)认为社交媒体上的评论有用性与评论者、评论效价和评论票数(即评论获得的点赞数)具有显著相关性,丁桃(2020)认为从主观出发,可以从信息被利用的程度来衡量其质量,比如通过微博用户的转发量、收藏量、评论量来度量微博用户对微博内容信息的认可度和关注度,祝琳琳等人(2021)认为由点赞数、评分星级等组成的结构化内容可以作为在线评论内容信息质量的评价指标,综上,可以认为点赞数能够作为评价新媒体信息质量的指标之一。

此外,2019年微信公众平台推出了特有的"在看"功能,"在看"包含了更丰富的阅读态度,通常是对文章内容的肯定或与文章产生共鸣。被用户点击"在看"的文章将被分享至"看一看",用户能从"看一看"中的"好友在看"栏浏览到好友点击了"在看"的文章,"在看"将用户阅读的文章随之转入新的阅读场景"看一看"中,进而产生了触发社交行为的可能(刘宏,黄睿,2021)。这既为文章浏览量的提升制造机会,也传递了自己的价值观(陈欣杰,宋启明,2020)。用户阅读微信公众号文章本是一件私人事宜,不论对文章点赞与否,都是发生在私人领域中的个体行为,而点击"在看"后文章分享给列表中的好友,这就形成了微信空间中的"公共领域"(胡正强,宋琳,2020)。目前已有学者将在看数作为反映微信公众号文章信息质量的因素进行讨论,如朱益平等人(2021)就将在看数引入了政务微信公众号信息质量评价模型中。因此,可以认为点击"在看"比"点赞"包含了对微信文章更高程度的认可,可以反映出该文章具有更高的信息质量。

信息质量的本质被认为是适合使用,而不仅仅指向信息的准确性(R. Y. Wang & Strong,1996),因此,尽管有些公众号文章会通过巧妙包装的虚假信息或谣言来骗取很高的点赞量与在看量,我们仍认为其在一定程度上具有较高的信息质量。综上,点赞量和在看量可以有效地反映用户对信息质量的判断(薛杨,许正良,2016),本文将通过这两项指标构建对微信公众号文章信息质量的评价公式。

国内学者对微信公众平台信息质量的测度多从信息本身的属性入手,建立指标体系,对公众号文章进行编码计算。如宋维翔等人(2019)从内容质量、形式质量、效用质量和载体质量四个维度对微信公众号的信息质量进行评价,曾佳雯(2018)从可靠性、相关性、原创性、吸引力四个维度评价微信公众号文章内容的信息质量,张克勇等人(2017)从健康信息传播主体、微信公众平台、健康信息以及用户四个维度构建评价指标体系,以评价微信公众平台健康信息的信息质量,这类评价方式多采用人工编码,选取的样本数量相对较少,大多仅针对某一个或某一类型的数个公众号展开研究。另外,从信息使用者角度展开的对微信公众号信息质量的研究相对较少,如苏正(2017)从及时性、清晰性、实用性、真实性四个方面展开,通过问卷调查的方式获取信息使用者对信息质量的评价,莫祖英(2018)在对政务公众号公开信息质量进行评价时,选取了互动数以及公众满意度作为评价指标的一部分。这种方式同样受限于人力,难以大规模地评估信息质量。而本文将尝试引入质量指数作为新的信息质量计算公式,方便对微信公众号推送文章的信息质量进行快捷、大规模的评估,以便于开展更进一步的研究。

(三)研究问题

通过梳理现有文献发现,微信公众平台推送中,文章呈现次序与文章质量都被当作影响文章传播效果的重要影响因素分别进行了研究,但尚未有学者探讨位置与质量这两个变量同时存在时对提升文章传播效果的贡献差异。另外,过往研究大多以某一类公众号为研究对象,并未将该类公众号受众的群体特征纳入考量,研究结论是否具有普适性存在一定疑问。因此本文将从信息使用者角度出发,尝试构建一个新的文章质量指数,并选取"科技""体育""教育""财经""健康"这五个类型的公众号来进行比较研究,探究微信公众平台推送中,位置与质量这两个因素对传播效果的影响差异,并探究对于不同类型的公众号用户位置和质量的贡献差异。具体研究问题包括:

(1)总体而言,微信公众平台推送时文章所处位置与文章质量哪一个对用户阅读关注的影响更大?

(2)具体而言,不同位置文章的质量和位置对阅读关注度的影响有何具体特征?

(3)对于不同类型的公众号,位置与质量对传播效果的影响是否存在差异?

二、研究方法

(一)抽样方法与数据采集

本研究以清博大数据为数据来源。目前,清博大数据舆情系统所提供的微信传播指数(WeChat Communication Index,WCI)在评估微信公众号影响力方面具有较高的公认度和权威性,故参考 WCI 指数进行公众号筛选:首先按 WCI 微信影响力排行选出信息类别较为典型的财经、体育、科技、教育、健康五个类别中排名靠前的公众号;其次,由于微信公众号文章阅读量大于 10 万时无法获取具体阅读量,为避免天花板效应带来的数据失真,剔除阅读量"10 万+"的文章占比大于 5% 的公众号;再次,本文旨在研究文章位置效应,因此剔除单次平均发布文章数小于 4 的公众号。最后,按照以上筛选规则获得 5 个类别各 10 个有效公众号样本(表 1)。

表 1 50 个样本公众号列表

序列	财经类	体育类	科技类	教育类	健康类
1	功夫财经	腾讯 NBA	DeepTech 深科技	青塔	华医网
2	华商韬略	篮球技巧教学	IT 之家	ABC 微课堂	医学界
3	格上财富	左右为篮	哎呦科技	注册会计师	医学之声
4	郎 club	XCin	超级数学建模	软科	中医养生与健康
5	华尔街见闻	篮球教学论坛	机器之心	掌门 1 对 1	健康养身
6	跑赢大盘的王者	摔角网	来回科技	教育一读	黄帝内经与健康生活
7	每日经济新闻	FitTime 睿健时代	量子位	小学语文	中医技术殿堂
8	财新网	用武之地	腾讯科技	小学数学	国医大师在线
9	财经三分钟	野球帝	猿大侠	班主任研究会	道医
10	首席商业评论	技巧君侃球	中科院物理所	高考直通车	名医话养生

本文以 2020 年 10 月 1 日至 2020 年 12 月 31 日为研究时间段,对上述 50 个公众号在该时间段内发布的文章进行了全样本抓取,共获得 28 866 条样本。微信公众号一般在发布 10 天后进入衰亡期,阅读数趋于稳定(方婧、

陆伟,2016),因此研究样本采集时间为研究时间段之后 30 天的 2021 年 1 月 30 日,以确保数据的高度稳定性。在剔除原始数据中同位置文章(多为位置 8)数量少于 15 条的文章后,共获得 28454 条有效样本。

2020 年 6 月微信公众号进行了一次改版,保留原有"在看"功能的同时,恢复了"点赞"功能,一方面从 2020 年 6 月到 2020 年 10 月的三个多月培养期使得新规则下用户的"在看"和"点赞"使用习惯趋于稳定,另一方面样本时间段较为集中可降低订阅用户随时间不断增长而带来的对研究结果的影响。通过将头条的位置编码为"1",次条编码为"2",以此类推,对位置变量进行测量,运用 SPSS 软件,探究位置、质量指数与阅读率之间的关系。

(二)公众号文章传播效果的评价指标建构

传播效果是一个抽象的概念,会受到诸多因素的共同影响,因此测量传播效果具有一定的难度。一般情况下,传播效果可以分为认知、态度、行为三个层面,其中行为被认为是传播效果的最终表现(匡文波、武晓立,2019)。但是受众需要一段时间才能根据他获得的信息采取行动,因此通过实际的个人行为来衡量传播效果的研究效率相对较低。因此,目前对于传播效果的评判大多数是通过对测量指标进行检测,从而推测其传播效果(匡文波、武晓立,2019)。

社交媒体平台传播效果的测量一般是通过粉丝数量、阅读量、转发数、评论数等指标进行评价,如周荣庭等人(2016)以阅读总数、平均阅读数、最高阅读数、点赞总数等为主要指标测量了科学类微信公众平台传播效果。其中微信公众号文章的阅读数是体现微信公众号传播力的重要指标,可以直接反映文章的热度和用户的认可度(李晓蔚,2016)。另外,考虑到不同公众号订阅用户数量差异、不同公众号整体阅读量差异、不同公众号评论区开放与否和评论过滤规则等因素可能带来难以横向比较的传播效果差异,本研究重点将阅读率(即相对阅读量)作为测量微信公众号文章到达终端受众情况的指标,具体计算公式如下:

$$阅读率 = \frac{阅读数}{该公众号平均阅读数}$$

(三)公众号文章质量的评价指标构建

本文尝试从信息使用者的角度对微信公众号的文章信息质量进行评价。"在看"和"点赞"是微信公众平台用户表达态度的两个重要组成部分,"转发"数据在公众号前台不可见,无法批量获取,故选取点赞数和在看数作为基础定量指标。

不同的公众号粉丝数量之间存在差异,而这会直接影响文章的阅读量、点赞数和在看数,不能直接进行比较。因此,本文通过加权计算点赞率(即相对点赞数)、在看率(即相对在看数)的方式来比较微信公众号文章的信息质量,从而使得不同公众号的各条文章之间具有可比性,计算方式为:

$$点赞率 = \frac{点赞数}{该公众号平均点赞数}$$

$$在看率 = \frac{在看数}{该公众号平均在看数}$$

同一公众号的不同位置的文章阅读数会存在显著差异,进而直接影响它的点赞率与在看率,因此,本文尝试通过将文章与同一公众号处于同一位置的文章进行比较,运用质量指数(文章的信息质量、该位置的平均信息质量)来排除位置对于阅读数的影响,其中 a 和 b 为点赞率与在看率的系数,用以加权区分点赞数与在看数在反映文章质量的能力上的差异,计算方式为:

$$质量指数 = \frac{(a * 点赞率 + b * 在看率)}{\text{avg 所处公众号该位置}(a * 点赞率 + b * 在看率)}$$

WCI 指数是由清博大数据平台所提供的,从"整体传播力""篇均传播力""头条传播力""峰值传播力"等四个维度对微信公众号的传播效果进行综合评价,较为客观,受到广大学者认可。根据 v14.2 版本的 WCI,阅读数、在看数与点赞数在反映微信公众号传播力中的权重占比为 85%:9%:6%,即在看数与点赞数的权重比为 1.5:1,故而设定 $a=1,b=1.5$ 作为点赞率与在看率的系数,得出微信公众号文章的质量指数的公式为:

$$质量指数 = \frac{(点赞率 + 1.5 * 在看率)}{avg\ 所处公众号该位置(点赞率 + 1.5 * 在看率)}$$

在这个质量指数的计算公式中,一个公众号的某一篇文章的质量是通过将它的信息质量(点赞数与在看数的加权值)与该公众号中处于同一位置的文章的信息质量对比得出的。如果一篇文章相较于同公众号同位置的文章拥有更多的点赞数与在看数,则可以认为这篇文章的质量更高。

三、数据分析结果

(一)阅读率受质量与位置影响的比较探究

由于位置是一个分类变量,连续的数字 1 到 8 不能准确反映不同位置间的关系,因此首先需要将位置变量转换为虚变量,之后以阅读率为因变量、位置与质量指数分别为自变量进行回归。位置变量作为分类变量,不能选取标准化系数直接进行比较,因此选取 R^2 作为衡量自变量所能解释的因变量变异程度大小的指标,即可以据此比较位置与质量指数对阅读率变化的解释力大小的不同,从而判断位置与质量哪一项对于阅读数变化的影响更大。

对于全部数据,以阅读率为因变量、位置与质量指数分别作为自变量进行回归,可以发现"位置—阅读率"回归模型的 R^2 为 $0.629(p<0.001)$,而"质量指数—阅读率"回归模型的 R^2 为 $0.045(p<0.001)$。

因此,可以认为对于全部样本,位置变量对阅读数变化的影响比质量变量更大。

(二)寻找质量与位置解释力大小的拐点

对于全部数据,根据位置以 7 种方式进行切分,切分成 1/2—8、1—2/3—8……1—6/7—8、1—7/8 这 7 种形式。对于每一种切分形式,将位置再编码为"0—1"的形式,再设置虚变量,通过这种切分的方式探究是否对于每个位置而言,位置都比质量对于阅读率具有更大的影响,结果见表2。

表 2　位置与质量指数 R^2 比较表（$p<0.001$）

	位置 R^2	质量指数 R^2	结果	位置质量比
全部数据	0.629	0.045	位置大于质量	/
1/2-8	0.562	0.184	位置大于质量	3.05
1-2/3-8	0.452	0.128	位置大于质量	3.53
1-3/4-8	0.235	0.082	位置大于质量	2.87
1-4/5-8	0.123	0.058	位置大于质量	2.12
1-5/6-8	0.057	0.052	位置大于质量	1.10
1-6/7-8	0.024	0.048	质量大于位置	0.50
1-7/8	0.009	0.046	质量大于位置	0.20

由表 2 可以发现,位置 R^2 与质量指数 R^2 的比值总体上呈现较为明显的规律:越靠前的位置,位置质量比的数值越大,越靠后的位置,位置质量比的数值越小。具体而言,对于全部数据,并非每个位置的位置变量对于阅读数变异的影响力都高于质量变量,位置 6 是拐点,当公众号文章处于位置 1 到位置 6 之间时,位置比质量对阅读率变异的解释力更大,当公众号文章处于位置 7 或位置 8 时,质量比位置对阅读率变异的解释力更大。

而考虑到位置 7 与位置 8 的个案仅占全部样本的 8.2%,因此基本可以认为:公众号推送的文章,处于靠前的位置比本身拥有高质量更有利于阅读数的提升。

(三)不同类型公众号之间的差异探究

为了解上述结论是否对每一类公众号都适用,本文对五类公众号进行了逐一分析,相关结果见表 3。

表 3　公众号类型与拐点比较表

类别	位置 R^2	质量 R^2	位置质量比	拐点位置	平均阅读数	平均点赞数	平均在看数	平均单次发布篇数	平均在看率*1000
财经类	0.632	0.044	14.36	5	16285.76	54.80	53.10	5.12	4.74
健康类	0.710	0.040	17.75	6	12392.56	82.52	90.50	6.17	8.70

续表

类别	位置 R^2	质量 R^2	位置质量比	拐点位置	平均阅读数	平均点赞数	平均在看数	平均单次发布篇数	平均在看率 *1000
教育类	0.621	0.049	12.67	6	12267.54	38.77	37.81	6.61	3.31
科技类	0.532	0.092	5.78	4	16129.54	50.71	41.24	5.05	2.73
体育类	0.767	0.013	59.00	7	17986.34	37.29	24.39	5.81	1.50

数据结果显示,对于每一类微信公众号,位置 R^2 均远大于质量指数 R^2,表示文章位置都比信息质量对于阅读量变化的影响更大。但是位置与信息质量对阅读量的影响比重在不同类型的公众号之间存在差异,例如,知识性较强的科技类公众号的用户选择文章阅读时受文章所处位置的影响较小,相对而言受文章本身质量的影响较大;而信息性较强的体育类公众号的用户受文章所处位置的影响较大,相对而言受文章本身质量的影响较小。

另外,单因素方差分析结果显示,不同类型的公众号之间质量指数没有显著差异($p>0.05$),因此信息质量并不是导致上述比重差异的因素。

四、讨论

微信公众号平台上,相较于文章质量,其所处的位置对文章阅读量的变化影响更大,在不同公众号之间,位置变量与质量变量对阅读数变化影响也存在差异,对于上述结论,笔者认为可从以下几点进行讨论与解释。

1. 位置暗示议题显著性,易引起受众关注

议题显著性是指新闻媒体对于新闻议题重要性的判断,这一概念来源于 M. E. 麦库姆斯和唐纳德·肖提出的议程设置理论,在 1972 年发表的《大众传播的议程设置功能》一文中,他们从三个层面考察了大众传播议程设置的作用机制(Mccombs & Shaw,1972),其中第二个层面就是"显著性模式",即媒体对少数"议题"的突出强调会提高受众对这些议题的关注。2004 年,Kiousis 在此基础上提出了议题的显著性理论及其测量的三个维度:注意(attention)、突出(prominence)、效价(valence)。在有关新闻媒体的研究中,注意和突出是两个常用的指标,注意通常指某个议题的新闻报道所占版面的多寡(Dearing et al.,1996);突出通常指新闻议题在新闻媒体位置的重要性,议题在媒体上出现的位置越重要,该议题受到媒体重视的程度就越高(刘娟、朱慧英,2020)。

有研究发现,微信公众号内容推送的顺序和传统媒体的版面位置一样体现了媒体显著性,头条在突出层面的显著性最高(王玲宁、陈昕卓,2017)。微信公众号推文的机制是展示头条和次条文章,其余位置的文章被折叠,需要进行点击才能展开,多一次操作步骤会导致位置第三条及以后的文章得到曝光的机会显著下降。如表2所示,在整体递减的趋势下,1—2/3—8的位置质量比反而大于1/2—8的位置质量比,体现出了折叠机制对文章阅读量的强大影响,这一展示机制下,文章是否处在一二条远比其本身的质量更加重要。此外,微信公众号的头条文章通常具有封面图,图像通常是读者查看的第一个元素,有助于引起用户注意(Syn & Yoon,2021),带有封面图的头条文章在信息流中能够有效抓住用户注意力,从而提高阅读量。

2."碎片化"媒介使用习惯下的"信息迷航"

有学者将"碎片化"阅读定义为"通过移动互联网,以手机、电子阅读器等数字终端为载体进行的一种间断性的、内容零碎不完整的阅读模式"(段志兵,2012),用户在微信公众平台的阅读模式无疑也是一种"碎片化"阅读。有研究表明碎片化阅读容易导致读者的注意力分散,从而形成惰性思维(吴媛媛,2015),浅层次接收信息的模式导致思维积极性下降(陈奕、凌梦丹,2014),过度的碎片化阅读一定程度上会使读者形成对媒介的依赖(刘丹,2016),因此用户不愿意积极判断自身的信息需求,主动对信息价值进行分析和决策,而是倾向于依赖公众号的推送顺序,倾向于简单地接受公众号推送者的议程设置,认为顺序靠前的文章往往具有更高的趣味性、可读性、实用性。海量的信息造成的"信息迷航"中,文章本身的质量已变得不那么重要,推送者设置的顺序成了受众阅读时最关注的灯塔。

3. 不同的需求，不同的传播效果

受众的媒介接触行为源于他们对媒介的需求。1974年美国传播学家卡茨全面梳理了"使用与满足"理论（Katz, Blumler & Gurevitch, 1974），他所假设的并不是媒介与效果之间的直接关系，而是假定受众能够利用信息，他们对信息的利用也会影响到传播效果。有研究将用户对微信媒体功能的使用动机归纳为信息获取、社会交往和功能性体验，且受众对内容类型的接触偏好与上述三种动机一起对微信媒体使用满足具有显著影响（韩晓宁、王军、张晗，2014）。不同类型公众号的用户具有不同的使用需求与习惯，这可能是位置与质量对他们的影响存在差异的原因。科技类公众号的用户需求是获取科技知识与学习，这使得他们在选取媒介内容时具有更强的自主性和参与性，倾向于选取对他们来说"质量更高"的内容进行阅读；而体育类公众号的用户的需求往往是获取体育资讯与娱乐，这使他们在阅读时并不需要花费太多精力在文章质量的辨别上，遵循编辑的选择对于这种"浅阅读"来说反而更加高效。

此外，数据结果显示，不同类型的公众号的在看率之间存在显著差异，健康类公众号的千倍平均在看率最高，体育类公众号的千倍平均在看率最低。前文说到"在看"隐含着读者对于文章信息的认同和分享行为。读者点击"在看"主要有两种心理动因，一是功能动因，感知的信息有用性会间接地、积极地影响用户的信息关注和分享行为（薛杨，2016）；二是社交动因，在看文章出现在"看一看"中体现着读者的个人偏好和价值倾向，作为一种"前台表演"，健康类公众号的读者更倾向于展示自己所阅读的信息，这可能出于一种提醒身边朋友的心理，而体育类信息由于往往属于读者的个人爱好，读者相对而言不会倾向于将自己阅读的信息向好友进行展示。

4. 动机、能力与核心路径

研究发现，用户的信息选择受位置的影响在不同类型的公众号之间也存在差异，体育类公众号用户的信息选择受位置影响最大，而科技类公众号用户受位置影响最小，这可能和不同类型信息的加工处理机制具有一定关

联,复杂信息的理解需要更多理性因素的参与,从而消解了部分直觉因素的位置效应。社会心理学家佩蒂和卡乔波提出的详尽可能性模型指出,人们在面对劝服类信息时所发生的态度和行为上的转变,存在核心路径(central route)和边缘路径(peripheral route)这两条路径(Cacioppo & Petty, 1985)。核心路径是人们仔细深入地思考信息中提出的主张,如通过信息的内容质量等;而边缘路径则较少地通过自我的认知思考,更依赖感性因素。影响上述两条路径发挥作用的因素包括个人的信息卷入度(即个体与信息的相关性、理解能力与信息相关的知识储备、外部干扰等)(Chaiken & Eagly, 1976)和信息特征(理性诉求或感性诉求、质量、信源可信度等)(Petty, Tormala & Rucker, 2004)两个主要部分。详尽可能性模型认为,当受众具有比较高的专业知识能力时,会更倾向于通过核心路径去评判信息;当受众具有相对较低的专业知识能力和动机时,则会倾向于通过边缘路径去理解和评价信息。在当下信息过载的碎片化的环境中,用户更倾向于在信息中"漫游"而非主动检索信息,因而可能更依赖于边缘路径(例如信息所处的位置)来处理信息;而当动机和能力都较强时,用户可能更趋向于遵从核心路径来进行信息加工。这也解释了为何科技类公众号用户选择文章进行阅读时相对来说受位置的影响最小,这些用户往往具有更强的专业能力以及更明确的信息检索目的,而相对不那么重视推送的文章所处的位置。

五、结论

本文通过微信公众平台中相同位置文章的比较,从以点赞数与在看数作为衡量微信公众号文章质量的标准出发,结合WCI指数中两者的系数,尝试构建了一个微信公众号文章质量的评价指标——质量指数,从而尝试了便捷地对大数量级的文章进行质量评价,优化了计算方法,弥补了现有研究中微信公众号文章质量评价完全依赖人工编码的不足。并借助这一评价指标,对微信公众号平台上文章的质量与所处位置对阅读量变化的影响进行了比较,对现有研究进行了补充。另外,本文对财经类、健康类、教育类、科技类、体育类这五类公众号展开了比较研究,尝试探究了不同类型公众号之间文章质量与文章所处位置对用户阅读选择的影响上的差异,具有一定的开创性。

研究发现,微信公众号平台上,相较于文章质量,其所处的位置对文章阅读量的变化影响更大,即文章处于靠前的位置比本身拥有高质量更有利于文章阅读数的提升。在全部样本中,这一结论适用于位置1到位置6的文章,并且其效果基本上呈现依次递减的规律,而处于位置7与位置8的文章,文章质量则具有更大的影响。对于不同类型公众号的文章,整体而言位置变量都比质量指数变量对阅读数的变化产生了更大的影响,这说明了该研究所阐明的位置比质量更影响关注度的基本关系对于不同的信息类型均存在解释力和普适性。值得注意的是,知识主导性的科技类公众号的读者选择文章阅读时受位置的影响相对最小,而受文章质量的影响最大;资讯主导性的体育类公众号的读者受位置的影响相对最大,受文章质量的影响最小,复杂信息的理解需要更多的理性卷入可能在一定程度上消减了位置效应的这种差异。

在得出以上结论的同时,本文还有若干不足之处。首先是样本选取方面,由于阅读量在10万以上的公众号文章无法获取准确阅读数,研究中所选取的公众号为阅读量"10万+"的文章小于5%的中型体量的公众号,并且出于可研究性的考虑,选取的公众号单次平均发布文章数均大于4,这使最受欢迎的头部公众号不能作为研究样本。本文选取的样本多为中上流量的公众号,因而样本的代表性以及所得出的结论存在一定的局限性,对于小体量或超大体量的公众号的适用还有待于验证。其次,位置7与位置8的文章相对较少,这使有关拐点的结论可靠性有限,可能需要更多的数据作为支撑。最后,本文所提出的质量指数作为一次创新尝试,尽管出发点是为了大规模地处理数据,但难免在效度上存在一定局限,可能无法完全体现微信公众号文章的质量,例如无法区别谣言信息、阴谋论等负面信息的质量。今后的研究需要继续探索,在尽量不依赖人工标注的前提下,不断进行优化。

参考文献

陈奕,凌梦丹,2014.微博"碎片化阅读"的传播麻醉功能解读[J].编辑之友(05):19-21+25.

丁桃,2020.上市公司微信公众号信息质量对股价同步性影响研究[D].上海:上海财经大学.

段志兵,2012.巧对碎片化阅读需求,优化科技图书设计[J].中国编辑(05):29-31.

方婧,陆伟,2016.微信公众号信息传播热度的影响因素实证研究[J].情报杂志(02):157-162.

郭顺利,张向先,李中梅,2016.高校图书馆微信公众平台传播影响力评价体系研究[J].图书情报工作(04):29-36+43.

韩晓宁,王军,张晗,2014.内容依赖:作为媒体的微信使用与满足研究[J].国际新闻界(04):82-96.

胡秀梅,2012.高校学生信息选择行为相关性判断环节的次序效应[J].图书情报工作(18):78-81.

胡秀梅,邓小昭,2010.文献呈现次序对用户相关性判断的影响[J].图书情报工作(14):32-35.

胡媛,韦肖莹,王灿,2017.微博信息质量评价指标体系构建研究[J].情报科学(06):44-50.

胡正强,宋琳,2020.微信"看一看"功能的场景建构分析[J].淮北师范大学学报(哲学社会科学版)(04):107-112.

金盛华,2005.社会心理学[M].北京:高等教育出版社.

匡文波,武晓立,2019.基于微信公众号的健康传播效果评价指标体系研究[J].国际新闻界(01):153-176.

李晓蔚,2016.高校图书馆微信公众号传播效果实证研究:以四川大学图书馆为例[J].图书馆论坛(11):84-91.

刘丹,2016.移动互联时代碎片化阅读研究[D].沈阳:辽宁大学.

刘凤军,段珅,孟陆,等.2021.瑕不掩瑜? 在线产品评论负面评语的明亮面:基于双边信息视角研究[J].管理工程学报(05):89-101.

刘宏,黄睿,2021.可供性背景下社交阅读的突破与探索:以微信订阅号"在看"为例[J].出版发行研究(07):44-50.

刘娟,朱慧英,2020.新浪微博平台下科学传播内容与媒体显著性研究:基于"人民日报"

和"头条新闻"号的内容分析[J].重庆广播电视大学学报(01):64-74.

马燕,2009.浅析"首因效应"[J].科教文汇(上旬刊)(11):62-63.

莫祖英,2018.地市级政府公开信息质量评价实证研究[J].情报科学(08):112-117.

宋维翔,贾佳,2019.微信公众号信息质量与用户互动行为关系研究[J].现代情报(01):78-85.

苏正,2017.微信用户获取信息质量的满意度调查分析[D].郑州:郑州大学.

王国燕,金心怡,罗茜,等.2022.微信公众号中的信息呈现次序对用户选择行为的影响研究[J].全球传媒学刊(03):110-124.

王玲宁,陈昕卓,2017.自媒体科学传播内容与媒体显著性之研究:以微信公众号"果壳网"为例[J].新闻大学(05):68-76+149.

王阳,王伟军,刘智宇,2018.在线负面评论信息对潜在消费者购买意愿影响研究[J].情报科学(10):156-163.

吴媛媛,2015.论"碎片化阅读"的常态化:浅析信息过载对当代大众阅读方式的影响[J].安徽文学(下半月)(12):41-42.

薛杨,许正良,2016.微信营销环境下用户信息行为影响因素分析与模型构建:基于沉浸理论的视角[J].情报理论与实践(06):104-109.

曾佳雯,2018.微信信息质量评价指标体系的构建[D].上海:华东师范大学.

张克永,李贺,2017.健康微信公众平台信息质量评价指标体系研究[J].情报科学(11):143-148+155.

赵文青,宗明刚,2016.学术期刊微信传播效果影响因素分析[J].中国科技期刊研究(06):611-616.

周荣庭,韩飞飞,王国燕,2016.科学成果的微信传播现状及影响力研究:以10个科学类微信公众号为例[J].科普研究(01):33-40+97.

周懿瑾,魏佳纯,2016."点赞"还是"评论"?社交媒体使用行为对个人社会资本的影响:基于微信朋友圈使用行为的探索性研究[J].新闻大学(01):68-75+149.

朱益平,杜海娇,张佳,等.2021.基于RS-BP神经网络的政务微信公众号信息质量评价模型研究[J].情报科学(02):54-61+69.

祝琳琳,李贺,刘金承,等.2021.在线评论信息质量感知评价指标体系构建研究[J].情报理论与实践(04):138-145+118.

Aaker D A, Hagerty S M R, 1986. Warmth in advertising: Measurement, impact, and sequence effects[J]. Journal of consumer research(4):365-381.

Agarwal A, Hosanagar K, Smith M, 2008. Location: An analysis of profitability of position in online advertising markets[J]. Journal of marketing research(6): 1057-1073.

Audrin C, Brosch T, Sander D, et al., 2018. More Than Meets the Eye: The Impact of Materialism on Information Selection During Luxury Choices[J]. Frontiers in behavioral neuroscience, 12: 172.

Ballou D P, Pazer H L, 1985. MODELING DATA AND PROCESS QUALITY IN MULTI-INPUT, MULTI-OUTPUT INFORMATION-SYSTEMS [J]. Management science (2): 150-162.

Cacioppo J T, Petty R E, Stoltenberg C D, 1985. Processes of Social Influence: The Elaboration Likelihood Model of Persuasion[J]. Advances in cognitive-behavioral research and therapy: 215-274.

Chaiken S, Eagly A H, 1976. Communication modality as a determinant of message persuasiveness and message comprehensibility[J]. Journal of personality and social psychology(4): 605-614.

Duncan M, Murdock B, 2000. Recognition and recall with precuing and postcuing[J]. Journal of memory and language(3): 301-313.

Henne P, Kulesza A, Perez K, et al., 2021. Counterfactual thinking and recency effects in causal judgment[J]. Cognition, 212: 104708.

Holzknecht F, Mccray G, Eberharter K, et al., 2021. The effect of response order on candidate viewing behaviour and item difficulty in a multiple-choice listening test[J]. Language testing(1): 41-61.

Juran J M, 1988. Juran on planning for quality[M]. London: Free Press Collier Macmillam.

Katz E, Blumler J, Gurevitch M, 1974. Utilization of mass communication by the individuals[J]. The uses of mass communications: Current perspectives on gratifications research, 19-32.

Kenji N, Akiko K, Ilan S, 2014. Cultural differences in the primacy effect for person perception [J]. International journal of psychology, 49(3): 208-210.

Kuusela H, Spence M T, Kanto A J, 1998. Expertise effects on prechoice decision processes and final outcomes: A protocol analysis[J]. European journal of marketing(5/6): 559-576.

Mccombs M E, Shaw D L, 1972. The agenda-setting function of mass media[J]. Public opinion quarterly, 36(2): 176-187.

Murdock B B, 1962. Serial position effect of free-recall[J]. Journal of experimental psychology,

64(5):482.

Petty R E, Tormala Z L, Rucker D D, 2004. Resisting persuasion by counterarguing: An attitude strength perspective[J]. Perspectivism in social psychology: The yin and yan of scientific progress:37-5 .

Postman L, Phillips L W, 1965. Short-term temporal changes in free-recall[J]. Quarterly journal of experimental psychology(2):132-138.

Rey A, Le Goff K, Abadie M, et al., 2020. The primacy order effect in complex decision making [J]. Psychological research-psychologische forschung(6):1739-1748.

Sigelman L, 1981. Question-order effects on presidential popularity[J]. Public opinion quarterly (2):199-207.

Strong D M, Lee Y W, Wang R Y, 1997. Data quality in context[J]. Communications of the ACM(5):103-110.

Syn S Y, Yoon J, 2021. Investigation on reading behaviors and cognitive outcomes of Facebook health information[J]. Online information review(6):1097-1115.

Visschers V H M, Hess R, Siegrist M, 2010. Health motivation and product design determine consumers' visual attention to nutrition information on food products[J]. Public health nutrition(7):1099-1106.

Wang P, Xiong G, Yang J, 2019. Serial Position Effects on Native Advertising Effectiveness: Differential Results Across Publisher and Advertiser Metrics[J]. Journal of marketing (2):82-97.

Wang R Y, Strong D M, 1996. Beyond Accuracy: What Data Quality Means to Data Consumers [J]. Journal of management information systems(4):5-33.

Wang X W, Yang M Q, LI J X, et al., 2018. Factors of mobile library user behavioral intention from the perspective of information ecology[J]. Electronic library(4):705-720.

Watts S, Shankaranarayanan G, Even A, 2009. Data quality assessment in context: A cognitive perspective[J]. Decision support systems(1):202-211.

Wei R, Huang J, Zheng P, 2018. Use of mobile social apps for public communication in China: Gratifications as antecedents of reposting articles from WeChat public accounts[J]. Mobile media & communication(1):108-126.

Zhang R J, Indulska M, Sadiq S, 2019. Discovering Data Quality Problems: The Case of Repurposed Data[J]. Business & information systems engineering(5):575-593.

机器写作中的性别刻板印象:基于实验研究的实然探讨

⊕ 牟　怡　蓝剑锋*

摘要:性别刻板印象会影响读者对作者与内容的评价。基于 CASA (Computers are Social Actors)范式,本研究探讨在机器写作领域中,被赋予了性别的机器作者是否也会受到性别刻板印象的影响。一个采用因子设计的在线实验收集了读者对不同物种、不同性别作者及写作文本的评价。研究发现性别刻板印象的确存在于大众对机器作者及内容的评价中;但在具体类型的文本中,读者对文本质量和作者的评价呈现出物种和性别的差异。

关键词:机器写作;性别刻板印象;机器性别;CASA 范式;人机传播

> "人工智能不需要性别,她本可以只是一个灰盒子……但是加入性别后会变得更有趣。"
>
> ——电影《机械姬》(*Ex Machina*)

一、引言

作者和作品的关系一直以来就是大众津津乐道的话题。尽管如钱锺书所说:"假如你吃了个鸡蛋觉得不错,何必认识那下蛋的母鸡呢?"但在作者

---

* 牟怡,上海交通大学媒体与传播学院长聘副教授、博士生导师;蓝剑锋,上海交通大学媒体与传播学院博士。

的专业性之外,作者身上包含的种种属性,如道德品质、种族、信仰甚至是性别,都影响了大众对其作品的评价(葛岩 等,2013)。在性别刻板印象的作用下,即便是同样的文本内容,读者也会根据作者性别给出不同评价。在人机传播益发普遍的时代,这样的现象是否亦会出现在机器写作的场景中?

让机器人拥有性别似乎是天方夜谭,毕竟性别是人类的生理构造才具有的特征;我们无法把铜丝看成男性,把硅晶芯片看作女性。因此有学者认为,即便是那些看似被赋予性别的人工智能,也只是在进行巴特勒(Butler)所谓的"性别表演"(Gender Performativity)(李思雪,2015)。机器的性别因创造者的需要而改变,并不如人类性别一般生来很难变更。性别的随意和可切换消解了性别之于人类的深远意义,也使机器的性别议题缺乏严肃性。然而,无论是像《机械姬》这类科幻电影中的机器主角,还是亚马逊 Alexa、微软 Cortana、苹果 Siri 等人工智能助手,都无一例外地被开发者赋予了性别。因为不含性别的客体在我们的潜意识里往往是不可交流的,我们更希望自己的交流对象是"他(Him)"或者"她(Her)",却很少与"它(It)"进行对话(Hu et al.,2019)。作为人类交互对象的人工智能在拥有性别符号后,可以更加成功地融入人际交流的语境。虽然机器人无法真正拥有性别,但为机器人赋予性别符号,确实能够使其更好地适应人类社会的交往规则,并提高用户的接受度(许丽颖、喻丰,2020)。

写作机器人作为人工智能技术发展的产物,也往往通过名字等方式被暗示性别。我们无意探讨其应然问题,而是尝试探索当读者面对由算法驱动的机器男作家或女作家时,性别刻板印象是否还会发生作用的实然问题。因此,本文基于实验设计对可能存在的机器写作的性别刻板印象展开实证研究。

二、文献综述

(一)机器写作与质量评估

机器写作(Machine Writing)是指运用算法将数据加工成新闻文本(Carlson,2015)。《洛杉矶时报》自 2007 年起开发了有关凶杀案件报道的内容生成软件,2011 年开始采用的 Quakebot 机器人则真正实现了文本自动生成,这标志着机器人能够以独立的作者身份生产内容(何苑、张洪忠,2018)。2014年美联社宣布启用 Automated Insight 公司开发的自动写作软件 Wordsmith 撰写关于公司财务情况的新闻报道,这让他们每季度的财报数量从 300 篇上升到 4400 篇(金兼斌,2014)。2015 年后,国内媒体和互联网公司开始开发机器写作引擎,如腾讯的 Dreamwriter、新华社的"快笔小新"、今日头条的 Xiaomingbot 等。如今,机器写作引擎已经被海内外众多媒体广泛采用。

使用机器进行新闻写作,能够提高新闻生产速度、减少技术差错和生产成本(喻国明 等,2017)。在新闻的时效性上,机器新闻写作者将人类作者远远抛在了身后,机器作者可以帮助媒体更快速、更准确地生产新闻消息。此外,机器作者可以对海量的碎片数据进行汇总和分析,挖掘出以往人力难以发现的文本价值,再辅以可视化呈现的手段,便能让人们获得"上帝视角"一般的阅读体验(喻国明,2015)。机器写作的这一特性将新闻生产的质量和数量提升到一个新的高度。因此,当前不少学者认为机器写作势必成为新闻行业未来发展的重要方向之一。

此前对于机器写作的有关研究多集中在机器生产新闻的发展模式、对传媒行业的影响等议题上,而对机器自动生成内容的评估略有提及(牟怡 等,2019)。机器写作的优势固然显著——能更快速、精确、有效地整合、处理大数据,但自动生成内容的专业性、可读性以及当中包含的价值判断、道德水平等依然需要人类读者进行评估。写作机器人本身包含着影响读者评价的各种因素,诸如机器人的外形、采用的编程技术、应用的平台等。当我们看到机器作者的外形是一个相貌端正的人类,我们一般会认为"他"创作的作品要优于一个长方形盒子;毕竟我们更容易相信一个"人型"机器人可以像人类一般书写(刘茜,2020)。同样,如果该写作引擎研发自知名科技公司,如微软、谷歌等,基于对品牌原有的信任程度,我们也会更信任写作机器人的能力(刘茜,2020)。除了对机器人新闻生产主体的评价,对机器人新闻内容的评价则是我们更关心的问题。

评价机器人写作的质量,可以参考传统的新闻质量评价标准。此前的研究认为,新闻可信度是衡量新闻质量的重要因素,一般可以从信息源、内容、媒介几个维度进行测量(Chung et al.,2010)。有学者提到,要想提高内容的可信度,信息最好来自可靠的权威机构(Briggs et al.,2002)。也有研究表明,内容生产者具备更好的专业能力和诚实、正直的品德对于提高内容可信度具有正向作用(Mcginnies & Ward,1980)。

范德卡和克拉默(Van der Kaa & Krahmer,2014)调查了新闻记者和普通读者对机器人新闻可信度的评估情况,结果显示人们认为机器人新闻的可信度与人类撰写的新闻可信度相差无几。这说明不同专业背景的受众难以区分人工写作新闻和机器写作新闻。但在沃德尔(Waddell,2017)的研究中,人们普遍认为机器编写的新闻不如人工编写的新闻可信,新闻写作在很大程度上仍被视为是"人类的工作"。得出这样结论的原因既可能是机器新闻内容客观的短板,也有可能仅仅出自人们对机器作家身份的刻板印象。

克莱瓦尔(Clerwall,2014)在 2014 年使用桑德尔(Sundar,1999)的新闻感知量表探讨了受试者对新闻质量和可信度的感知程度。研究结果显示,受众认为机器写作的内容更枯燥,也更为客观。爱德华兹(Edwards et al.,2014)在关于 Twitter 机器人的实验测试中也得到了类似的结果:人类书写的推文往往被认为更具有吸引力。国内对机器新闻的态度调查呈现出相似的结果。2016 年腾讯的一项调查显示,41.6%的用户认为机器缺少新闻判断力,39%的用户认为机器缺少人情味;而多达 76.4%的自媒体人担忧机器写作面临缺乏情感和个人风格的问题(彭兰,2016)。许向东等人(2017)认为自动化新闻虽然加快了新闻生产速度、拓宽了新闻报道范围、提高了稿件的准确性,但也面临着报道主题和题材有限制、可读性低、语言枯燥乏味等问题。

在算法渗透进生活各个角落的今天,机器人写作在新闻伦理、新闻价值等方面依然存在诸多问题。新闻专业主义也要求新闻生产者不断提高专业水平,这使机器写作被放置在更严格的评估环境中。要改进机器写作,我们必须对机器人作者的各个方面进行考察。

(二)性别刻板印象与写作

性别刻板印象(gender stereotype)是人们广泛接受的对男性和女性的固定看法(Waddell,2017)。人们通常认为男性特质包括积极、果断、独立和进攻性;女性特质则包含善良、同情、关心他人等(Heilman,2010)。社会中的性别刻板印象不仅认为两性之间存在显著差异,并且更倾向于认为男性具有更多优势。有学者调查了100位被试者的性别刻板印象,发现在内隐层面,无论男女,都倾向于给男性以更加正面的评价,给女性以更为负面的评价(徐大真,2003)。也有学者调查了380位中国大学生的性别刻板印象,结果显示大学生多认为男性在思维、能力、工作上超过女性,更加坚强、能干;而女性在情感性的项目上超过男性,如善解人意、重感情,因此显得更为被动、顺从(钱铭怡 等,1999)。不仅中国语境下的性别刻板印象如此,美国学者鲁宾等人(Rubin et al.,1974)对几对新生儿父母进行了访谈,结果发现女孩父母往往对孩子的评价更为正面,认为女孩更加温柔、可爱。性别刻板印象跨越了地域、种族、信仰和文化,足以显示它多么深刻地影响着人类社会的认知。

按照此前性别和语言使用关联的研究结论,关于男性和女性语言使用的解释框架可以分为两类:支配论和差异论。支配论认为语言的差异可能是男性主导和女性从属的历史带来的结果(Fishman,1978;Robin,1973)。而差异论则认为男性和女性属于不同的亚文化,因此语言的差异来自文化的差异(Coates,2014)。语言使用的差异在罗宾(Robin,1973)此前的口语研究中得到了证实,其研究结果显示,女性倾向于在陈述句中频繁使用强调词、限定词、空洞的形容词。性别刻板印象不仅存在于语言使用的习惯和方式,甚至在声音选择上也存在不同性别的偏好。研究发现,绝大多数的新闻客户端只提供一种性别的声音,而大部分新闻客户端也呈现出"男声用于硬新闻,女声用于软新闻"的偏向(黄雅兰,2021)。在商场、地铁和机场等服务消费场景中,也往往使用女声进行播报。女性作为服务角色的刻板印象已经深入到社会共识中。

2002年,科佩尔(Koppel,2003)及其同事设计了一个计算机程序,用于扫描不同性别作者作品的关键词。结果显示男性作者更倾向于讨论实物(objects),并较多地使用限定词(如 a,the,that)和量词(如一,二,更多);而女性作者更倾向于讨论关系(relationships),且更喜欢使用代词(如你,我,他,她们的)。赖(Lai,2009)收集了部分书籍和博客文本,并创建了一个识别和区分男性和女性语言使用的算法,分析结果显示,男性作者更常使用分号,女性作者更喜欢使用具有情感表现力的感叹号。哈姆丹(Hamdan,2013)针对人们能否感知阿拉伯语言中不同性别作家语言风格的差异进行了一项调查。研究结果支持了特定的男性或女性写作风格的存在。上述研究结论证实了作家性别确实会影响其遣词造句的习惯和偏好。

写作是一项基于社会认知和社会体验的创造性工作,写作行为要求写作者本身具有一定的社会经历。社会文化催生了语言的性别差异,而不同社会文化中的作者自然会在作品中折射出根据其性别角度的社会认知(兰玉,2007)。也正因此,无论是从作者写作角度还是读者认知角度,性别刻板印象都产生了影响。

(三)机器人性别与机器的刻板印象

性别符号是身体符号最为强势的特征。如弗洛伊德(Freud)所言:"当遇到一个人时,你们所做的第一个区分是'男人'或'女人'。"尽管机器人是否应该拥有性别特征广受争议,但机器人作为人类生命的仿制品,其身体也不可避免地带有性别的符号或暗示。在科幻电影中,机器人往往以加强的性别符号出现在观众面前,或是强健的体格,或是完美的身材。在人机交互的关系上,为机器设定性别,可以让人与机器人在更原始的语境和立场上进行对话,也能更大程度还原真实的交流。无论机器人是否具有实体,都可以发现其身上的性别符号。微软小冰的设定是一位 18 岁的少女;亚马逊 Alexa 的名字则来自电影《星际迷航》中一位身材诱人的女性助手;小米则为其开发的智能语音助手小爱同学设定了不同性别、不同年龄的声音,以满足用户的多样化需求。性别似乎已经成为机器人必不可少的特征。

卡彭特(Carpenter)团队是最早进行机器人性别研究的团队之一,他们探索了人们对家用仿人机器人的期望,发现被试者更喜欢女性机器人来做家务活(Julie et al.,2009)。2019年剑桥大学未来智能研究中心发布的报告《人工智能与性别:对于未来研究的四项建议》提到,类人外表的机器人所包含的声音、形象和行为都在模仿并强化着社会中的性别刻板印象(黄雅兰,2021)。也有学者就机器人性别感知问题进行过研究,如野村和高木(Nomura & Takagi,2012)测试了不同教育背景的人如何感知机器人性别。他们仅仅使用姓名来控制机器人性别,并对来自自然科学教育背景和人文科学教育背景的受试者进行测试,结果显示自然科学教育背景的受试者认为男性机器人表现出更果断的特质,而女性机器人在两组被试中没有被感知出明显的区别。

除了机器人性别本身的意义问题外,在人机交互的过程中,不同性别的人群对不同性别的机器人的偏好同样值得关注。西格尔等人(Siegel et al.,2009)曾进行过一项实验,在互动后一个机器人要求参与者捐款并填写一份问卷;机器人的性别由声音控制。结果显示,男性受试者认为女性机器人比男性机器人更可信,而女性受试者的结果则相反。野村(Nomura et al.,2008)在日本进行的一项调查发现,在238名参与者中,女性在和机器人互动时,表现得更为消极。库钦布兰特等人(Kuchenbrandt & Markus,2014)在一项人机协作实验中,让不同性别的参与者与带有不同性别特征的机器人组队完成任务,结果显示无论机器人性别如何,女性参与者完成任务的速度更快,而男性参与者在与男性机器人搭档时,完成任务效率更高。这些研究结果显示,在对机器人的性别问题上,机器人的性别不同、实验参与者的性别不同,人们对机器人的态度也存在显著的差异。

在人机传播领域,许多研究聚焦于人们是否会将自己的职业特征和对性别的刻板印象转移到特定性别的机器人上。在埃塞尔和黑格尔(Eyssel & Hegel,2012)的研究中,人们认为带有典型男性外貌的机器人更适合执行男性任务,而装饰着长头发的机器人则被认为更适合执行女性化的任务。泰(Tay et al.,2014)等人对职业刻板印象的另一项研究证实了埃塞尔等人的发现。在泰的实验中,研究者通过语言暗示(主要通过声音)和典型的名字操纵机器人的性别。参与者与机器人互动后表示,女性机器人更适合在医疗场景从业(这往往被认为是典型的女性职业),男性机器人则更应该从事安保领域相关工作(这被认为是刻板的男性职业)。克劳斯(Kraus,2018)对机器人作者的外显和内隐性别刻板印象进行过研究。结果显示,男性机器人被认为更值得信赖,女性机器人则被认为更可爱。

(四)CASA范式与机器写作中的性别刻板印象

1994年,来自斯坦福的学者纳斯等人(Nass et al.,1994)提出"计算机为社会行动者"(Computers are Social Actors,简称CASA)范式,指明人机交互本质上是社会性的。1996年,李维斯和纳斯(Reeves & Nass,1996)基于CASA范式提出"媒体等同理论"(Media Equation Theory)。他们的研究发现人们会将人类社会中的交往规则应用到人机交互当中,其中不仅包含"礼仪""关心"等情感,还包含"性别刻板印象"等观念。男性声音的计算机被认为更具有说服力,而女性声音的机器人则被描述为一个更擅长"爱"和"人际关系"的老师形象。

在纳斯等人的研究中,人类能被机器礼貌奉承的话语所影响,就像被来自人类的话语所影响一样(Nass et al.,1995)。因此,媒体等同理论提出人们会像对待真人一样对待媒体技术。这一思想为媒体技术赋予了"人性",使媒体技术突破了原有的工具论和客体论局限,将媒体技术的地位带到了新的高度。在人机交互的过程中,作为媒体的机器人可以将媒体内容以更人性化的方式展示出来,通过文字、画面、声音,甚至是人性外表传达出动作、暗示的眼神、神秘的微笑等,这使人类受众从心理上将机器看作是与人类相当的交往对象,此种交往过程有学者认为是无意识的"主体间"交往(梅琼林、张晓,2006)。

在CASA范式的指导下,机器从以往被动设置的客体,变为能够主动产生刺激作用的研究对象,这也打开了人机传播的研究思路。如有学者基于CASA范式,对人工智能语音助手的个性(personality)展开研究。通过"绿野仙踪法"实验发现,智能语音助手与用户之间存在个性的"相似吸引效应",即人机交互双方个性相似时,用户对语音助手的社交信任感更高(王鑫蓉、王玫,2022)。也有学者从心理学角度出发,基于艾森克人格问卷(Eysenck Personality Questionnaire)对社交机器人微软小冰的人格进行测量。结果发现微软小冰在与人类对话的过程中折射出了可测量的人格面,且表现出外向、好交际、易冲动、渴望刺激的人格特点(韩秀,2021)。

人类在把机器作为等同于人类的交互对象时,不自觉地会代入各种人际交往的观念、习惯和偏见。以文字内容中的性别刻板印象为例,有学者发现不同主题的新闻报道所含的性别偏见不同。当涉及财经、体育、政治以及一些专业性话题时,性别刻板印象的影响尤其突出(Flaounas et al.,2013)。既然性别刻板印象普遍存在于人类社会中,且在内容生产领域影响着读者对作者以及内容质量的评价,那么根据 CASA 范式,在机器写作中,机器作者的性别暗示亦会引发类似的刻板印象反应。因此,我们提出如下研究假设:

H1:读者对人类作者的性别刻板印象会延伸到机器作者身上,即当机器作者被设定为男性时得到的作品内容质量的评价会异于女性,且两者间的优劣程度与人类刻板印象中一致。

H2:读者对人类作者的性别刻板印象会延伸到机器作者身上,即当机器作者被设定为男性时得到的作者专业度的评价会异于女性,且两者间的优劣程度与人类刻板印象中一致。

机器性别的设定中存在非男非女的中性选项,这个性别设定是否会引发不一样的评价?同时根据前文综述,读者的性别也会影响其性别刻板印象感知。就此,我们提出以下两个研究问题:

RQ1:当机器作者为中性性别时,作品所受到的(a)内容质量和(b)专业度评价与其设定为男性或女性时是否存在差异?

RQ2:受试者的性别是否会影响机器写作中的性别刻板印象?

三、研究方法

(一)研究过程与实验素材

为了验证提出的假设和回答研究问题,本研究进行了 2×3 因子设计在线实验。其中第一个自变量为作者物种属性,即人或是机器人;第二个自变量为作者性别,通常来说即男性或者女性;然而对机器人而言,中性是一个常见的选项,因此添加此选项。鉴于人类的中性性别并不常见,故在人类作者中仅存在男性或女性。因此,实验存在五组实验组别。同时,本研究也考察受试者性别的影响,但是该自变量不被操纵。在每组实验中,受试者首先阅读一篇含有作者物种身份及性别信息的文字内容,然后让他们填写相应问卷,对所阅读的材料进行评价;最后依据研究伦理,告知受试者真实的实验目的。

本研究的目的是考察人类基于文字的性别刻板印象是否会延伸至机器写作上,因此首先找到带有人类性别刻板印象的文字内容至关重要。为此,本研究尝试了三个常见的可能带有性别刻板印象的话题:两性情感、家庭理财和信息技术。人们通常认为女性更擅长情感话题和家政话题,而男性更擅长技术话题。根据网上常见的情感建议、家庭理财建议和网络信息安全建议写作套路,笔者针对三个话题各改写出一篇建议性文章。为了排除可能的混淆变量,每篇文章统一有715字左右,其中列举出四条可行建议。例如,在《数据安全专家的四个隐私保护建议》一文中,列举出包括"设置浏览器关闭时自动清除cookie"在内的四项在上网浏览的过程中保护个人隐私安全的建议。

针对每篇文章,我们首先进行了人类性别刻板印象的测试(见下文),即同样的文字内容,却告知不同的作者身份,一个是女性作者,另一个是男性作者。前者采用了典型的女性名字,后者则是典型的男性名字。为了强化性别特征,还采用了常见的作者画像方式,通过一个略带写实风格的头像显示作者的性别。通过刻板印象有效性检验的文字内容即被采用为实验素材。

在机器写作的三组里,机器人身份与性别亦被名字标明。为了避免诸如"小明"这样的中文名字带来的性别模棱两可性,笔者特地选取了英文中具有明确性别信息的名字。"Emma机器人""Mike机器人"和"Star机器人"分别代表女性机器人、男性机器人和中性机器人。同时辅以带有明显性别特征的外貌形象,以此强化性别特征。

(二) 样本

为了保证样本数据具有足够的效力,实验开始前我们首先进行了效力分析(power analysis)。从文献中获取最接近的效应值(effect size d)为 0.32(Swim & Janet,1994)。采用 G * Power 3.1(Faul et al.,2009)计算,当显著度为 0.05,效力为 80% 时,要求总样本量至少为 168。

本研究通过问卷调查平台"问卷星"选取实验对象并完成线上实验。研究采用了问卷星的样本服务,从该调查平台的抽样框(sampling frame)中抽取受试者并随机分配到 10 组中的 1 组。每组平均约有 45 名实验参与者,共计 451 人。在排除了无效问卷和未能通过操作检验的问卷后,总共 392 份有效问卷进入了最终的数据分析,每组人数为 36 人到 44 人不等,平均为 39 人,保证了样本数据具有足够的效力。

在 392 份有效问卷中,48.2%(189 人)来自男性,51.8%(203 人)来自女性。受试者的年龄为 18 岁到 65 岁,平均年龄为 29.15 岁($SD=6.73$)。学历覆盖从高中以下到研究生或以上,大部分(74.5%)受试者拥有大学本科学历。而他们的收入水平则相对均匀分布:17.9%的受访者税前月收入在 0—3500 元之间,19.4%的受访者在 3501—6000 元之间,31.4%的受访者在 6001—9000 元之间,17.9%的受访者在 9001—12 000 元之间,13.5%的受访者在 12 001 元以上。从未或基本没有接触过机器写作内容的人并不多,只占总人数的 6.1%(24 人);偶尔接触的人占 38.8%(152 人);有时接触的人占 41.1%(161 人);经常接触的人占 12.8%(50 人);而 5 人(1.3%)则总是接触到机器写作内容。这说明机器写作的流行虽然只有短短几年时间,但是已经为不少人所知。

(三) 变量测量

主要因变量的测量量表来自英文文献,并通过反向翻译(back translation)的方法翻译成中文以保证其准确性。所有变量均使用 5 级量表进行测量。其中,对感知的内容质量测量借鉴桑德尔(Sundar,1999)的测试量表,8 个问项间的信度克伦巴赫系数 $\alpha=.70$。作者的专业度评价借鉴范德卡(Van der Kaa)和克拉默(Krahmer)的 5 个问项,其信度克伦巴赫系数 α=.66。

控制变量包括对 AI 的态度、性别刻板印象感知和机器写作内容接触频率。将阿杰恩(Ajzen,1991)的态度量表根据研究语境进行改写得到对 AI 态度的语意差异量表(semantic differential scale),5 个问项间的信度克伦巴赫系数 α=.72。感知到的性别刻板印象通过 3 个自建问题来测量,包括"一般而言,女性比男性更善于家庭理财","一般而言,女性比男性在处理情感问题上更具有优势"和"一般而言,男性比女性更擅长技术领域的工作",其信度克伦巴赫系数 α=.71。机器写作内容接触频率通过单一问项"你阅读到机器写作内容的频率"来测量。人口统计学变量包括受试者的性别、年龄、教育程度、收入等常规测量项目。

(四)操纵检验

为了保证实验操纵的有效性,除了问卷星平台自带的注意力检验外,本研究还进行了操纵检验。受试者在进行评价之前被要求回忆"你刚才阅读的内容的作者是谁"。那些未能选择正确答案的受试者问卷被剔除掉。

四、分析结果

(一)实验素材有效性检验

在主题分别为两性情感、家庭理财和信息技术的文字内容中,情感建议一文中并未出现预期的性别刻板效应,女性作者写作的内容质量($M=3.98$,$SD=0.67$)与男性作者的内容质量($M=3.89$,$SD=0.43$)并无显著性差异:$t(78)=0.72$,$p=0.48$;而女性作者的专业度($M=4.07$,$SD=0.74$)亦与男性作者($M=4.06$,$SD=0.53$)无异:$t(78)=0.07$,$p=0.95$。因此,情感建议一文被排除在实验素材之外。

对家庭理财建议一文,人类作者的性别具有显著性的差异,也即:女性作者写作的内容质量($M=4.09$,$SD=0.45$)显著高于男性作者写作的内容质量($M=3.85$,$SD=0.58$):$t(76)=2.10$,$p=0.039$。而女性作者的专业度

(M=4.05,SD=0.45)亦边缘显著高于男性作者的专业度(M=3.86,SD=0.43):t(76)=1.88,p=0.064。这说明,家庭理财建议这一话题确实带有传统认知上的女优于男的性别刻板印象,因此作为后续实验素材使用。

而对网络信息安全建议一文,人类作者的性别亦带来显著性的差异,也即:女性作者写作的内容质量(M=4.05,SD=0.42)显著高于男性作者写作的内容质量(M=3.82,SD=0.53):t(82)=2.18,p=0.032。但女性作者的专业度(M=4.22,SD=0.54)与男性作者的专业度(M=4.18,SD=0.43)无异:t(82)=0.40,p=0.69。值得一提的是,网络信息安全建议一文中体现的性别刻板印象与传统认知相反,并非男性比女性更擅长这两个话题。然而本文的目的并非验证传统的性别刻板印象是否成立,而是考察这些刻板印象是否在机器写作中依然成立,因此该文也被用作后续实验素材。

(二)主效应分析

表1 不同作者类别下的感知内容质量和专业度

	女·机	男·机	中性·机	女·人	男·人
【家庭理财建议】					
内容质量	3.90(0.38)[ab]	3.85(0.45)[b]	4.01(0.37)[ab]	4.09(0.45)[a]	3.85(0.55)[b]
专业度	3.95(0.45)[ab]	3.85(0.47)[b#]	3.74(0.44)[b]	4.05(0.45)[a]	3.86(0.43)[b#]
【信息安全技术建议】					
内容质量	3.92(0.53)[ab]	4.02(0.39)[a#]	3.97(0.51)[ab]	4.05(0.42)[a]	3.82(0.53)[b]
专业度	4.26(0.39)	4.13(0.52)	4.22(0.50)	4.22(0.54)	4.18(0.43)

注:数值为平均值(括号内为标准方差);a/b 表示具有显著性差异,#表明边缘显著性差异。

二元协方差分析(Two-way analyses of covariance)结果显示(见表1),在控制对 AI 的态度、性别刻板印象感知和机器写作内容接触频率 3 个控制变量后,在家庭理财建议素材的刺激下,出现显著的性别主效应:对内容质量而言,$F(2,187)=3.23, p=0.042$。女性作者写作的内容质量(M=3.99,SD=0.42)、中性作者写作的内容质量(M=4.01,SD=0.37)和男性作者写作的内容质量(M=3.85,SD=0.50)存在显著性差异;事后 LSD(Least-Significant Difference)检验显示前两者显著高于后者。而对专业度而言,$F(2,187)=3.67, p=$

0.027。女性作者的专业度(M=4.00,SD=0.45)、男性作者的专业度(M=3.86,SD=0.44)和中性作者写作的专业度(M=3.74,SD=0.44)存在显著性差异;事后 LSD 检验显示前者显著高于后两者。然而,物种并不存在显著的主效应:对内容质量而言,$F(1,188)=1.65, p=0.20$;对专业度而言,$F(1,188)=0.60, p=0.44$。

在信息安全技术建议素材的刺激之下,物种并不存在显著的主效应:对内容质量而言,$F(1,200)=0.21, p=0.65$;对专业度而言,$F(1,200)=0.001, p=0.98$。性别亦不存在显著的主效应:对内容质量而言,$F(2,199)=0.33, p=0.73$;对专业度而言,$F(2,199)=0.72, p=0.49$。

就 RQ2 而言,不同性别的受试者在阅读家庭理财建议后并不会产生不同的认知:对感知质量 $t(188)=0.49, p=0.63$;对专业度 $t(188)=-0.17, p=0.83$。而不同性别的受试者在阅读网络安全建议后感知的内容质量并无差异:$t(200)=0.52, p=0.61$;但男性受试者对专业度的评价(M=4.27,SD=0.49)高于女性受试者的评价(M=4.13,SD=0.45):$t(200)=2.06, p=0.04$。

(三)交互效应分析

在家庭理财建议素材的刺激下,物种与性别对于内容质量和专业度评价不存在显著的二元交互效应:对内容质量而言,$F(1,188)=1.66, p=0.19$;对专业度而言,$F(1,188)=0.33, p=0.57$。然而,在信息安全技术建议素材的刺激之下,物种与性别对内容质量而言存在显著的二元交互效应:$F(1,200)=5.03, p=0.03$;不过对专业度的交互效应却不显著:$F(1,200)=0.36, p=0.55$(见图1)。换言之,同样是女性,人写作的内容质量显著高于机器人写作的内容质量;而是男性时,人写作的内容质量则显著低于机器人写作的内容质量。综上,H1 和 H2 均部分成立。

就 RQ1 而言,机器人的中性性别并不会总带来显著影响;只有在家庭理财建议中,中性机器人的写作质量高于男性机器人,但专业度却低于女性机器人。针对 RQ2,受试者性别与其他两个自变量(作者物种与性别)并无任何显著性二元和三元交互效应。

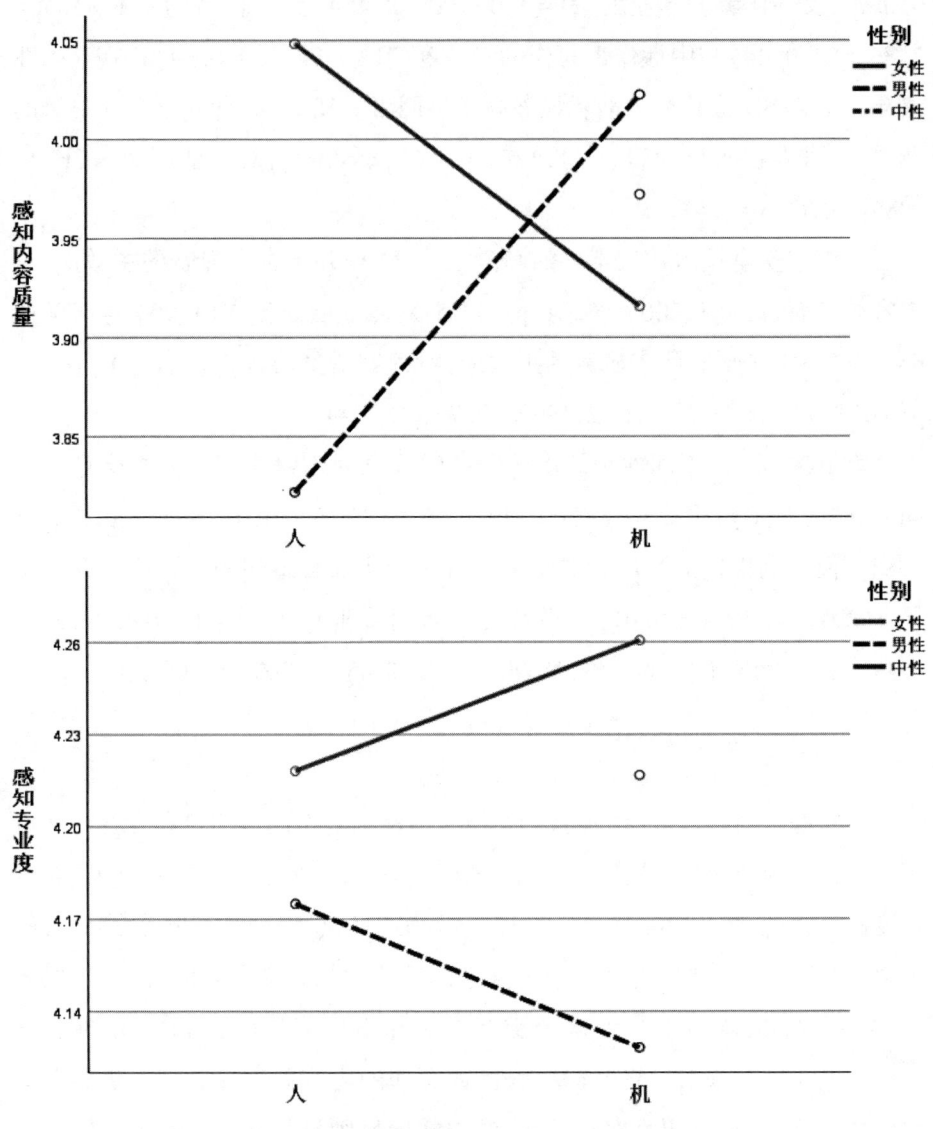

图1 信息安全建议中物种与性别的二元交互效应

五、结论与讨论

1950年,艾伦·图灵(Alan Turing)在《计算机与智能》("Computing Machinery and Intelligence")这篇论文中对计算机的思考能力进行了研究,提出了著名的"图灵测试"(The Turing Test)。测试的具体内容是让一个人和一台机器躲在幕后,测试者分别向两个对象提问,借此分辨出机器人和人类。经过多轮测试后,如果机器使每个参与者平均误判率超过30%,则认为该机器通过了测试。如今,图灵测试也被认为是测试机器是否具有智能的代表性方法。自1956年达特茅斯会议正式提出"人工智能"概念至今,尽管经过60余年的发展,"强人工智能"(strong AI)和"弱人工智能"(weak AI)的边界开始变得模糊,但从人机协作、辅助生成的角度来看,如今的写作机器人依然属于弱人工智能的范畴(莫宏伟,2018)。为了让机器生成的内容被更多人接受,研究者应该考虑提升写作机器人的智能水平和仿真程度,比如提升算法水平,使其生成的内容更生动,或者赋予其社会身份和性别,让写作机器人更贴近人类作者的方方面面。

在机器写作越来越普遍的今天,如何更好地设计写作机器人成为一个值得深入探讨的问题。本研究聚焦于机器写作中存在的性别刻板印象,通过实验研究检验了大众对机器作者的性别刻板印象,并针对不同类型的文本内容分别讨论。结果显示,性别刻板印象确实存在于机器作者身上:尽管有违普遍的直觉,但在评价文本内容的过程中,人们真的会像评价真人一样基于性别评价机器作者。物种和性别的交互效应生动地体现性别在机器作者身上的作用,尽管这样的反映并不完全复制了人类写作中的性别刻板印象模式。

研究发现,在信息安全建议文本测试组中,物种和性别对写作内容的质量具有显著的交互效应。同为人类时,女性作者质量评价高于男性;然而同为机器时,作品质量的评价为男性最高,中性其次,女性最低。由此可见,对于信息安全技术这类文本,人类世界中的性别刻板印象在机器作者身上发生了逆转。当作者物种从人类变为机器,读者的选择也从女性转为男性,即人们对人类作者的性别刻板印象确实同样存在于机器作者身上,且当机器作者被设定为男性时,作品质量获得了更高的评价。

在控制了对AI态度、性别刻板印象感知以及机器写作内容接触频率三个变量后,研究结果显示,对于家庭理财和信息安全技术两类内容,受试者均认为女性作者创作的文本质量更佳。在信息安全技术领域,这样的结果与以往的性别刻板印象相反,因为无论是从业者还是专业学习人数都呈现典型的"男多女少"。其中一个可能的原因是女性往往需要付出更多的努力,才能被行业和大众认可,得以进入这一领域。因此在考虑到诸多潜在的社会因素和投入的努力之后,人们可能会认为该领域的女性作者能力更强。此外,单就作者性别而言,人们普遍认为女性作为更仔细、更认真的角色,能够更好地生产出高质量、易读的文本内容。女性在写作过程中,更多地使用比喻等修辞手法,用更为感性和通俗的语言,使文本的可读性大大提升,这样读者能够更好地理解文本内容。带着这样的刻板印象,人们往往会认为女性作者创作的内容质量更高,倾向于给女性作者文本质量更高的评价。因此,人类女性作者的文本质量在所有组别中得分最高。

但对机器作者而言,读者并不会考虑太多社会因素。机器作者相较于人类作者,身份背景被简化了许多。人们不太愿意相信电脑前的这个机器作者是背负了家庭责任和千百年来重男轻女的传统观念,经过重重考核选拔最终成为"专家"的。这里被赋予性别的机器作者身上携带的更多是普遍意义上人们对性别的认知。因此,基于传统的性别刻板印象,尤其是像信息技术安全这样传统的技术、理工类专业领域,男性占据主导地位的局面卷土重来,对于内容质量的评价,男性机器作者便高于女性机器作者。基于CA-SA范式的视角,我们可以看到,虽然机器生成内容呈现出的性别刻板印象的具体情况不同,但性别刻板印象这一现象本身确实存在。从人们对女性作者的偏好,到对物种和性别显著的二元交互效应,不难发现当机器作者被赋予性别后,人们便不再像以往那样单纯地评价性别或者评价机器作者,而是兼有传统的性别刻板印象以及对机器作者身份的评价。

研究同样显示,无论是人类作者还是机器作者,受试者均对其专业度评价没有显著差异,这呼应了前人的研究——范德卡和克拉默(2014)的研究显示,普通大众无法区分人类作者和机器作者创作内容的可信度与专业度。机器写作的专业度更多取决于文本本身,性别影响甚微。而本研究的结果显示,性别、物种都没有显著影响读者对专业度的评价,因此我们认为在CA-SA范式下,为机器赋予性别,使人们容易产生对内容"质量好坏"的评价差异。这种影响更多是带给读者主观上的体验。当涉及作者专业性的检验时,读者会更关注文字本身,而忽略作者的因素。

为机器人赋予性别是当前人工智能发展过程中日渐得到默认的选项。在CASA范式的视角下,我们不仅会像对待真人作者一样对待机器,评价其生产内容的质量,还会将机器作者的性别纳入考量,尽管这样的性别设计往往非常简单。这为人工智能研发提供了新的思路,即在设计人工智能程序时,将人们固有的性别刻板印象考虑在内,也许就能放大用户对人工智能的需求,或者减少用户的负面评价。对于用户而言,意识到人工智能拥有性别,亦具有重要意义,这意味着我们在更大程度上承认人工智能的社会参与度,赋予人工智能更多人性和人格。

本研究存在一定的局限。首先,研究采用的测量性别刻板印象的量表主要来自英文文献,因此量表中对性别的描述和数据的收集标准主要基于西方文化中的性别认知。但研究样本均来自中国大陆。文化间的差异可能会影响人们对性别的认知和评价标准,造成量表结果的偏差,一个直观的结果是量表信度尽管已达到可以接受的范围,但是并不太高。其次,研究选取的家庭理财、信息技术安全等主题的文本主要基于研究者的主观判断。这两类特定主题的文本不能代表读者对所有类别机器生成内容的评价;而且本研究中采用的单一素材不仅可能会造成外在效度的降低,使其结果不具有太大的可推广性,还有可能造成假设检验中的第一类错误的产生,即观察到了实际上并不存在的处理效应。今后的研究可以考虑加入更多类型的文本,并在同种类型中增加更多的实验材料,以消除单一材料设计引起的不稳定性。最后,本研究在中国内地进行,不得不将中国社会中关于性别的刻板印象和传统的雄性文化因素纳入考量。相信如果此研究在其他有着不同性别刻板印象的文化中进行(例如女性偏向文化下的北欧社会),结果会呈现很大的差异。这也是后续研究的方向之一。

总而言之,探讨人机关系中的性别议题,既是性别研究的横向延伸,也是人机研究的纵向扩展。当我们在谈论人工智能这个对象时,使用的代词从"它"变为"他、她",人工智能可能拥有更多的机会,与人类共同进入人机协同的新纪元。

参考文献

葛岩,秦裕林,姚君喜,等.2013.母鸡的长相是否重要:艺术家不良品行信息传播对作品评价的影响[J].文艺研究(09):111-126.

韩秀,2021.社交机器人的"人格"测量:一项基于艾森克问卷的探索性研究[J].青年记者(18):45-46.

何苑,张洪忠,2018.原理、现状与局限:机器写作在传媒业中的应用[J].新闻界(03):21-25.

黄雅兰,2021.声音的性别:新闻客户端自动语音播报中的刻板"音"象[J].全球传媒学刊(01):108-125.

金兼斌,2014.机器新闻写作:一场正在发生的革命[J].新闻与写作(09):30-35.

兰玉,2007.论语言性别差异与社会文化的互构[J].重庆工商大学学报(社会科学版)(04):118-123.

李思雪,2015.科幻电影中"人机关系"的性别表演[J].北京电影学院学报(06):102-108.

刘茜,2020.人工智能机器写作受众态度实验研究[J].西南民族大学学报(人文社会科学版)(03):157-162.

莫宏伟,2018.强人工智能与弱人工智能的伦理问题思考[J].科学与社会(01):14-24.

牟怡,夏凯,Novozhilova E,等.2019.人工智能创作内容的信息加工与态度认知:基于信息双重加工理论的实验研究[J].新闻大学(08):30-43+121-122.

梅琼林,张晓,2006."媒体等同":从效果研究到理论建构[J].社会科学研究(05):193-196.

彭兰,2016.机器与算法的流行时代,人该怎么办[J].新闻与写作(12):25-28.

钱铭怡,罗珊红,张光健,等.1999.关于性别刻板印象的初步调查[J].应用心理学(01):14-19.

王鑫蓉,王玫,2022.基于CASA理论的语音助手个性研究[J].信息技术与信息化(02):21-24.

徐大真,2003.性别刻板印象之性别效应研究[J].心理科学(04):741-742.

许丽颖,喻丰,2020.机器人接受度的影响因素[J].科学通报(06):496-510.

许向东,郭萌萌,2017.智媒时代的新闻生产:自动化新闻的实践与思考[J].国际新闻界(05):29-41.

喻国明,2015."机器新闻写作"时代传媒发展的新变局[J].中国报业(23):22-23.

喻国明,兰美娜,李玮,2017.智能化:未来传播模式创新的核心逻辑:兼论"人工智能+媒体"的基本运作范式[J].新闻与写作(03):41-45.

Ajzen I,1991. The theory of planned behavior[J]. Organizational behavior and human decision processes,50(2):179-211.

Briggs P,Burford B,De Angeli A,et al.,2002. Trust in online advice[J]. Social science computer review,20(3):321-332.

Carlson M,2015. The robotic reporter:Automated journalism and the redefinition of labor,compositional forms,and journalistic authority[J]. Digital journalism,3(3):416-431.

Carpenter J,Davis J M,Erwin-Stewart N,et al.,2009. Gender representation and humanoid robots designed for domestic use[J]. International journal of social robotics,1:261-265.

Chung C J,Kim H,Kim J H,2010. An anatomy of the credibility of online newspapers[J]. Online information review,34(5):669-685.

Clerwall C,2014. Enter the robot journalist:Users' perceptions of automated content[J]. Journalism practice,8:518-537.

Coates J,2015. Women,men and language:A sociolinguistic account of gender differences in language[M]. London:Routledge.

Edwards C,Edwards A,Spence P R,et al.,2014. Is that a bot running the social media feed? Testing the differences in perceptions of communication quality for a human agent and a bot agent on Twitter[J]. Computers in human behavior,33:372-376.

Eyssel F,Hegel F,2012.(S) he's got the look:Gender stereotyping of robots[J]. Journal of applied social psychology,42(9):2213-2230.

Faul F,Erdfelder E,Buchner A,et al.,2009. Statistical power analyses using G * Power 3.1: Tests for correlation and regression analyses[J]. Behavior research methods,41(4):1149-1160.

Fishman P M,1978. Interaction:The work women do[J]. Social problems,25(4):397-406.

Flaounas I,Ali O,Lansdall-Welfare T,et al.,2013. Research methods in the age of digital journalism:Massive-scale automated analysis of news-content—topics,style and gender[J]. Digital journalism,1(1):102-116.

Hamdan S M,Hamdan J M,2013. Authors' perceptions of author's gender:A myth or a truth? [J]. International journal of English and literature,4(10):523-528.

Heilman M E,2001. Description and prescription:How gender stereotypes prevent women's ascent up the organizational ladder[J]. Journal of social issues,57(4):657-674.

Hu W L,Akash K,Reid T,et al. ,2018. Computational modeling of the dynamics of human trust during human-machine interactions[J]. IEEE transactions on human-machine systems,49(6):485-497.

Koppel M,Argamon S,Shimoni A R,2002. Automatically categorizing written texts by author gender[J]. Literary and linguistic computing,17(4):401-412.

Kraus M,Kraus J,Baumann M,et al. ,2018. Effects of gender stereotypes on trust and likability in soken human-robot interaction[C]//In Proceedings of the Eleventh International Conference on Language Resources and Evaluation (LREC-2018). Miyazaki, European Languag Resources Association:112-118.

Kuchenbrandt D,HÄring M,Eichberg J, et al. ,2014. Keep an eye on the task! How gender typicality of tasks influence human-robot interactions[J]. International journal of social robotics,6(3):417-427.

Lai C Y, 2009. Author Gender Analysis[EB/OL]. https://courses.ischool.berkeley.edu/i256/f09/Final%20Projects%20write-ups/LaiChaoyue_project_final.pdf.

Lakoff R,1973. Language and woman's place[J]. Language in society,2(1):45-79.

Mcginnies E,Ward C D,1980. Better liked than right:Trustworthiness and expertise as factors in credibility[J]. Personality and social psychology bulletin,6(3):467-472.

Nass C,Moon Y,Fogg B J,et al. ,1994, Can computer personalities be human personalities? [J]. International journal of human-computer studies,2(43):223-238.

Nass C,Steuer J,Tauber E R,1994. Computers are social actors[C]//Proceedings of the SIGCHI conference on Human factors in computing systems. Los Angeles, ACM SIGCHI: 72-78.

Nomura T,Kanda T,Suzuki T,et al. ,2008. Prediction of human behavior in human-robot interaction using psychological scales for anxiety and negative attitudes toward robots[J]. IEEE transactions on robotics,24(2):442-451.

Nomura T,Takagi S,2011. Exploring effects of educational backgrounds and gender in human-robot interaction[C]//2011 International conference on user science and engineering (i-user). Selangor,IEEE Conference:24-29.

Reeves B,Nass C,1996. The media equation:How people treat computers,television,and new media like real people[M]. London:Cambridge University Press.

Rubin J Z, Provenzano F J, Luria Z, 1974. The eye of the beholder: parents' views on sex of newborns[J]. American journal of orthopsychiatry, 44(4):512-519.

Siegel M, Breazeal C, Norton M I, 2009. Persuasive robotics: The influence of robot gender on human behavior[C]//2009 IEEE/RSJ International Conference on Intelligent Robots and Systems. St. Louis, IEEE Conference:2563-2568.

Sundar S S, 1999. Exploring receivers' criteria for perception of print and online news[J]. Journalism & mass communication quarterly, 76(2):373-386.

Swim J K, 1994. Perceived versus meta-analytic effect sizes: An assessment of the accuracy of gender stereotypes[J]. Journal of personality and social psychology, 66(1):21.

Tay B, Jung Y, Park T, 2014. When stereotypes meet robots: the double-edge sword of robot gender and personality in human-robot interaction[J]. Computers in human behavior, 38:75-84.

Turing A M, 1950. Computing machinery and intelligence[J]. Mind, 59(236):433-460.

Van Der Kaa H A J, Krahmer E J, 2014. Journalist versus news consumer: The perceived credibility of machine written news[C]//Computation + Journalism Symposium 2014. New York, The Brown Institute for Media Innovation:24-25.

Waddell T F, 2018. A robot wrote this? How perceived machine authorship affects news credibility[J]. Digital journalism, 6(2):236-255.

英文摘要

Cross-Border Data Regulation in Geopolitical Competition: Dynamics, Models and Prospects

Cai Cuihong, Guo Wei

Abstract: The principle of technological centripetalism is the underlying determinant of cross-border data flows, and together with the cognitive preferences of states and international power competition, it shapes cross-border data regulation patterns. The European model with human rights protection as the first principle, the American model with the free flow of cross-border data as the core, and the Chinese model with security and sovereignty as the foundation compete with each other in the arena of global data governance. Regardless of the original intention of these cross-border data regulation systems, their key regulatory factors are the direction, speed and path of cross-border data flow. Nowadays, the global cross-border data regulation system has shown a trend of fragmentation, politicization and securitization, with further division and combination among various regulatory bodies. The strategic competition among major countries around data resources and digital rules has become more and more intense. In this regard, China should increase investment in science and technology, refine the legal rules, and build a Chinese regulation system in favour of us.

Keywords: Cross-border Data; Technology Centripetal Principle; Cognitive Preference; Fragmentation

Synergy, Game, and Technology Empowerment: The Transformation of Cyberspace Governance and Communication Effectiveness from a Geopolitical Perspective

Liang Shuang, Xie Yongjiang

Abstract: Against the background of information globalization, the continuous innovation and development of intellectual technologies, such as Information and Communication Technology (ICT), Artificial Intelligence (AI), and Virtual Reality (VR), have made cyberspace an important platform for people to work in, communicate and interact with each other. Accordingly, this study takes geopolitics as the theoretical perspective and analyzes the characteristics, methods and communication efficiency of cyberspace governance in the current stage of collaboration, game, and technology empowerment. From the aspects of "technology-information-actor", we propose that future cyberspace governance and information dissemination should pay more attention to core technology empowerment and national information sovereignty. Meanwhile, based on governing the Internet according to the law, China should strengthen policy formulation and system implementation, contributing Chinese wisdom and Chinese proposals to building a global ecological community for cyberspace governance.

Keywords: technology empowerment; cyberspace governance; network propagation; geopolitics

From Fragmentation to Collaboration: The Potential Path of Global Governance for Cross-Border Data Flow

Yik Chan Chin

Abstract: In modern international competition and cooperation, digital trade rules centered on the cross-border flow of data have become an important tool for political games and economic competition among countries. Based on different policy considerations and interest demands, the commercial freedom of the United States, the personal data rights of the European Union, the data security of China, and the industrial development rights of developing countries have led to the fragmentation of data cross-border flow rules. The urgent problem to be solved is how to strike a balance between the interests of all parties in many different institutional paradigms. After comparing the reasons for the divergence of cross-border data flow patterns in China, the United States, Europe and other countries and analyzing the current practice of interoperability mechanisms of regional data cross-border, this article argues that the WTO system may be used to achieve the integration of many elements such as economic development, digital rights, and legitimate national interests. The article suggests that a concise and narrowly-scoped WTO agreement on e-commerce rules on cross-border data flows should provide sufficient policy space for different needs, policy preferences and priorities, and make a more flexible, inclusive global rule system of cross-border data flows.

Keywords: cross-border data flows; national security; international digital trade rules; WTO e-commerce

Motivations, Representations and Trends of the Great Powers' Game in the Emerging Technology Field Based on Geopolitics
Wang Danna, Sun Yilin

Abstract: The new round of scientific and technological revolution has shaped the international pattern of the great powers' game of the global scientific and technological system, leading international relations into the "era of technopolitics". The combination of technological politics and geopolitics directly affects the balance of power among major countries, and the competition of technological leadership has become one of the core objectives of strategic competition among major countries. From the perspective of geopolitics, this paper reveals the reasons for the development of emerging technology, the performance and characteristics of technology politics, and looks forward to its prospects for international exchanges and cooperation. In particular, this paper focuses on the characteristics of cyberspace and key infrastructure, as well as the current situation of power game, and analyzes the competitive situation and strategies China faces both theoretically and practically.

Keywords: emerging technology field; great power game; geopolitics; technopolitics

Analysis of the Eight Norms in the "Advancing Cyberstability: Final Report"
Xu Peixi

Abstract: Stakeholders ranging from states, entrepreneurs, private sectors, as well as prominent Internet community pioneers have made proposals of initiatives about how to maintain security and stability in cyberspace. Among these initiatives, the eight norms proposed by the Global Commission on the Stability of Cyberspace have gained much attention and the norms are about key areas of global cyberspace governance such as cyber-attacks, cybersecurity vulnerabilities, and the public core of the Internet. The article interprets and evaluates these norms from a Chinese perspective.

Keywords: global commission on the stability of cyberspace; the public core of the Internet; cybersecurity vulnerabilities

On the General Action Framework for Regulation Cross-Border Data Flow
Liu Chong   Zhao Jingwu

Abstract: Regulation of cross-border data flow follows a different logic from domestic legislation, and is essentially a "social action" at the national level. Through a review of three theoretical paradigms of international relations, namely realism, liberalism and constructivism, three factors influencing the behavior of cross-border data regulation, namely "international system structure", "personal information protection" and "data industry characteristics", can be summarized, and two types of regulatory approaches, namely "norm construction" and "law making", are proposed to form a general action framework for cross-border data regulation. Under the influence of different factors, the U. S. , Russia, and the EU have adopted different regulatory models. The complex environment China is confronted with dictates a "multi-objective balance" model for cross-border data regulation. Specifically, "national security" and "protection of personal information" are the "bottom-line orders", which should ensure the controllability of the risks associated with the data cross-border process. The "free flow of data" is the "optimization order", which should be realized as much as possible on the basis of controllable risks.

Keywords: regulation of cross-border data flow; general action framework; international relations; national security; personal information protection; free flow of data

The Color Dimension of National Image: Quantitive Analysis of the Big Data of Google Books

Guan Lu, Li Qianqian, Gao Chenjing

Abstract: Color serves as a vital part in image building. The color image of a nation is not only regulated and influenced by the social system, but also the product of the times under the multiple effects of national politics, economy and culture. However, color image analysis has often been a neglected dimension in the previous national image research. Based on Google Book big datasets, this study discusses the characteristics of the bipartite network structure of countries and colors, and analyzes the color image characteristics and their changes over decades. Our findings show that red is the main image color of China; affected by the export of products, white is another color of China's overseas image. Influenced by racial issues and colonialism, black and white are the main colors of Britain and the United States. Finally, this study examines the impact of colors on countries' positive and negative images based on Granger Causality tests.

Keywords: national image; color analysis; network analysis; big data

How Social Media Use Affects People's Mental Well-Being in COVID-19: An Analysis Based on Stress-Strain-Outcome Perspective

Hu Yang, Wu Biying

Abstract: Under the strict social distancing conditions during the COVID-19 pandemic, individuals rely more heavily on social media. Based on a representative online survey among university students in Hong Kong, the study revealed the psychological consequences of social media use by employing the stress-strain-outcome (SSO) model. The results of structural equational modeling indicate: news seeking on social media will reduce subjective well-being and increase depression risks. Self-disclosure on social media can alleviate the negative outcome of news seeking. The negative relationship between news seeking and subjective well-being turns positive with the mediation of self-disclosure. Increased news seeking behavior will lead to higher level of compliance with social distancing measures. Despite its negative effect on subjective well-being, social distancing measures cannot mediate the relationship between news seeking and subjective well-being. Theoretical and practical implications of these findings are discussed.

Keywords: social media; subjective well-being; depression; online survey; COVID-19

Multiple Actors in Emergency Science Popularization: Analyzing the Agenda Setting Among the Subjects of Emergency Science Popularization with Weibo Data

Li Yuanyuan, Yan Lihan, Jiang Xinya, Ren Lei, Wang Chengjun

Abstract: Faced with the challenges brought by the mandatory nature of public health emergencies to agenda setting, how can the subjects of emergency science popularize effective agenda setting? Focusing on this question, this study regards the government, media, organizations, celebrities and ordinary users as the subjects of emergency popularization of social media, and uses time series and network analysis methods to analyze 20 million Weibo data during the COVID-19 outbreak from January to April, 2020. The research found that the agenda setting effect can be enhanced through the following ways: (1) According to the results of Granger Causality Test, compared with other subjects, organizations and celebrities have played a more important role in setting the network agenda among emergency science subjects; (2) The correlation test of the source network shows that it is helpful to set the public's agenda by influencing celebrities and then guiding the public to pay attention to the core information sources; (3) The core topics change with the stages of the epidemic, and the focus of attention on the recommended popular science topics is during the outbreak period and duration of the epidemic; (4) There is mutual promotion between issues, and the setting of target issues can be promoted through related issues. In all, taking advantage of the main body of organizations and celebrities, guiding the public's attention to core information sources, seizing the critical period can help improve the agenda setting among the multiple subjects of social media.

Keywords: emergency science popularization; network agenda setting; machine learning; weibo; multiple subjects

Quality or Position? A Two-factor Comparative Study on the Communication Effect of WeChat Official Accounts' Articles

Wang Guoyan, Huang Peifeng, Luo Xi, Jin Xinyi

Abstract: In China, WeChat plays an important role in information dissemination. This paper attempts to construct a method for calculating the quality of articles on WeChat official accounts. By analyzing a total number of 28 454 articles released by five different types of official accounts, this study explores the impact of the two important factors, namely position and quality on the communication effect of articles pushed by official accounts. The findings are as follows, although there is a slight difference in the influence of position and quality on reading quantity, in general, being pushed in an upper position is more conducive to the improvement of reading quantity than having a higher quality of the article. For WeChat public accounts that publish a maximum of 8 articles at a time, the 6th position is the turning point for the difference of reading quantity made between quality and position. After the 6th, quality contributes more than position to reading quantity. In addition, there are also differences between types of official accounts. The selection of articles in sports official accounts is most affected by position, while technology official accounts are least affected by position. The need for more thinking may have reduced this difference in position effect to some extent. In general, this agenda setting effect of position has great significance of guidance for platforms that release multiple pieces of information each time.

Keywords: WeChat official accounts; communication effect; evaluation index; release position; information quality

Gender Stereotypes in Perceiving Machine-Written Content: Empirical Evidence Based on an Experimental Study

Mou Yi, Lan Jianfeng

Abstract: Gender stereotypes can influence people's assessments on writers and content quality. Based on the CASA paradigm, this study attempts to examine whether the AI-writers with different gender labels are affected by the gender stereotypes. An online experiment with factorial design was conducted to collect people's evaluations on the content quality and expertise of the writers. The results indicated that gender stereotypes do exist in people's assessments on AI-writers and content quality. But for specific contexts, readers' appraisals of the quality of the content and expertise of the writer vary based on the writers' species and genders.

Keywords: machine writing; gender stereotype; robot gender; CASA paradigm; human-machine communication